재능은 어떻게 단련되는가?
TALENT IS OVERRATED

TALENT IS OVERRATED by Geoff Colvin
Copyright ⓒ Geoff Colvin, 2008
All rights reserved including the right of reproduction in whole or in part in any form.
Korean translation copyright ⓒ 2010 by Bookie Publishing House, Inc.
This edition published by arrangement with Portfolio, a member of Penguin Group (USA) Inc. through Shinwon Agency Co.

이 책의 한국어판 저작권은 신원 에이전시를 통한
저작권자와의 독점 계약으로 (주)부키가 소유합니다. 저작권법에 의해
한국 내에서 보호를 받는 저작물이므로 무단 전재와 복제를 금합니다.

# 재능은 어떻게 단련되는가?

제프 콜빈 지음 | 김정희 옮김

부·키

지은이  제프 콜빈은 미국인들에게 큰 존경을 받는 저널리스트다. 『포천(Fortune)』지 편집장을 맡고 있으며 포천 글로벌 포럼의 사회자로도 활동하고 있다. 여러 곳에서 다양한 주제로 강연을 하는 그는 TV에도 자주 출연하며, 청취자 수가 7백만 명에 달하는 CBS라디오 방송에서 매일 만나볼 수 있다. 또 PBS〈월 스트리트 위크〉의 공동 진행자로 활동 중이다.

옮긴이  김정희는 상명대학교 국문과를 졸업하고 심리학 전문 번역가로 활동 중이다. 옮긴 책으로 『사고집약형 기업』『신화의 세계』『복수의 심리학』『우리는 어쩌다 적이 되었을까?』『예비작가를 위한 창의적인 글쓰기 전략』 등이 있다.

# 재능은 어떻게 단련되는가?

2010년 8월 18일 초판  1쇄 발행
2023년 4월  1일 초판 11쇄 발행

지은이  제프 콜빈
옮긴이  김정희
펴낸곳  부키(주)
펴낸이  박윤우
등록일  2012년 9월 27일 등록번호 제312-2012-000045호
주소  03785 서울 서대문구 신촌로3길 15 산성빌딩 6층
전화  02) 325-0846
팩스  02) 3141-4066
홈페이지  www.bookie.co.kr
이메일  webmaster@bookie.co.kr
제작대행  올인피앤비 bobys1@nate.com
ISBN 978-89-6051-103-3  03320

책값은 뒤표지에 있습니다.
잘못된 책은 구입하신 서점에서 바꿔 드립니다.

## 차례 TALENT IS OVERRATED

**1장 | 미스터리**   7
탁월한 성과의 가치가 그 어느 때보다 귀하다.
하지만 그것은 과연 어디에서 비롯되는가?

**2장 | 재능은 과대평가되고 있다**   31
모차르트, 타이거 우즈, 빌 게이츠….
그들은 어떻게 천재로 불리게 되었을까?

**3장 | 당신은 얼마나 똑똑해야 할까?**   59
더 똑똑한 사람이 더 나은
성과를 거두는 것은 사실일까?

**4장 | 재능을 설명하는 새로운 시각**   83
'신중하게 계획된 연습'이
모든 차이를 결정한다.

**5장 | 신중하게 계획된 연습**   103
골프 연습장에서 혼자 두 바구니의
공을 비우는 것은 훌륭한 연습일까?

**6장** | **신중하게 계획된 연습의 원리** **131**
남자 테니스 선수의 시속 200킬로미터가 넘는
서브는 어떻게 받을 수 있을까?

**7장** | **실생활에 적용하기** **161**
세계적인 오케스트라의 공연처럼
직장에서도 위대한 성과를 거두는 것이 가능할까?

**8장** | **조직에 적용하기** **189**
최고 기업들은 위대한 성과의 원리를
어떻게 적용했을까?

**9장** | **혁신에도 연습이 필요하다** **217**
링컨은 정말 게티즈버그로 가는 열차에서
영감을 받아 미국 최고의 명연설문을 썼을까?

**10장** | **나이의 한계를 넘게 하는 연습** **249**
뉴욕 필하모닉의 클라리넷 연주자는
어떻게 여든 살까지 활동할 수 있었을까?

**11장** | **열정은 어디서 생기는 것일까?** **277**
어떤 내적 동기가 위대한 성과를 위한
힘든 과정을 견디게 만들까?

1장
# 미스터리

Talent **is** Overrated

**위대한 성과의 수수께끼**
탁월한 성과의 가치가 그 어느 때보다 귀하다.
하지만 그것은 과연 어디에서 비롯되는가?

## 그들은 어떻게 세계 최고의 CEO가 되었나

1978년 중반, 미국 신시내티에 위치한 거대 기업 프록터앤드갬블(Procter & Gamble, 줄여서 P&G) 본사로 가 보자. 우리는 지금 대학을 갓 졸업하고 사회 초년생이 된 두 청년의 자리를 보고 있다. 그들의 주 업무는 '던컨하인즈 브라우니 믹스' 판매 영업을 돕는 일이다. 하지만 그들은 업무 시간의 대부분을 엄격한 회사 규정에 따라 메모를 옮겨 적는 데 보냈다. 두 청년은 분명 똑똑했다. 한 사람은 하버드 대학을 졸업했고, 다른 한 사람은 다트머스 대학을 졸업했다. 하지만 P&G에 입사한 다른 수많은 신입사원들 역시 그들 못지않게 똑똑했다. 단지 두 청년이 여느 신입사원들과 다른 점이라면 둘 다 특별한 야망이 없다는 점이었다. 야심찬 계획도 뚜렷한 목표도 없었다. 매일 오후가 되면 그들은 어김없이 메모를 꾸깃꾸깃 뭉쳐 농구공처럼 쓰레기통에 던져 넣었다. 나중에 한 청년은 당시를 이렇게 회상했다. "우리는 성공할 가능성이 가장 낮은 두 사람으로 꼽혔어요."

우리가 지금 이 두 사람에게 관심을 갖는 이유는 딱 하나다. 그들은 바로 50세가 채 되기도 전에 세계에서 가장 잘나가는 두 기업, 제너럴일렉트릭(GE)과 마이크로소프트(MS)의 CEO로 각각 취임하게 될 제프리 이멜트Jeffrey Immelt와 스티븐 발머Steven Ballmer이기 때문이다. 두 사람은 P&G 입사 이후 다른 사람들의 예상과는 정반대로 그 누구보다 뛰어난 성과를 올렸다. 여기서 '과연 어떻게'라는 의문이 자연스럽게 떠오른다.

재능을 타고났기 때문일까? 정말 그렇다면 그들의 재능은 스물두 살 때까지 꼼짝없이 숨어 있다가 불현듯 나타난 기이한 종류의 재능일 것이다. 아니면 머리가 좋아서? 두 사람은 확실히 똑똑했다. 하지만 다른 수천 명의 동기들보다 똑똑하다는 증거는 어디에도 없었다. 그렇다면 일을 열심히 해서? 분명 그 시점에서는 아니었다.

어쨌든 무엇인가가 두 사람을 비즈니스 세계의 최정상 자리에 올려놓았다. 그리고 그 무엇인가는 이멜트와 발머뿐 아니라 우리 자신과 주변의 모든 사람들에게 던져 볼 수 있는 수수께끼 같은 질문을 떠올리게 한다. 만약 우리가 떠올릴 만한 것들 중 그 무엇도 그들이 세계 최고의 CEO가 될 수 있었던 동인이 아니라면, 그것은 과연 무엇일까?

### 열심히 해서? 재능을 타고나서?

친구나 친척, 직장 동료, 상점이나 파티에서 만난 사람들. 그들은 하루를 어떻게 보내는가? 아마 대부분은 일을 할 것이다. 또한 운동을 하고 악기를 배우고 취미생활이나 봉사활동도 할 것이다. 이제 솔직하게 대답해 보자. 그들은 자기 일을 얼마나 잘하는가?

가장 많이 나올 대답은 '그럭저럭 잘한다' 정도다. 그들은 그 일을 계속 해 나갈 만큼은 잘한다. 해고당하지 않고 승진도 여러 차례 했을 것이다. 운동이나 다른 취미생활도 적당히 즐길 만큼 잘한다. 그런데 이상하게도 우리 주변에 자기 일을 정말 훌륭하게, 세계적 수준으로 잘하는 사람은 아무도 없다.

그렇게 못하는 정확한 이유는 무엇일까? 왜 그들은 잭 웰치Jack Welch나 앤디 그로브Andy Grove처럼 경영하지 못하고 타이거 우즈Tiger Woods처럼 골프를 치지 못하며, 이차크 펄만Itzhak Perlman처럼 바이올린을 연주하지 못할까?

아무튼 우리 주변에 있는 대부분의 사람은 착하고 양심적이며 일도 열심히 한다. 어떤 사람은 20년, 30년, 혹은 40년 동안 같은 일을 해 왔다. 그런데 그토록 오랜 시간도 그들을 정상에 올려놓기에는 부족했던 것일까? 분명 그렇지는 않다. 하지만 우리의 냉혹한 현실은 사실상 그들 중 어느 누구도 위대한 업적을 이루지 못했고, 그런 업적을 이루기는커녕 그 수준 근처에도 가지 못했으며, 앞으로도 그럴 가능성은 희박하다는 것이다.

이런 기이한 현상은 너무 흔하게 일어나서 누구도 주목하지 않는다. 하지만 이것은 조직의 성공과 실패, 우리가 가진 믿음들, 그리고 우리 자신의 삶에 매우 중요한 영향을 미친다. 그저 재미로 하는 취미나 게임 등에서는 우리가 전력을 다하지 않기 때문에 최고가 되지 못하는 것이라고 이해할 수 있다. 하지만 일은 어떤가? 우리는 학창 시절 내내 장래의 직업을 준비해 왔고, 지금도 깨어 있는 시간 대부분을 일로 보낸다. 우리가 일로 보내는 시간을 인생에서 일보다 중요하다고 여기는 것들, 가령 가족과 보내는 시간과 비교해 보면 아마 대부분 얼굴이 화끈거릴 것이다. 그런 정도로 우리는 인생에서 다른 무엇보다 일을 우선시한다. 하지만 그 긴 세월에도 불구하고 우리는 대부분 자기 일을 '그럭저럭' 잘할 뿐이다.

현실을 들여다보면 더 깊은 미궁에 빠지는 기분이다. 광범위한 분야에 걸친 다양한 연구 결과, 많은 사람들이 자기 분야에서 두각을 나타내지 못할 뿐만 아니라 그 일을 해 온 기간과 상관없이 처음 실력에서 조금도 나아지지 않는 것으로 나타났다. 기업의 부정행위를 적발하는 일을 하면서 다년간 경력을 쌓은 회계 감사관의 실력은 일을 처음 배울 때와 비슷했다. 성격장애를 판단하는 임상 심리학자의 경우, 임상 경험 기간이 길다고 해서 기술적으로 뛰어나다고 볼 수는 없다. 실제로 몇몇 저명한 학자들은 '경력과 기술은 전혀 상관관계가 없다'고 결론 내렸다. 외과 의사는 수술 환자의 회복기간을 예측하는 데 수련의보다 우위를 나타내지 않았다. 다양한 업종 전반에 걸쳐 연구를 거듭한 결과, 특수한 기술을 핵심으로 하는 직업, 예를 들어 주식을 추천하는 증권 전문가, 범행의 재발을 예측하는 경찰, 입학 신청서를 심사하는 대학입시 심사관 등의 경우 경험이 풍부한 사람이 경험이 거의 없는 신참에 비해 업무 면에서 특별히 뛰어나지는 않았다.

영업 담당자들을 대상으로 실시한 가장 최근의 연구도 이러한 결론을 뒷받침한다. 프랑스의 인시아드(INSEAD) 경영대학원과 미국 해군사관학교 학자들은 이런 현상을 '경험의 덫'이라 부른다. 이러한 연구 결과의 핵심은 기업들이 일반적으로 경력자를 우대하기는 하지만 평균적으로 볼 때 '경력자가 더 우수한 성과를 달성하지는 못한다'는 것이다.

최소한 몇몇 분야에서의 결론은 더욱 이상한 방향으로 흐른다. 경험이 오히려 독이 된다는 것이다. 의학 지식을 측정하는 시험에서는 경험 많은 의사들이 경험이 적은 의사들보다 점수가 낮았다. 내과 의사는 경력이 늘어날수록 심장 박동 소리나 엑스레이를 진단하는 능력이 줄어들었다. 회계 감사관 역시 특정 평가에 필요한 기술이 무뎌졌다.

이러한 사실들은 위대한 업적에 관한 수수께끼를 해결하기는커녕 오히려 복잡하게 만든다. 위대한 업적을 이룬 극소수의 사람이 어떻게 자기 일을 그토록 잘하는가라는 질문에 대부분은 보통 두 가지로 대답한다. 하나는 열심히 하기 때문이라는 것이다. 어른들은 아이들에게 열심히 하면 잘할 수 있다고 말한다. 정확히 맞는 말이다. 열심히 하면 잘할 수 있다. 다만 문제는 인생 대부분을 그 일로 보내며 별로 흠잡을 데 없이 잘하기는 해도 결코 탁월하다고는 할 수 없는 대부분의 사람들만큼만 잘하게 된다는 점이다. 위대한 업적을 이루는 데 단순한 시간 투자가 그다지 도움이 되지 않는다는 사실은 이미 수많은 연구를 통해 밝혀졌다.

따라서 어떻게 탁월한 성과를 거두는가라는 의문에 대한 우리의 첫 번째 대답은 무용지물이다.

그렇다면 두 번째 대답은 어떨까? 이 대답은 첫 번째와 정반대다. 그렇다고 해서 첫 번째 대답에 대한 사람들의 믿음을 방해하지는 않는다. 이 대답의 기원을 찾으려면 최소 2,600년 전 호메로스$^{Homeros}$가 살던 시대까지 거슬러 올라가야 한다.

영감으로 충만한 음유시인 데모도코스를 부르시오.
신이 그에게 노래하는 재능을 주었으니.

『오디세이Odyssey』에 여러 번 나오는 이 문장은 『일리아드Iliad』에서 신이 다양한 등장인물들에게 내린 재능을 언급할 때에도 자주 등장한다. 인간은 행성의 이동이나 질병의 근원 등 신의 영역에 속한다고 생각하던 비밀들을 풀어낸 이후 많은 중요한 문제들을 새로운 시각으로 보게 되었지만, 유독 자기 일을 특출하게 잘하는 사람들이 어떻게 그렇게 할 수 있는지에 대한 시각은 바꾸지 않았다. 우리는 지금도 여전히 호메로스 식으로 생각한다. 즉 작곡과 노래에 재능을 타고난 데모도코스처럼 훌륭하고 초인적인 능력을 발휘하는 사람들은 그런 재능을 타고났다고 보는 것이다. 우리는 고대 그리스인들이 하던 말을 번역만 해서 똑같이 되풀이한다. 우리는 여전히 호메로스처럼 신이나 뮤즈가 뛰어난 성과를 거두는 사람들에게 영감을 불어넣어 준다고, 그래서 그들에게는 재능이 있다고 말한다. 이는 재능이나 영감을 제대로 설명할 수 있는 사람이 아무도 없으니, 그들의 위대함은 외부의 어떤 존재가 부여해 준 것이 아니겠냐는 식의 설명이나 마찬가지다.

또한 우리는 그들이 재능을 타고났다고 믿는 데서 더 나아가, 아주 어릴 때 그 재능을 발견하는 엄청난 행운을 얻었다고 믿는다. 이 설명은 열심히만 하면 된다는 첫 번째 대답과 상충하면서도 그보다 훨씬 더 근본적이고 어떤 면에서는 더 설득력 있게 들린다. 이 설명에 따르면 보통 사람들 대부분이 감히 상상도 못할 일, 예를 들어 기업 가치가 수백만 달러에 이르는 회사를 세우기 위해 전략을 짜는 일, 차이코프스키Tchaikovsky의 바이올린 협주곡을 연주하는 일, 또는 골프공을 쳐서 330야드 밖으로 날려 보내는 일 등을 어째서 누군가는 힘들이지 않고 해내는지 이해가 간다. 또한 그렇게 뛰어난 성과를 거두는 사람들이 아주 드문 이유도 자연스럽게 깨닫게 된다. 신이 아무에게나 그런 재능을 줄 리 없기 때문이다.

이 설명은 대다수 사람들이 자기가 한 일의 성과를 다소 우울하게 표현할 때도 유용하다. 특출한 재능을 타고날 확률은 백만분의 일뿐이라고 하면 간단하다. 당신에게는 그런 재능이 있거나 없다. 만약 없다면, 당연히 우리 대부분은 없지만, 위대한 업적을 이루겠다는 생각은 애당초 접어야 한다.

대부분의 사람들이 위대한 성과의 수수께끼에 대해 깊이 생각하지 않는 이유는 분명하다. 그것을 수수께끼라고 생각하지 않기 때문이다. 우리에게는 두 가지 대답이 있다. 그중 열심히 하면 된다는 첫 번째 대답이 확실히 틀렸다고 한다면, 우리는 어쨌든 두 번째 대답을 믿으면 된다. 두 번째 대답의 가장 큰 장점은 위대한 업적의 문제를 우리 능력 밖의 일로 치부할 수 있다는 점이다. 우리가 어떤 재능을 타고났다면 지금쯤은 그 재능을 알아챘을 것이다. 그렇지 못하기 때문에 우리는 다른 일들을 걱정한다.

두 번째 대답의 문제는 이 대답도 틀렸다는 사실이다.(이 문제만 아니라면 더 바랄 나위 없을 텐데 말이다.) 위대한 성과는 다른 누구도 아닌 바로 우리 자신의 손에 달려 있다.

## 위대한 성과로 이끄는 원리

사실 다른 모든 지식과 마찬가지로 위대한 성과에 관한 우리의 지식은 지난 2,000년 동안 크게 진보했다. 다만 아직 그러한 지식을 제대로 활용할 줄 모를 뿐이다. 과학자들은 약 150년 전부터 이 문제에 큰 관심을 보였지만, 가장 중요한 발견은 지난 30년 사이에 이루어졌다. 세계 각지의 과학자들은 비즈니스, 체스, 수영, 외과수술, 제트기 조종 기술, 바이올린 연주, 판매 영업, 소설 쓰기 등 다양한 분야에서 최고 수준의 성과를 조사했다. 수백 건의 연구 결과, 결론은 하나로 모아졌다. 이 결론은 탁월한 성과에 관해 우리가 안다고 생각하던 대부분의 사실을 정면으로 부인했다. 이를 구체적으로 살펴보면 다음과 같다.

- 최고의 성과를 거두는 사람들이 갖춘 재능은 우리가 생각하는 재능과 전혀 다르다. 우리가 생각하는 재능으로는 그들이 이루어 낸 일을 충분히 설명할 수 없다. 최소한 그런 재능이 존재한다고 가정하더라도 말이다. 최근 일부 학자들은 특별히 누군가에게 탁월한 재능이 주어진다는 것은 허구에 지나지 않는다고 주장한다. 즉 당신은 천부적인 클라리넷 연주자도, 자동차 세일즈맨도, 증권 거래인도, 뇌 신경외과 의사도 될 수 없다. 그렇게 타고나는 사람은 아무도 없기 때문이다. 물론 모든 학자가 이런 관점에 동의하지는 않는다. 하지만 재능을 지지하는 학자들은 천부적 재능이 위대한 성과를 달성하는 데 특히 중요하다는 주장을 입증하느라 몹시 힘겨워 하고 있다.

- 천부적 재능이라는 특별한 경우에 대한 의문은 제쳐 두더라도, 뛰어난 성과를 거두는 사람이라면 당연히 갖추었을 법한 일반적인 능력들조차 우리가 생각하는 그런 것이 아니다. 우리는 체스나 음악, 비즈니스, 의료 기술 등 수많은 분야에서 발군의 실력을 발휘하

는 사람들이라면 지적 능력이 뛰어나고 기억력도 놀라운 수준일 것이라고 짐작한다. 아마 그런 사람도 있을 것이다. 하지만 대부분은 그렇지 않다. 예를 들어, 세계적인 체스 마스터들 중에는 지능지수(IQ)가 평균 이하인 사람도 있다. 따라서 그런 사람들을 특별하게 해 준 것이 무엇이든, 그것은 초인적인 능력을 발휘하는 사람들이 갖추었을 법한 일반적인 능력에서 기인한 것이 아니다. 그런 일반적인 능력에서 그들은 대부분 믿기 힘들 정도로 평범하다.

● 위대한 성과의 수수께끼를 가장 시원하게 해결해 주는 듯한 열쇠는 학자들이 '신중하게 계획된 연습(deliberate practice)'이라고 부르는 것이다. 신중하게 계획된 연습이 정확히 어떤 것인지 밝히는 문제는 이루 말할 수 없이 중요하다. 대부분의 사람들이 자기 일을 하면서 신중하게 계획된 연습을 하지 않는 것은 분명하다. 따라서 이것이 일터에서의 커다란 수수께끼, 즉 수십 년 동안 같은 일을 열심히 하면서도 결코 위대한 업적을 달성하지 못하는 사람들이 왜 그렇게 많은지에 대한 의문을 해소시켜 준다. 또한 사람들은 대개 골프나 악기 연주 같은 취미 활동을 할 때도 신중하게 계획된 연습을 하지 않는다. 신중하게 계획된 연습은 어렵고 고통스럽다. 하지만 통한다. 이런 연습을 많이 할수록 위대한 성과에 한 걸음 가까이 다가갈 수 있다. 엄청난 양의 계획된 연습이 곧 위대한 성과로 통하는 길이다.

신중하게 계획된 연습에 관한 견해는 매우 다양하지만, 초기의 몇 가지 관찰이 핵심을 잘 집어내고 있다.

● 신중하게 계획된 연습은 광범위한 개념이다. 하지만 이것만으로 모든 수수께끼를 해결할 수 있다는 생각은 문제를 너무 단순하고 좁게 보는 것이다. 여기서 즉각 이런 의문들이 떠오를 것이다. 신중하게 계획된 연습에는 정확히 어떤 것이 필요한가? 어떻게 해야 하는가? 특별한 기술이나 자질이 필요한가? 이에 대해 학자들은 꽤 다양한 분야에 두루 적용되는 답을 찾아냈다. 탁월한 성과와 관련하여 발레와 의료 진단, 또는 야구와 보험 판매를 아우르는 공통된 설명을 도출한다는 것은 분명 어려운 일이다. 하지만 위의 네 가지를 포함하여 수없이 다양한 분야의 최고 성과에는 몇 가지 핵심 요소가 있다.

● 조직에서는 대개 탁월한 성과의 원리를 적용하는 것을 몹시 두려워한다. 대부분의 기업은 직원들 스스로 또는 그들이 자기 팀을 위해 이런 원리를 활용하기가 거의 불가능하게 조직되어 있다. 반대로 생각하면, 신중하게 계획된 연습의 원리를 깨닫고 적용하는 기업에게는 지금이 바로 커다란 기회인 셈이다.

● 탁월한 성과에 관하여 가장 중요한 문제는 신중하게 계획된 연습이 얼마나 어려운가 하는 점이다. 어떤 분야에서든지 신중하게 계획된 연습의 가장 큰 난관은 바로 정신력이다. 일반적으로 체력을 가장 중요하게 생각하는 스포츠도 예외는 아니다. 무슨 일이든 제대로 하려면 고도의 집중력이 필요한데, 너무 강한 집중력은 사람을 쉽게 지치게 한다. 계획된 연습이 그렇게 힘든 일이라면, 즉 권위 있는 몇몇 학자들의 말처럼 본질적으로 즐길 수 있는 과정이 아니라

면, 소수의 사람들이 수십 년 동안 매일 자신을 그런 일로 혹사시키는 이유는 무엇일까? 그런 열정은 도대체 어디서 생기는 것일까? 사실 이런 것들은 꽤 심오한 질문이다. 하지만 그 해답이 서서히 밝혀지고 있다.

 탁월한 성과에 관한 이 새로운 깨달음은 광범위한 영역에 두루 적용할 수 있다. 따라서 그 파급 효과도 매우 크다. 학자들은 범위를 확대해 가며 이 새로운 깨달음을 검증해서 그 유효성을 확인하고 있다. 앞으로 모든 분야에서 신중하게 계획된 연습의 원리를 적용하는 일은 필연적이며, 그만큼 우리에게 시급한 문제다.
 우리는 참으로 적절한 시기에 이 새로운 깨달음을 얻었다. 분야를 막론하고 탁월한 성과의 비밀을 푸는 열쇠가 지금 그 어느 때보다 절실하기 때문이다. 이유는 많다. 가장 분명한 것은 모든 영역에서 성과를 평가하는 기준이 빠른 속도로 가파르게 높아지고 있다는 사실이다. 조금 과장해서 말하자면 어느 분야에서든 사람들은 한층 더 잘해 나가고 있다. 해가 바뀔 때마다 더 싸고 좋은 컴퓨터를 살 수 있지 않은가. 이것은 컴퓨터뿐만 아니라 모든 산업에서 나타나는 현상이다. 부모님이 과거에 몰던 자동차의 주행 거리는 얼마인가? 1만 킬로미터? 반면에 당신이 새로 장만한 자동차의 주행 거리는 32만 킬로미터다. 비교가 되지 않는다. 타이어의 수명도 마찬가지다. 또 오늘날 미국 최대의 가전회사 월풀(또는 다른 주요 브랜드)의 세탁기는 5년 전에 비해 물을 더 적게 사용하면서도 전기 소모량은 줄었고, 기능은 더 많아졌지만 물가 상승률을 반영한 실질 가격은 훨씬 싸졌다. 특히 비즈니스 분야는 늘 최고 수준의 성과를 달성해야 하고, 기존의 성과를 계속 뛰어넘어야 하며, 언제나 뛰어난 경쟁력을 갖춰야 하는 분야다. 바야흐로 탁월한 성과의 가치가 점점 중요해지고 있다.

사실 이런 경향은 다른 모든 분야에서도 마찬가지다. 스포츠를 생각해 보자. 스포츠는 그 자체로 재미있을 뿐 아니라 비즈니스를 비롯한 다양한 분야에서의 탁월한 성과에 관하여 여러 가지 교훈을 준다. 스포츠가 끊임없는 기록 갱신의 연속이라는 사실은 누구나 안다. 하지만 새로운 기록 달성이 얼마나 극적인 드라마인지, 또는 어떻게 이전 기록을 갱신할 수 있었는지 등을 제대로 알아주는 사람은 드물다. 예를 들어, 인간 한계의 시험대라 할 수 있는 올림픽 경기의 100년 전 기록은 오늘날 고등학생들의 신통찮은 기록과 비슷하다. 1908년 올림픽 남자 200미터 달리기 우승자 기록은 22.6초였다. 현재 고등학생들의 기록은 그보다 2초나 빠르다. 마라톤에서는 1908년 금메달 수상자의 기록이 현재 고등학생 최고 기록보다 20분이나 뒤진다. 요즘 학생들의 체격 조건이 그 당시보다 좋아져서라고 생각한다면 오산이다. 코펜하겐 대학의 닐스 세셰르[Niels H. Secher] 박사와 그 동료들의 최근 연구에 따르면, 큰 체격은 달리기에 아무런 도움이 되지 않는다. 체격이 큰 사람이 보폭을 넓히려면 자기 몸을 그만큼 높이 띄울 힘이 필요하기 때문이다. 박사는 이렇게 말한다. "몸집이 작을수록 더 잘 달릴 수 있습니다."

어쨌든 체격이나 힘과 무관한 분야에서도 꾸준히 성과의 기준이 높아지고 있다. 예를 들어, 1924년 파리 올림픽에서는 다이빙 종목의 공중 2회전 기술이 너무 위험하다는 이유로 금지될 위기에 처했다. 하지만 지금은 이 기술을 시시한 연기로 친다.

여기서 문제가 되는 것은 이런 변화의 이유다. 요즘 선수들이 과거 선수들보다 뛰어난 것은 다른 조건이 달라서가 아니라 연습을 더 효율적으로 하기 때문이다. 이 점이 바로 핵심이다.

지적인 분야에서도 스포츠 못지않게 빠른 수준 향상이 이루어지고 있다. 13세기 위대한 영문학자이자 위대한 스승으로 통하는 로저 베이컨Roger Bacon은 수학에 통달하려면 30~40년 정도는 걸린다고 말했다. 아직 계산기가 발명되지 않은 시대에 살던 그가 언급한 수학은 현재 수백만 명의 고등학생들이 일상적으로 배우는 과목이 되었다. 이런 일에 신경 쓰는 사람은 아무도 없겠지만 그래도 한번 그 의미를 생각해 보자. 그때나 지금이나 자료의 지적 수준은 똑같고 사람들의 지능도 똑같다. 700년 만에 인간의 지능을 전반적으로 향상시킨다는 것은 어림도 없는 일이다. 다만 다른 점이 있다면 운동경기에서와 마찬가지로 우리가 일상적으로 하는 활동의 수준이 무서울 만큼 높아졌다는 사실이다.

1878년 차이코프스키는 자기가 완성한 바이올린 협주곡 악보를 들고 유명한 바이올린 연주자 레오폴드 아우어Leopold Auer를 찾아가 초연을 부탁했다. 아우어는 악보를 검토한 뒤 차이코프스키의 제안을 거절했다. 연주가 불가능하다고 생각했기 때문이다. 오늘날 이 곡은 줄리아드 음대를 졸업한 젊은 바이올린 연주자라면 누구나 연주할 수 있다. 곡도 같고, 바이올린도 같고, 사람도 변하지 않았다. 다른 점이 있다면 지금은 훨씬 훌륭하게 연주하는 방법을 배울 수 있다는 점이다.

최근의 연구는 이런 흐름이 계속 이어지고 있음을 보여 준다. 이미 상당한 수준 향상이 이루어진 분야에서도 마찬가지다. 예를 들어,

학자들은 치밀한 연구를 통해 오늘날 세계 체스 대회 참가자들 수준이 대회가 처음 개최된 19세기 참가자들보다 훨씬 높다는 사실을 알아냈다. 성능이 아주 좋은 체스 프로그램으로 실험한 결과, 과거의 체스 대회 우승자들이 오늘날 참가자들보다 전술적 실수를 훨씬 자주 범하는 것으로 나타났다. 사실 당시 우승자들의 실력은 오늘날 최상위권 선수들의 실력에는 턱없이 못 미치고, 상위권 이하의 선수들과 엇비슷한 정도다. 학자들은 "이러한 연구 결과는 지난 2세기 동안 체스 경기를 통해 얻은 지적인 성과가 모든 분야를 통틀어 가장 극적인 향상을 보였음을 의미한다."고 결론 내렸다. 여기서도 마찬가지로 달라진 것은 체스 게임이나 인간의 두뇌가 아니라, 사람들이 과거에 비해 훨씬 좋은 성과를 내고 있다는 사실뿐이다.

앞으로 비즈니스 세계에서 성과의 기준은 지금까지보다 급격히 높아질 것이다. 따라서 탁월한 성과의 가치도 그만큼 커지게 된다. 그렇게 되는 가장 큰 원인은 정보기술의 발전 덕분에 소비자들의 힘이 그 어느 때보다 커져서 더욱 많은 것들을 요구하기 때문이다. 지금은 온라인 시대다. 사람들은 인터넷을 통해 보다 많은 정보를 수집하고 그 정보를 바탕으로 물건을 구입한다. 소비자는 단 몇 번의 클릭으로 자동차 판매자가 자동차를 얼마에 들여오는지 알아내고, 캐나다의 처방 약품 가격을 조사한다. 미국 서점에서 135달러에 파는 교재를 영국에서 70달러에 주문하는 것도 어려운 일이 아니다. 개인 소비자가 그렇게 정보의 힘으로 물건을 싸게 살 정도이니 기업 구매자들은 더 말할 나위도 없다. 전략 컨설턴트 게리 해멀(Gary Hamel)이 즐겨 하는 말처럼, 여태까지 구매자의 무지를 이용해 이익을 창출해 온 이들은 지금 위기에 처한 것이다.

## 위대한 성과를 요구하는 시대

과거의 성과를 끊임없이 넘어서야 하는 것은 비단 기업들만의 문제가 아니다. 그것은 개인의 문제이기도 하다. 과거에 비해 지속적으로 성과를 향상시켜야 한다는 심리적 부담이 훨씬 커졌다. 경제적 측면에서 역사의 흐름이 바뀌었기 때문이다.

이를 이해하려면 한 걸음 물러서서 생각해 볼 필요가 있다. 신용카드를 발급해 주겠다고 당신 앞으로 오는 우편물이 하루에 몇 통이나 되는가? 자녀들에게도 오지 않는가? 심지어 애완견은 어떤가?(실제로 애완견 이름으로 온 우편물도 있었다.) 간혹 한쪽 귀퉁이에 당신의 이름과 주소가 인쇄된 채 각종 청구서 대금을 지불하는 데 써 달라며 필요도 없는 수표가 날아올 때도 있을 것이다. 이런 일들은 대부분 국제 금융기관 수중에 돈이 넘쳐나서 생기는 일이다. 실제로 이들은 어디에다 써야 좋을지 모를 정도로 돈이 많다. 하물며 이런 말까지 나올 정도다. "제발 좀 가져가서 써요!"

금융기관만이 아니다. 업종을 막론하고 모든 기업이 필요 이상으로 많은 돈을 가지고 있다. 미국 기업들의 현금 보유량은 지금까지의 모든 기록을 갈아엎을 정도다. 이런 자금 중 일부는 자사의 주식을 어마어마하게 다시 사들이는 데 쓰인다. 그리고 투자자들에게는 이렇게 말한다. "이 돈으로 뭘 해야 좋을지 모르겠어요. 그래서 그런 겁니다. 여러분이라도 아마 이렇게 했을 거예요."

이런 일들은 훨씬 거대한 현상의 작은 징후에 불과하다. 상업과 부가 폭발적으로 성장한 르네상스 시대부터 20세기 후반까지 약 500년 동안의 희소자원은 금융자본이었다. 금융자본이 있는 사람은 더 많은 부를 창출할 수단을 쥔 셈이었고, 없는 사람은 부를 창출할 수단이 없는 셈이었다. 하지만 이제 그런 세상은 끝났다. 꽤 급작스러운 변화를 통해 지금은 금융자본이 차고 넘친다. 돈은 더 이상 희소자원이 아니다. 이제 희소자원은 인간의 능력이다.

이런 주장은 겉으로만 그럴 듯하게 들릴 위험이 있기 때문에 사실임을 입증하는 것이 매우 중요하다. 다행히 증거는 쉽게 찾을 수 있다. 최근 몇 해 사이, 금융자본은 아주 적게 들이는 대신 인적자본을 많이 투입하는 사업 모델로 주주들에게 엄청난 수익을 안겨 준 사례가 속출하고 있다. 예를 들어, 마이크로소프트는 창업 이래 약 300억 달러의 금융자본을 들여 약 2,210억 달러를 주주들에게 벌어 주었다. 반대로 세계 일류 기업으로 손꼽히는 P&G는 마이크로소프트보다 훨씬 많은 약 830억 달러를 가지고도 주식 가치는 그 절반 정도에 불과한 1,260억 달러에 그쳤다. 더 극적인 사례로 구글(Google)은 고작 50억 달러의 자본으로 시작해 약 1,240억 달러의 주식 가치를 창출했다. 이와 대조적으로, 또 다른 일류 기업이지만 구시대 사업 모델을 유지하는 펩시콜라(Pepsi Co.)는 구글보다 훨씬 많은 약 340억 달러의 금융자본을 들였으나 주식 가치는 그에 훨씬 못 미치는 약 730억 달러였다.

마이크로소프트와 구글은 기업의 성공이 인적자본에 달려 있다는 사실을 완벽하게 이해하고 있었다. 이들 두 기업은 혹독한 입사 시험과 직원들의 탁월한 지적 능력으로 유명하다. 빌 게이츠Bill Gates는 이렇게 말했다. "만일 당신이 마이크로소프트에서 가장 똑똑한 직원 스무 명을 데려가면 마이크로소프트는 별 볼일 없는 기업이 될 것이다. 마이크로소프트의 핵심 역량이 무엇인지 주위 사람들에게 물으면 소프트웨어라고 대답하는 사람은 아무도 없다." 그들은 이런 것을 고용이라고 한다. 희소자원을 제대로 간파한 것이다.

이런 현상은 단지 정보기술 분야에만 국한되지 않고 모든 기업에서 일어날 수 있기에 아주 중요하다. 예를 들어, 엑슨모빌(Exxon Mobil)을 살펴보자. 엑슨모빌은 철저히 금융자본에 의존하는 극단적인 사례로서, 기업 규모도 세계 최고이자 아마 사업의 자본 집약도도 세계 최고일 것이다. 이 기업은 최근 몇 해 동안 세계 최대 규모의 자본 투자 계획을 세워 해마다 약 200억 달러를 투자했다. 하지만 배당금과 주식 환매를 통해 그보다 더 많은 이익(2006년 한 해에 330억 달러)을 주주들에게 돌려주었다. 나는 엑슨모빌의 CEO 렉스 틸러슨Rex Tillerson에게 그런 경영 계획을 수립하는 이유를 이렇게 물어보았다. "어쨌든 엑슨은 투자한 돈으로 주요 경쟁 업체들의 투자 수익을 훨씬 뛰어넘는 엄청난 돈을 벌어들였습니다. 그렇다면 왜 200억 이상을 투자하지는 않나요?" 틸러슨은 문제는 돈이 아니라고 말했다. 문제는 사람들이다. "그냥 길거리에 나가서 엑슨모빌에서 일할 엔지니어나 지질학자, 연구원을 뽑을 수는 없지요." 그는 더 많은 사업 계획을 세워 자금을 댈 수 있지만, 그 자금을 제대로 쓸 만한 능력을 갖춘 인력이 없는 것이다.

사실상 오늘날 거의 모든 기업의 희소자원은 직원들의 능력이다. 그래서 기업들은 그 어느 때보다도 직원의 능력을 최대한 끌어올려야 한다는 압박감에 시달린다. 그리고 앞으로 살펴보겠지만, 능력 개발의 한계가 어디인지는 아무도 모른다.

동시에 또 다른 역사적 흐름이 개인들에게 자신의 능력을 과거 그 어느 때보다 더 높이 향상시키도록 압력을 가하고 있다. 이는 직원들의 능력을 개발하고자 하는 고용주의 의도와는 다른 문제다. 이 역사적 흐름이란 인류 역사상 가장 큰 규모의 글로벌 노동시장의 형성을 말한다. 우리에게는 수백 년 동안 글로벌 상품시장이 있었고, 거의 같은 기간 동안 글로벌 자본시장이 있었다. 하지만 글로벌 노동시장은 없었다. 인류 역사와 거의 같은 기간 동안 대부분의 일자리는 '장소'를 중심으로 형성되었다. 그리고 대개는 구매자들이 있는 장소에 일자리도 함께 있었다. 편자공은 말이 있는 곳에서, 제빵사는 빵 구매자들이 있는 곳에서, 은행가는 예금자와 대출자가 있는 곳에서 일을 해야 했다. 일자리가 천연자원이 나는 장소에 몰리는 경우도 있었다. 광부는 석탄이 나는 곳에, 어부는 물고기를 잡을 수 있는 곳에서 일하는 것은 당연하다. 디트로이트가 오늘날 자동차의 중심지로 성장할 수 있었던 것은 철도와 배를 통해 자동차 생산에 필요한 석탄, 철강, 고무 등의 원자재를 들여오고 완성된 자동차를 전국 각지로 실어 나르는 데 최적의 여건을 갖추었기 때문이다.

수십 년 전부터 외국에 공장을 두는 기업들이 생겨났지만 그 수가 많지는 않았다. 정보화 사회가 형성되기 전까지만 해도 외국에 있는 생산 라인을 본국에서 조정하는 일은 상당히 번거로울 뿐 아니라 진행도 매우 더뎠다. 따라서 구직자들은 같은 지역의 다른 구직자들과만 경쟁하면 되었다. 경쟁의 범위가 좀 더 넓은 경우라고 해도 그 상대는 자국 내의 구직자들로 한정되었다.

하지만 현재 선진국의 수백 만 구직자는 세계 각지의 구직자들과 경쟁한다. 전체 업무에서 물리적 이동이나 절차를 전혀 포함하지 않는 정보 기반 업무의 비율이 매우 높아졌기 때문이다. 우리는 이미 이런 변화에 어느 정도 익숙하다. 다른 나라 상담원에게 고객 서비스 전화를 걸고, 다른 나라 의사에게 엑스레이 검사 결과를 통보받으며, 그들이 만든 소프트웨어를 사용한다. 더 놀라운 발전도 있다. 해마다 100만 명이 넘는 미국인들의 세금 환급 업무를 인도 회계사들이 처리한다. 또 인도의 일류 회계법인 회계사들은 팀을 조직해 런던으로 날아가 3주 동안 호텔에 머물며 고객 기업의 회계 업무를 처리하고 인도로 돌아온다. 기업 입장에서는 영국 회계사들을 고용하는 것보다 이렇게 하는 편이 훨씬 비용이 적게 든다.

이 모든 현상은 컴퓨터와 원거리 통신을 이용해 일을 처리할 경우 업무 비용이 거의 들지 않기 때문에 가능하다. 정보를 처리하고 이동시키는 비용은 사실상 한 푼도 들지 않는다. 제조업 분야에서 폭발적으로 증가하는 해외 아웃소싱도 같은 맥락에서 이해할 수 있다. 지금은 세계 각지의 제품 공급망을 빠르고 정확하게 조정하는 것이 가능하기 때문에 적절한 지역의 값싼 노동력을 이용하는 것이 훨씬 더 유리하다.

그 결과 직장인들은 세계 어느 곳이든 같은 업종에서 최고 수준을 자랑하는 사람들만큼 일을 잘해야 하고, 또 그들만큼 자신의 가치를 높여야 한다. 일부 업종이 이런 잔인한 경쟁에서 예외인 것은 사실이지만 그 수는 생각만큼 많지 않다. 예를 들어, 치과의사는 어디서나 환자가 끊이지 않을 것 같다. 하지만 그렇지 않다. 치과 치료에 대한 불만이 가장 높은 영국의 경우, 환자들은 저가 항공을 이용해 폴란드로 날아가 더 적은 돈을 들여 뛰어난 의사들에게 치료를 받고 돌아온다.

당신이 하는 일은 다르다고 생각한다면, 그래도 안심하기 전에 다시 한 번 생각해 보기 바란다.

'월드 클래스'라는 말은 너무 쉽고 아무렇지 않게 사람들의 입에 오르내리는 용어다. 하지만 거기에 대해 고민해야 하는 사람들은 거의 항상 극소수에 불과했다. 그런데 이제는 달라지고 있다. 정보통신을 기반으로 세계가 하나로 연결된 글로벌 시대에, 비즈니스는 물론 개인들 사이에서도 세계 최정상의 자리를 놓고 벌이는 경쟁은 점점 치열해지고 있다. 월드 클래스에 들지 못해서 치러야 할 대가가 점점 커지는 반면, 진정으로 위대한 성과를 달성할 때의 보상도 점점 커지고 있다.

탁월한 성과의 비결을 이해하는 것은 언제라도 가치 있는 일이다. 그리고 이것은 지금 반드시 해결해야 할 과제다.

위대한 성과를 제대로 이해하는 일은 경제적 가치에만 그치지 않는다. 경제적 성공에 문제가 있다는 말은 아니다. 사람은 누구나 잘살고 싶어 하고 직장을 잃지 않으려고 애쓰며, 은퇴자금을 마련하고 자녀들이 충분한 교육을 받아 뛰어난 인재가 될 수 있도록 재정적 지원을 아끼지 않는다. 하지만 우리네 삶에는 일보다, 직장보다 더 중요한 것이 있다.

스스로 하고자 하는 일, 예를 들어 바이올린 연주나 달리기, 그림 그리기, 혹은 리더 역할 등을 잘한다는 것은 성취감의 가장 깊은 원천을 이룬다. 물론 그 과정은 힘들다. 그것이 인생이다. 어려움에 맞닥뜨려 실망하고 낙담하기 마련이다. 따라서 우리가 하고자 하는 일을 더 잘할 수 있는 방법에 대한 지식, 즉 신화나 추측이 아닌 실제적 지식은 우리를 더 풍요롭고 행복하게 해 줄 것이다.

지난 30여 년 동안 학자들은 탁월한 성과에 관해 많은 것을 밝혀냈다. 그러한 지식은 우리가 어떠한 일에서든 더 잘할 수 있다는 것을 말해 주는 대단한 희소식이다. 하지만 이런 사실은 아직 널리 알려지지 않았고 제대로 이해하는 사람도 드물다. 하지만 우리에게는 오히려 다행이다. 남들보다 한발 앞서 모든 것을 더 훌륭하게 해낼 기회를 잡은 셈이기 때문이다. 학자들이 알아낸 사실은 대부분 매우 놀라운 것들이다. 게다가 확실한 미래를 보장하고 영감을 주기까지 한다. 하지만 많은 사람이 처음에는 그 사실을 받아들이지 않으려 한다.

19세기의 유머 작가 조시 빌링스Josh Billings는 "우리가 무엇을 몰라서 곤경에 처하는 일은 드물다. 오히려 우리는 안다고 생각하지만 실제로는 모르는 것들 때문에 곤경에 빠진다."라는 유명한 말을 남겼다. 위대한 성과에 관한 새로운 발견들을 이해하는 첫걸음은 우리가 확실히 안다고 생각하지만 실제로는 그렇지 않은 것을 찾아내는 일이다.

2장

# 재능은 과대평가되고 있다

Talent is Overrated

**천부적 재능에 관한 뜻밖의 사실**

모차르트, 타이거 우즈, 빌 게이츠….
그들은 어떻게 천재로 불리게 되었을까?

## 뛰어난 성과에 '지름길'은 없다

1922년, 영국의 어느 소규모 연구 집단이 훌륭한 인재들의 재능을 확인하고자 시도했다. 결과는 실패였다.

그 학자들은 음악적 재능을 찾고 있었다. 음악가들이야말로 재능 없이는 자기 분야에서 두각을 나타내기 힘들기 때문이다. 학자들은 재능이 존재한다고 확신했다. 노래 실력이 형편없는 사람이 있는가 하면, 분명 신이 내린 듯한 목소리로 아름답게 노래하는 사람이 있지 않은가. 재능이 없다면 모차르트가 어떻게 10대 때 교향곡을 작곡했겠으며, 또래 친구들은 음계 연습을 하느라 진땀을 흘리는 동안 멋진 피아노 연주를 선보이는 아이들은 어떻게 설명한단 말인가. 우리는 이런 이들을 보고 음악적 재능을 타고났다고 말하며, 그 음악적 재능 덕분에 멋진 연주를 하거나 뛰어난 음악을 작곡한다고 생각한다.

또 다른 한 연구에서 학자들은 주로 교육 전문가들을 대상으로 노래, 작곡, 악기 연주를 잘하려면 특별히 타고난 재능이나 소질이 있어야 한다고 믿는지를 물었다. 응답자의 75퍼센트 이상이 '그렇다'고 대답했다. 이는 음악을 제외한 다른 분야에서 두각을 나타내기 위해 특별한 재능이 필요하다고 믿는 비율보다 높았다.

이 대답의 타당성을 확인하기 위해 학자들은 음악 지도를 받은 경험이 있는 학생 257명을 대상으로 조사를 실시했다. 이 학생들은 음악적 수준에 따라, 즉 오디션에 합격해 음악 학교에 입학한 최상위 집단부터 최소 여섯 달 동안 한 가지 악기를 익히다가 중도에 포기한 최하위 집단까지 다섯 등급으로 분류되었다. 그리고 각 등급 구성원들의 나이, 성별, 사회·경제적 계층을 확인했다.

그런 다음 학자들은 학생 및 학부모를 심층 인터뷰했다. '하루에 연습하는 시간은?' '처음으로 그럴듯하게 곡을 부르거나 연주한 나이는?' 등의 질문이 이어졌다. 이 조사에는 다행히 영국의 음악 교육 체계가 도움이 되었다. 영국은 악기 연주자의 실력에 따라 1등급부터 9등급까지 급수를 인정하는 급수 취득 제도를 운영한다. 등급을 나누는 기준은 영국 왕립음악학교에서 정하고, 누구에게나 예외 없이 엄격하게 적용되며, 악기를 배우는 사람이면 누구나 응시할 수 있다.

학자들은 위의 두 가지 등급 분류를 모두 반영해 257명의 학생을 조사한 결과 음악적 성취도 및 실력의 차이를 설명할 단서를 찾았다.

결과는 분명했다. 최상위 집단에는 음악적 재능을 입증할 만한 결정적 단서―우리가 재능의 증거라고 믿을 만한 단서―가 전혀 없었다. 그렇기는커녕, 모든 집단 구성원들의 음악적 재능은 매우 유사했다. 다만 최상위 집단의 경우 어릴 적에 나타나는 능력, 즉 곡조를 반복하는 능력 면에서만 두각을 나타냈다. 다시 말해, 보통 사람들은 생후 24개월이 되어야 같은 곡조를 반복할 수 있는 반면, 이들은 평균 18개월이면 가능했다. 하지만 이것을 특별한 재능의 증거로 보기는 힘들다. 인터뷰 결과 이런 아이들의 부모가 다른 아이들의 부모에 비해 훨씬 적극적으로 노래를 부르게 했기 때문이다. 그 밖에는 크게 다른 점이 없었다. 예를 들어, 이들은 모두 여덟 살 무렵에 주요 악기를 배우기 시작했다.

하지만 각 등급 학생들이 도달한 음악적 성취도 수준이 매우 다르다는 사실은 변함없었다. 심층 인터뷰를 통해 탁월한 재능의 증거를 발견하지는 못했지만, 성취도 자체가 재능의 증거 아닌가. 그것 말고 더 무엇이 필요한가? 그런데 공교롭게도 이 질문의 답은 위 연구 결과에 있었다. 바로 연습량이었다.

학자들은 특히 급수 취득 시험 결과를 연구했다. 대부분의 사람들은 앞으로 음악가가 될 음악 학교 학생이나 졸업생들이 성취도가 낮은 다른 학생들보다 더 쉽고 빠르게 높은 급수를 취득할 것이라고 예상하기 마련이다. 그것은 곧 음악적 재능이 존재한다는 의미였다. 하지만 그런 일은 일어나지 않았다. 오히려 결과는 예상을 뒤엎었다. 연구자들은 각 등급에 이르는 데 필요한 평균 연습 시간을 최상위 학생들과 나머지 학생들로 나누어 측정했다. 통계적으로 뚜렷한 차이는 없었다. 예를 들어, 음악 학교 입학이 예정된 학생이나 그저 재미로 연주하는 학생이 5등급에 도달하는 데 필요한 평균 연습 시간은 1,200시간으로 동일했다. 음악 학교 학생들이 더 이른 나이에 일정 등급에 도달하는 것은 단순히 다른 학생들에 비해 연습량이 많아서일 뿐이었다.

또한 조사 결과에 따르면, 12세 이하의 경우 최하위 집단 학생들의 하루 평균 연습 시간은 15분인 반면, 최상위 집단 학생들의 연습 시간은 두 시간이었다. 이것은 800퍼센트의 차이다. 다시 말해, 연습에 투자하는 시간은 개인에 따라 많거나 적을 수 있지만, 적당한 시간을 투자하지 않고서는 어느 누구도 특정 등급에 이르지 못한다는 것이다. 연구에 참여한 영국 킬 대학의 존 슬로보다<sup>John A. Sloboda</sup> 교수는 이렇게 밝혔다. "뛰어난 성과를 이룬 사람들에게 '지름길'이 있다는 증거는 전혀 찾지 못했다."

있는 그대로 정리해 보자. 위에서 학생들을 다섯 등급으로 나누었듯이, 우리는 누구나 최상위 집단 학생들이 나머지 학생들에 비해 재능이 훨씬 뛰어나다고 단언하기 쉽다. 하지만 대부분의 사람들이 생각하듯 재능이 목표를 더 쉽게 달성하는 능력을 의미한다면, 최상위 집단 학생들이 나머지 학생들보다 재능이 더 뛰어나다고 말할 수 없다.

## 우리는 재능을 잘못 알고 있다

우리가 생각하는 재능의 개념이 잘못되었다면, 그것은 큰 문제다. 만일 우리가 특정 분야에 천부적 재능이 없다면 그 일을 결코 잘 해내지 못할 거라고 믿거나, 아니면 최소한 재능을 타고난 사람과는 경쟁 자체가 불가능하다고 생각한다면, 재능 없이 그 일에 달려드는 사람을 보고만 있지는 않을 것이다. 그 무모한 사람이 자기 아이라면 아이의 관심을 더욱 다른 곳으로 돌리려 할 것이다. 그림, 테니스, 경제학, 중국어 등 분야를 막론하고, 부모는 아이에게 재능이 없다는 신호를 보았다고 믿기 때문이다. 비즈니스 분야도 마찬가지다. 관리자들은 '느낌'이라는 빈약한 증거에 기대어 직원들의 업무를 계속 재조정하려 한다. 가장 위험한 것은 우리 자신이 새로운 시도를 하다가 그것이 결코 쉽지 않다는 사실을 알게 되면 곧바로 자신에게 재능이 없다고 판단하고 포기해 버리는 것이다.

요컨대 우리의 내면 깊은 곳에 자리 잡은 재능의 개념은 우리의 미래, 아이들의 미래, 기업의 미래, 그리고 그 기업에 다니는 직원들의 미래와 직결되는 문제다. 따라서 재능의 실체를 파악하는 것은 그 무엇보다 가치 있는 일이 아닐 수 없다.

이를 위해 우선 재능(talent)이라는 단어의 의미를 명확히 밝힐 필요가 있다. 영어에서 'talent'는 흔히 뛰어난 능력 또는 그런 능력을 가진 재목이나 인재를 가리키는 말이다. "보스턴 레드삭스 팀은 외야에 재목(talent)이 많아."라는 말은 레드삭스의 외야수들이 뛰어나다는 의미다. 책 제목이나 비즈니스 업계에서 자주 언급되는 '인재(talent) 전쟁'이라는 말 역시 뛰어난 재능을 가진 사람들을 서로 데려가려고 싸운다는 의미다. 방송 업계에서 '탤런트'는 TV나 영화에 출연하는 배우들을 일반적으로 지칭하는 용어다. "탤런트 제자리에!"라는 말은 배우들에게 바로 연기에 들어갈 수 있도록 준비하라는 뜻이다. 이 경우 '탤런트'라는 말에는 개인적인 가치 판단이 전혀 들어 있지 않다.

그런데 이런 여러 가지 의미 가운데 어느 것도 재능의 핵심을 제대로 표현하지는 못한다. 재능은 그것이 우리 삶의 방향을 바꾼다는 맥락에서 쓰일 때 그 의미가 분명해진다. 즉 재능이란 다른 대부분의 사람들보다 어떤 일을 특별히 더 잘하는 타고난 능력을 말한다. 여기에는 골프를 잘 치거나, 물건을 잘 팔거나, 작곡을 잘하거나, 조직을 잘 이끄는 등 꽤 구체적인 능력들이 포함된다. 이러한 능력은 아주 어린 나이에 발견되기도 하는데, 이는 애초에 그런 재능을 가지고 태어나기 때문이다. 따라서 재능은 후천적으로 습득되는 것이 아니다.

이런 정의에 따라 대부분의 사람은 타고난 재능이 사실상 모든 분야에 존재한다고 믿는다. 음악이나 스포츠, 게임 등에 관한 사람들의 대화를 주의 깊게 들어 보라. 아마 '재능'이라는 말을 하지 않고 두 문장 이상 말하기 어렵다는 사실을 깨닫게 될 것이다. 다른 분야에서도 마찬가지다. 『뉴욕타임스New York Times』의 저명한 칼럼니스트 러셀 베이커Russell Baker는 스스로 '어휘 유전자'를 타고난 준비된 작가라고 믿었다. 비즈니스 분야라고 다를 건 없다. 우리는 흔히 누구는 타고난 세일즈맨이라거나, 누구는 타고난 리더, 또 누구는 컴퓨터 같은 머리를 타고났다고 말한다. 워런 버핏Warren Buffett은 "나는 날 때부터 돈 굴리는 능력이 하드웨어에 장착돼 있었다."고 말하곤 했다. 자신은 돈이 되는 투자를 꿰뚫어 보는 능력을 타고났다는 뜻이다.

우리는 누구나 재능이 존재한다고 확신하지만, 그렇다고 우리가 재능에 대해 실제로 심사숙고해 봤다는 의미는 아니다. 그런 생각을 해 본 사람은 매우 드물다. 재능에 대한 고정관념은 단지 우리 세계관의 일부인데, 중요한 점은 그런 관념을 갖게 된 연유다.

그 해답은 의외의 곳에서 찾을 수 있다. 바로 19세기 영국 귀족이자 대학도 나오지 못한 프랜시스 골턴Francis Galton의 책이다. 젊은 시절 골턴은 사람들이 대부분 똑같은 능력을 타고나지만, 평생에 걸쳐 다양한 수준으로 능력이 개발된다고 믿었다. 인간의 재능은 모두 신의 선물이라는 오랜 신화적, 종교적 믿음에도 불구하고, 골턴이 살던 시대에는 모든 사람이 능력을 똑같이 타고난다는 생각이 인기를 얻었다. 이런 개념은 미국 독립 혁명과 프랑스 혁명의 불씨가 된 18

세기의 평등 이념에서 비롯되었다. 당시 헨리 데이비드 소로Henry David Thoreau나 랠프 월도 에머슨Ralph Waldo Emerson 같은 유명 인사들은 인간은 누구나 자기가 상상하는 것보다 훨씬 큰 잠재력을 지녔다고 강변했다.

경제가 호황을 누린 19세기에는 그런 증거가 넘쳐나는 듯했다. 유럽에서부터 미국, 아시아에 이르기까지 무역과 산업이 눈부시게 발전했고, 사람들은 어디서나 성공의 기회와 부를 움켜쥘 수 있었으며, 누구나 마음만 먹으면 원하는 바를 이룰 수 있다고 생각했다.

처음에 골턴은 이런 견해를 받아들였다. 하지만 사촌인 찰스 다윈Charles Darwin의 책을 읽고 난 후 생각이 완전히 달라졌다. 골턴은 이 생각의 전환에 힘입어 새로운 이론을 주장했다. 그의 이론은 재능이라는 문제에 관해 엄청난 반향을 일으켰고, 지금도 그 영향력은 광범위하게 남아 있다. 골턴 이론의 이러한 파급효과는 어쩌면 다음과 같은 그의 거리낌 없는 확신에서 기인한 것일지 모른다. 골턴은 자신의 책 『유전적 천재Hereditary Genius』에서 다음과 같이 말했다. "아이들은 모두 비슷한 능력을 가지고 태어나고, 소년들 사이에, 또 성인 남성들 사이에 격차를 만드는 요인은 오로지 꾸준한 노력과 도덕성뿐이라고 주장하는 가설들을 나는 도저히 참기 힘들다. 아이들을 훌륭하게 자라도록 가르치려는 의도에서 쓴 글에서 그런 주장을 할 때는 더욱 그렇다." (골턴은 여자아이나 성인 여성에게는 전혀 관심이 없었다.) 그는 또한 이렇게 덧붙였다. "나는 전적으로 재능의 평등성에 반대한다."

골턴의 견해는 단순했다. 키처럼 부모로부터 유전되는 신체적 특징과 마찬가지로 '탁월함'도 유전된다는 것이다. 골턴은 "어느 정도 특출한 사람에게는 주변에 탁월한 친척이 있는 경우가 얼마나 많은지 보임"으로써 자기 이론을 증명했다. 그는 『타임스Times』지에 난 부고 기사를 철저히 조사하여 판사, 시인, 장군, 음악가, 화가 등 '비범한' 사람들 사이에 이런 경향을 보이는 수백 가지 사례를 모았다. 그 결과 특정 분야에서 나타나는 탁월함은 가족에게 유전된다는 사실이 입증되었다. 따라서 반대로 해당 분야에서 탁월한 업적을 이루려면 반드시 유전적으로 타고나야 한다는 의미이기도 했다.

탁월함이 유전된다는 이런 주장을 비웃기는 쉽지만, 그렇다고 골턴의 업적을 깡그리 무시할 수는 없다. 그는 다윈의 진화론을 인간의 정신적 특성에 적용함으로써 과학을 한 단계 발전시켰고, 오늘날 과학의 모든 영역에서 널리 쓰이는 통계적 상관·회기 분석법을 개발했다. 또한 '인간의 위대함은 어디서부터 오는가'라는 심오한 질문의 해답을 모색했으며, '본성 대 양육'이라는 말도 만들어 냈다. 아울러 골턴은 『영재 교육과 영재성의 개념에 관한 저널Journal for the Education of the Gifted and Conceptions of Giftedness』같은 근대 과학 출판물에서 보듯이 '천부적 재능'이라는 화두를 과학적 탐구의 주제로서 제시한 인물이기도 했다.

영재성은 지금도 여전히 뜨거운 논란거리다. 여기서 영재성이란 우리가 앞에서 이야기한 재능과 같은 의미다. 그런데 우리가 아는 재능의 개념 자체가 잘못되었다면 무슨 일이 벌어질까?

## 재능이 탁월한 성과를 약속하지는 않는다

오늘날 많은 학자들은 영재성 또는 재능이 어떤 의미를 갖고 있다 해도 그것은 우리가 흔히 생각하는 의미와는 전혀 다르다고 주장한다. 그리고 한편으로 조심스레 재능의 존재를 뒷받침할 증거가 없다는 반론을 펼친다.

 이 논쟁은 사실 우리의 상상 이상으로 격하다. 앞서 살펴본 음악 분야의 연구에서처럼 훌륭한 성과를 낸 개인들에 관한 연구는 당사자와 그 부모들의 인터뷰를 통해 성과 달성의 핵심 요소를 알아내는 데 초점이 맞추어졌다. 물론 연구 대상은 누구나 그들을 두고 '재능이 뛰어나다'고 입을 모을 만한 사람들이었다. 하지만 자료가 쌓일수록 연구자들은 훌륭한 성과를 낸 사람들이라 해도 집중적인 훈련을 시작하기 전에는 특별한 재능의 징후가 나타나지 않았음을 확인했다. 그런 경우가 아예 없는 것은 아니었지만 대개는 어떤 징후도 발견되지 않았다. 우리는 재능이 탁월해 보이는 사람들을 얼마든지 떠올릴 수 있지만, 연구자들이 많은 사례를 연구한 결과 최소한 특정 분야에서는 아무리 해당 분야에서 눈부신 업적을 이루었다 해도 어려서부터 재능을 나타낸 사람은 없었다. 음악가, 테니스 선수, 수영 선수, 예술가, 수학자를 대상으로 한 연구에서도 결과는 비슷했다. 물론 그렇다고 해서 재능이 존재하지 않는다는 사실이 증명된 것은 아니다. 다만 재능이 존재한다 해도 탁월한 성과와는 무관할 수 있다는 흥미로운 가능성을 암시할 뿐이다.

 이쯤 되면, 한 어린아이가 단 세 번의 피아노 레슨을 받고 나서 다른 아이들 같으면 배우는 데만 6개월이 걸리는 곡을 환상적인 솜씨로 연주하는 장면을 떠올리면서, 일단 연습을 시작하기만 하면 재능은 확실히 그 실체를 드러낸다고 예측하는 사람도 있을 것이다. 하지만 이번에도 예상은 빗나갔다. 위대한 성과를 달성해 가는 사람들에게 이런 일은 좀처럼 일어나지 않는다. 예를 들어, 미국에서 유명한 피아노 연주자들을 대상으로 한 조사 결과를 보면, 처음 6년 동안 집중적으로 피아노 연습을 했던 시점까지도 그들이 나중에 어느 정도 수준의 연주자가 될지를 가늠할 수 없었다고 한다. 그때만 해도 피아노 연주자들의 실력은 대부분이 엇비슷했다. 지나고 나서 그 피아노 연주자들에게 "재능이 있었군."이라고 말할 수는 있겠지만, 6년 동안 열심히 연습한 후에도 그 재능을 확인할 수 없었다면 재능의 개념 자체가 모호해진다.

  매우 드물게 부모가 일찍이 자식의 재능을 발견하고 훗날 그 아이가 커서 위대한 업적을 이룬 경우라 하더라도, 결국 부모가 우연히 발견한 그 재능의 징후에도 문제가 있는 것으로 드러났다. 많은 학자들이 또래 아이들에 비해 매우 일찍 말을 하거나 글을 읽었다는 사례를 찾기는 했지만, 대부분의 경우 그 아이들의 능력 발달에는 부모가 깊숙이 개입해 있었다. 부모와 자식 간에 아주 긴밀한 상호작용이 일어났다고 한다면, 아이의 재능이 과연 어디서 왔는지 파악하기는 무척 어렵다. 가령 아직 갓난아기에 불과한 케빈이 종이에 그림을 그렸는데, 그것이 부모의 눈에 토끼처럼 보였다고 하자. 그러면 부모는 아이에게 화가의 유전자가 있다고 판단하여 갖은 노력을 다해 화가로 키우려 할 것이다. 이런 사례는 주위에서 흔히 볼 수 있으며, 실제로 아이와 부모 간에 오가는 상호작용이 아이의 능력에 변화를 초래한다는 사실이 연구를 통해 밝혀졌다. 이 부분에 대해서는 마지막 장에서 자세히 살펴볼 것이다.

게놈(genome) 지도를 연구하는 지금 같은 시대라면 인간의 특성 중 타고나는 것과 그렇지 않은 것 정도는 정확히 구분할 수 있어야 한다고 보는 사람도 있을 것이다. 재능이 말 그대로 타고나는 것이라면, 그에 해당하는 유전자가 반드시 있어야 한다. 그러나 아직 과학자들은 2만 개가 넘는 유전자 각각의 역할을 낱낱이 밝히지 못했다. 지금으로선 특정 재능을 담당하는 특정 유전자는 아직 발견되지 않았다고밖에 말할 수 없다. 그런 유전자가 실제로 존재할 가능성은 있다. 언젠가 과학자들이 피아노 연주 유전자나 투자 유전자, 혹은 회계 유전자를 발견할지도 모른다. 하지만 아직까지는 발견하지 못했고 지금까지 살펴본 증거를 토대로 예측해 보자면 그런 유전자를 발견할 가능성은 아주 희박하다. 지난 세기에 광범위한 분야에서 이루어 낸 놀라운 성과들을 볼 때, 최소한 수천 년은 걸리는 유전적 변화와 이를 관련짓기에는 그 발전 속도가 너무나 빨랐다. 따라서 인간의 재능과 거기서 비롯된 눈부신 성과가 유전자의 활약 덕분이라고 주장하기는 불가능해 보인다. 유전자의 영향이 있었다 해도 그것은 기껏해야 전체 그림에서 아주 작은 부분을 차지할 뿐이다.

그런데 재능에 대해 회의적인 사람들도 자신들이 지금껏 수집한 증거가 타고난 재능이 그릇된 믿음이라는 사실을 증명하는 것은 아니라고 조심스럽게 이야기한다. 더 많은 연구를 통해 결국 개인의 유전적 차이가 위대한 성과의 단서임이 밝혀지기를 그들 역시 바라기 때문이다. 하지만 수십 년에 걸쳐 이루어진 수백 건의 연구로도 그런 바람은 실현되지 않았다. 오히려 반대로, 대부분의 연구 결과는 최고 수준의 성과를 판가름하는 유전적 차이가 존재하지 않는다는 사실을 강력하게 뒷받침하고 있다.

## 모차르트의 재능을 둘러싼 진실

그렇다 해도…… 이런 점은 어떤가? 타고난 재능을 부정하는 주장이 어느 모로 보나 이치에 맞다 쳐도, 우리 앞에는 여전히 역사에 길이 남을 경이로운 활동가들의 위대함을 증명하는 결과물이 남아 있다. 그 압도적인 불멸의 업적을 불가사의한 신의 선물이 아니면 도대체 무엇으로 설명한다는 말인가? 사실 재능을 부정하는 주장이 처음 나왔을 때, 많은 사람들은 두 가지 증거를 들며 즉시 반론을 제기했다. 그 증거는 바로 모차르트Mozart와 타이거 우즈Tiger Woods였다.

 모차르트는 그야말로 신이 부여한 위대한 재능 이론을 뒷받침하는 가장 대표적인 사례다. 모차르트는 다섯 살에 작곡을 시작해서 여덟 살에 공식 석상에서 피아노와 바이올린을 연주했으며, 평생 수백 곡에 달하는 많은 작품을 발표했다. 그중 몇몇 작품은 서양 문화의 보물이자 위대함의 상징으로 널리 인정받았고, 이 모든 것을 35년이라는 짧은 기간에 이루었다. 이것이 재능이 아니라면, 달리 그 무엇이 재능이겠는가.

 모차르트의 생애에 관해 좀 더 자세히 들여다보자. 그의 아버지는 레오폴트 모차르트Leopold Mozart로서 당시 유명한 작곡가이자 연주자였다. 레오폴트는 세 살 때부터 아들에게 작곡과 연주 훈련을 강도 높게 시킨 권위적인 아버지였고, 어린 모차르트를 가르치기에 충분한 능력을 가진 교육자였다. 실제로 레오폴트는 아이들을 대상으로 하는 음악 교수법에 관심이 많았다. 있는 그대로 말하자면 레오폴트는 음악가로서는 그저 그런 수준이었지만, 교육자로서는 훨씬 뛰어났다. 모차르트가 태어나던 해에 그가 펴낸 바이올린 교습서는 이후 수십 년 동안 권위 있는 책으로 인정받았다.

따라서 모차르트는 아주 어려서부터 한집에 사는 음악 스승에게 집중적으로 훈련을 받았던 셈이다. 모차르트가 작곡한 초기 작품들은 물론 뛰어나지만 거기에는 논란거리도 있다. 자필 악보를 쓴 사람이 모차르트 자신이 아니라는 점이다. 레오폴트는 다른 사람이 보기 전에 항상 악보를 '바르게 고쳤다'. 그가 아들을 가르치기 시작한 시점부터 작곡을 그만두었다는 사실 역시 주목할 만하다.

어린 모차르트가 직접 창작한 작품이 아니라는 것이 확실한 경우도 있다. 모차르트가 열한 살 때 작곡했다는 네 개의 피아노 협주곡에는 사실 그가 직접 작곡한 부분이 전혀 없다. 다른 작곡가들의 곡을 합쳤을 뿐이다. 오늘날 피아노 협주곡으로 분류되지 않는 그 다음 세 작품 역시 그가 열여섯 살 때 같은 방식으로 쓴 것인데, 직접 작곡한 부분은 전혀 없고 대신 런던에서 함께 공부한 요한 크리스티안 바흐Johann Christian Bach(바로크 음악의 거장 요한 제바스티안 바흐의 막내아들-옮긴이)의 여러 작품을 편곡한 것이었다. 모차르트가 겨우 여덟 살 때 지은 가장 초기의 교향곡들도 작곡 당시 함께 공부했던 요한 크리스티안 바흐의 스타일을 매우 흡사하게 따르고 있었다.

여기 언급한 작품들은 모두 오늘날 좋은 평가를 받지 못한다. 아주 드물게 연주나 음반 작업이 이루어지기는 하지만, 이는 순전히 모차르트의 명성 때문인 경우가 많다. 하지만 이런 작품들은 작곡가가 되는 과정에서 모방과 편곡 등 일상적으로 이루어지는 연습의 결과물로 보이며, 아들의 성장에 평생을 바친 아버지에 의해 그런 습작들(아마도 그가 다듬었을)도 세상의 관심을 받게 되었다고 보는 것이 타당하다. 음반의 수가 말해 주듯 오늘날 걸작으로 평가받는 모차르트의 첫 번째 작품은 그가 스물한 살 때 작곡한 피아노 협주곡 9번이다. 스물한 살이라면 분명 작곡가로서 어린 나이다. 하지만 우리는 당시 모차르트가 18년 동안이나 혹독한 전문적 훈련을 받은 뒤라는 점을 잊어서는 안 된다.

이는 곰곰이 생각해 볼 가치가 있다. 모차르트가 가졌을지도 모르는 신성한 영감은 그가 세계적 수준의 작품을 힘들이지 않고 순식간에 쓰도록 해 주지 않았다. 하지만 사람들은 흔히 그런 신성한 영감이 천재들에게 그런 능력을 부여한다고 가정한다.

모차르트의 작곡 방식은 사람들이 오랫동안 믿어 왔던 그런 경이로운 작업이 아니었다. 거의 200년 동안이나 많은 사람들은 모차르트가 머릿속으로 작품 전체를 다 작곡해 놓고는 이 완성된 작품을 그저 종이에 옮겨 적었을 뿐이라고 믿었다.

이러한 믿음은 그가 쓴 유명한 편지에서 비롯되었다. "길기는 하지만 머릿속에서는 곡 전체가 거의 완벽하게 마무리되었어요. …… 종이에 옮겨 적는 일은 그리 오래 걸리지 않았고요. …… 상상했던 것과 거의 다르지 않아요."

이는 분명 인간의 한계를 넘어서는 작곡가의 능력을 묘사한 것이다. 문제는 이후 많은 학자들이 확인했듯 이 편지가 날조되었다는 사실이다. 모차르트의 머릿속에는 작품 전체가 완벽한 형태로 들어 있지 않았다. 현재까지 전해져 내려온 악보들을 보면 그가 끊임없이 수정하고, 상당 부분을 다시 작곡하고, 급하게 휘갈긴 짧은 악절들을 몇 달 혹은 몇 년씩 묵혀 두기도 했다는 사실을 확인할 수 있다. 모차르트가 아주 훌륭한 곡들을 쓰기는 했지만, 그가 작곡하는 방식은 보통 사람들과 다르지 않았다.

최근의 한 연구는 새로운 관점에서 모차르트의 영재성을 살펴보게 한다. 학자들은 피아노 연주자들을 대상으로 그들의 능력을 측정하는 '조숙성 지수(precocity index)'를 고안했다. 이는 현대적인 교습 방식에 따라 연습을 시작한 후 공식 석상에서 초연을 하기까지 걸린 준비기간을 알아보고, 이를 천재로 불리는 역사적 인물들과 비교하는 것이었다. 가령 음악을 전공하는 보통 수준 학생의 준비 기간이 6년이고 천재는 3년이라면, 보통 수준 학생의 지수는 200퍼센트다. 모차르트의 경우 조숙성 지수는 보통 수준 학생보다 약간 나은 130퍼센트였다. 반면 20세기에 천재로 불리던 피아노 연주자들은 300퍼센트에서 500퍼센트에 이르렀다. 이는 급격히 높아진 기준의 또 다른 예가 아닐 수 없다. 한층 개선된 훈련 방식이 모차르트가 지닌 천재성을 압도한 셈이다.

다시 한 번 말하지만 이러한 사실로 인해 모차르트 음악에 대한 우리의 경외심이 훼손되는 것은 아니다. 다만 그의 작곡 방식에 관한 수많은 환상과 낭만적 추정을 해소할 뿐이다. 물론 이를 달갑지 않게 여기는 사람들도 있다. 모차르트 학자인 닐 자슬로$^{Neal\ Zaslaw}$는 논문 「노동자로서의 모차르트$^{Mozart\ as\ a\ Working\ Stiff}$」를 통해, 자신이 비엔나의 모차르트 학회에서 '성인이 된 이후 모차르트는 주로 돈을 벌기 위해 작품을 썼다'고 주장했을 때 참가자들이 보인 반응을 다음과 같이 묘사했다. "내 견해에 대해 그토록 거센 비난이 쏟아지는 것을 보고 상당히 놀랐다. 학회 사회자까지 나서서 비난에 가세할 정도였다." 그러한 비난은 그들이 모차르트를 그저 인간적 동기를 지닌 작곡가가 아닌 신성한 영감의 불꽃으로 음악을 작곡한 신적인 존재로 여긴다는 뜻이었다.

이 사건은 창의적인 예술가들의 위대함을 판단하는 데 있어 중요한 문제를 제기한다. 운동선수나 체스 선수 등 객관적인 평가 기준이 있는 분야에서는 사람들의 성과를 꽤 정확하게 측정할 수 있다. 금융업계의 펀드매니저나 투자자는 소수점 아래 몇 자리까지 따지는 세밀한 기준에 따라 실력을 평가받는다. 심지어 과학자도 정확한 기준은 아니지만 자신의 연구 성과가 수년 동안 미치는 영향력에 따라 비교적 객관적이고 공정한 평가를 받는다. 하지만 음악이나 그림, 시처럼 객관적인 평가 기준이 없는 창의적인 일의 성과는 다른 기준으로 판단할 수밖에 없다. 따라서 창의적인 예술가들을 평가할 때는 결론을 내는 데 신중을 기해야 한다. 그런 까닭에 어떤 예술가는 한평생 칭송받으며 살다가 죽은 뒤에 까맣게 잊혀지고, 어떤 예술가는 조롱과 무시 속에서 살다가 죽은 뒤에야 그 위대한 예술성이 '발견' 되기도 한다.

오늘날 가장 위대한 작품 중 하나로 꼽히는 요한 제바스티안 바흐Johann Sebastian Bach의 〈마태오 수난곡〉은 그의 생전에 단 두 번밖에 연주되지 않았다. 지금은 믿기지 않는 사실이지만, 바흐의 음악은 펠릭스 멘델스존Felix Mendelssohn이 바흐의 죽음 이후 수십 년 뒤에 그 음악을 칭송하기 전까지는 특별한 대접을 받지 못했다.(오늘날 많은 인기를 누리는 멘델스존의 음악은 바흐와 반대로 그가 죽은 이후 상당히 괄시를 당했다.) 요컨대 우리가 위대함에 대한 연구를 1810년에 했다면 바흐에게 관심을 두지 않았을 테고, 1910년에 했다면 멘델스존을 관심

밖에 두었을 것이다. 앞서 자슬로의 의견에 격분한 학회 사회자는 동시대의 어떤 음악도 모차르트의 음악에 견줄 수 없다고 단언했다. 모차르트의 음악은 '창의성의 가장 높은 경지에 속하기' 때문이라는 것이 이유였다. 이에 자슬로는 "모차르트의 음악은 19세기에 와서야 더 높은 차원으로 격상되었을 뿐이다. 그가 살아 있던 당시에는 다른 작곡가들의 음악과 나란히 지상에 머물러 있었다."고 응수했다.

미국 주간지 『뉴요커New Yorker』의 음악 평론가 알렉스 로스Alex Ross는 '잘츠부르크의 기적'(모차르트의 아버지 레오폴트가 자기 아들을 두고 '신이 잘츠부르크에서 일으킨 하나의 기적'이라고 말한 데서 나온 말-옮긴이)에 관한 최근의 많은 연구들을 다음과 같이 요약했다. "지금 부푼 기대로 아장아장 걷는 아이에게 〈아기 모차르트〉 비디오를 보여 주는 부모들은 모차르트가 18년 동안의 혹독한 연습을 견뎌 낸 뒤에야 우리가 아는 그 모차르트가 되었다는 사실을 깨닫고 실망할지도 모른다."

## 골프계의 모차르트, 타이거 우즈

탁월한 성과를 연구하는 학자들은 이따금 타이거 우즈를 골프계의 모차르트라고 부른다. 사실 두 사람에게는 눈에 띄는 공통점이 있다. 타이거 우즈의 아버지 얼 우즈Earl Woods는 학생들을 가르치는 교육자였고, 스포츠에도 남다른 열정이 있었다. 그는 처음에 군대에서 경력을 쌓았는데, 주로 맡은 일은 뉴욕 시립대 학사장교 후보생들에게 전쟁사와 전술, 기동훈련 등을 가르치는 것이었다. 한편 타이거 우즈가 프로 선수로 데뷔하기 직전에 출판되어 별다른 관심을 받지 못한 책 『타이거 훈련법Training a Tiger』에서 그는 자신이 고등학교와 대학교 시절에 잘나가는 야구 선수였고, 대학 졸업 후 입대 전까지는 리틀 야구팀 코치로 있으면서 팀을 주 대회에 진출시켰다고 밝혔다. 그는 "전 가르치는 것이 좋아요."라고 말했다.

시간이 충분했던 얼은 아들을 가르치는 데 열중했다. 아내 쿨티다와 타이거는 얼의 두 번째 가족이었다. 타이거가 태어날 당시 얼이 첫 번째 결혼에서 얻은 세 자녀는 이미 어느 정도 성장해 있었다. 군에서 전역한 얼은 남부 캘리포니아에 있는 항공기 제조업체 맥도넬 더글러스(McDonnell Douglas)에서 근무하고 있었다. 결정적으로 그는 골프광이었다. 연습을 얼마나 열심히 했던지 그는 골프를 시작한 지 몇 년 되지 않아 한 자릿수 핸디캡을 달성했고 경기에서 상위 10퍼센트 안에 들었다. 타이거가 태어났을 때 그는 이렇게 밝혔다. "나는 제대로 훈련받았고 이제 시작할 준비가 되었다. 나는 아주 어릴 때부터 타이거에게 골프를 가르쳐서 신세계를 열어 보일 것이다."

그러니 상황을 정리하면 이렇다. 타이거 우즈는 실력 있는 골프 선수이자 가르치기를 좋아하고, 이제 갓 태어난 아들에게 골프 가르칠 날만 손꼽아 기다리며 스스로 '골프 중독'이라고 고백한 아버지를 두었다. 얼은 아내와 함께 "다른 무엇보다도 타이거에게 관심을 쏟자."고 결심했다. 얼은 7개월 된 타이거에게 처음으로 골프채를 쥐어 주었다. 얼은 타이거를 곁에 두고서 몇 시간이고 자신의 골프 연습을 지켜보게 했다. "타이거 눈에는 똑같은 장면이 계속 반복되는 영상처럼 보였을 겁니다." 얼은 그렇게 말했다. 얼은 아직 말도 못하는 아이에게 골프채를 똑바로 쥐고 공을 정확히 때리는 법을 가르치기 위해 새로운 교습법을 개발했다. 타이거는 두 살이 되기도 전에 골프장에서 꾸준히 연습했다.

타이거의 놀라운 실력은 금세 입소문을 탔다. 그는 초등학교 입학 때 이미 지역의 유명 인사였고, 대학 때는 미국 전역에 이름을 날렸다. 타이거 우즈의 전설 같은 이야기에는 특히 주목할 만한 두 가지가 있다. 하나는 국제대회를 포함하여 그가 최초로 눈에 띄는 성과를 달성한 나이다. 비록 승리를 거머쥐지는 못했지만, 타이거 우즈가 워커컵 대회(Walker Cup, 미국과 영국 간의 아마추어 골프 대회-옮긴이) 출전 선수로 뽑힌 것은 열아홉 살 때였다. 즉 네 살 이전에는 아버지에게, 그 이후로 17년 동안은 전문 코치 밑에서 강도 높은 훈련을 받은 뒤였다는 말이다.

다른 하나는 타이거 우즈나 그 아버지 어느 누구도 그가 골프에 재능을 타고났다는 말을 한 적이 없다는 점이다. 얼은 타이거가 평범한 아이라고는 믿지 않았다. 하지만 자기 자식이 평범하다고 생각하는 부모는 거의 없다. 얼은 타이거가 이해력이 뛰어나고 숫자를 잘 기억하는 비상한 능력이 있다고 생각했다. 타이거는 자신이 성공할 수 있음을 아버지에게 여러 차례 확신시켰다. 그는 어린 시절 자기가 그토록 골프에 열중했던 이유를 생각하면서 타고난 재능은 떠올리지 않았다. 오히려 그는 이렇게 말했다. "나에게 골프는 분명 내가 가장 존경하는 분, 바로 아버지를 닮으려는 노력이었습니다." 타이거 우즈의 엄청난 성공 비결을 물으면 우즈 부자에게서는 항상 같은 대답이 돌아온다. 열심히 노력하는 것.

타이거의 소년 시절 코치 한 명은 그의 첫인상을 다음과 같이 표현했다. "전 그 아이가 모차르트 같다고 느꼈습니다." 정말 맞는 말이었다.

## 비즈니스 분야의 천재들은 어떨까?

음악과 스포츠 분야에서 재능의 개념에 문제가 있는 것으로 드러난다면, 비즈니스 분야에서는 문제가 더욱 심각하다. 사람들은 비즈니스의 대가라고 하면 무턱대고 천부적 재능을 타고났을 것이라고 보는 경향이 있다. 하지만 이를 뒷받침하는 근거는 매우 빈약하다. 사실 그런 인물들이 경제계에 첫발을 들인 시기를 살펴보면 천부적 재능과는 거리가 먼 경우가 압도적으로 많았다. 즉 사회생활 초기에는 그들이 앞으로 어떤 인물이 될지 짐작할 만한 어떤 재능이나 조짐이 전혀 나타나지 않았다.

 가장 눈에 띄는 몇 가지 사례를 살펴보자. 『포천Fortune』지가 선정한 '20세기 최고의 경영자'에 포함된 잭 웰치는 20대 중반까지만 해도 특별한 비즈니스 기질이 보이지 않았다. 이 시기에 대해 그는 훗날 "똑똑하다고 나를 비난할 사람은 아무도 없었다."라고 썼다. 잭 웰치는 매사추세츠 주 세일럼에서 보낸 어린 시절 학교 성적도 좋았고 고등학교 하키부와 골프부에서 주장을 맡는 등 성취도가 매우 높은 학생이었다. 그 정도면 아이비리그 대학도 문제없었다. 하지만 학비를 감당할 여유가 없어서 결국 매사추세츠 대학에 진학해 경영이나 경제가 아닌 화학 공학을 전공했다. 그리고 다시 일리노이 대학에서 같은 전공으로 박사 과정을 밟았다. 사회에 첫발을 내딛은 스물다섯 살 무렵에도 여전히 그는 방향을 정하지 못하고 시러큐스 대학과 웨스트버지니아 대학 교수직에 지원하기도 했다. 그러다가 결국에는 제너럴일렉트릭(GE) 사의 화학개발 부서에 입사했다.

바로 이 시점에서 그가 훗날 세계에서 가장 영향력 있는 경영자가 되리라고 짐작케 할 만한 무언가가 있었을까? 설령 있었더라도 그것을 알아차리기란 상당히 어려웠다. 아니, 사실 불가능했다.

세계 최고 갑부이자 경제 혁명의 상징인 빌 게이츠<sup>Bill Gates</sup>는 성공의 열쇠를 재능에서 찾는 사람들에게 좀 더 큰 가능성을 열어 준다. 그는 어렸을 때 컴퓨터에 빠져 열세 살 때 처음으로 소프트웨어 코드를 작성했다고 한다. 3목 두기 게임 프로그램이었다. 당시 빌 게이츠는 나중에 마이크로소프트를 공동 설립하게 되는 폴 앨런<sup>Paul Allen</sup>과 함께 컴퓨터라는 커다랗고 투박한 기계를 조금이라도 오래 쓸 수 있는 방법을 찾아내려고 머리를 맞댔다. 이 두 사람이 처음 세운 회사 트래프오데이터(Traf-O-Data)에서는 시내 교통량을 분석하는 컴퓨터를 생산했다. 하지만 불행히도 기계는 멀쩡히 잘 돌아갔지만 사는 사람이 아무도 없었다. 하버드 대학을 다니면서도 빌 게이츠는 흥미진진하고 변화무쌍한 컴퓨터 세계에 푹 빠져 지냈다.

어릴 때부터 시작된 컴퓨터에 대한 빌 게이츠의 관심은 결국 마이크로소프트 설립으로까지 이어졌다. 문제는 그가 성장하는 과정에서 타고난 재능의 증거는 전혀 보이지 않았다는 점이다. 게이츠를 필두로 주변 친구들은 컴퓨터의 가능성에 관심을 갖기 시작했다. 당시 하버드에는 기술 혁명의 진행을 정확히 간파한 컴퓨터광들이 급속히 늘어나고 있었다. 이때 과연 게이츠가 그들의 제왕이 되리라고 짐작케 할 만한 특별한 점이 있었을까? 답은 '딱히 없다'이다. 면밀히 조사해 보면 빌 게이츠의 성공에 결정적인 역할을 한 것은 소프트웨어에 관한 그의 전문성이 아니었다. 오히려 상당히 다른 유형의 능력, 즉 사업에 착수하고 거대 기업을 관리하는 능력이 성공의 열쇠였을 가능성이 높다. 그런데도 사람들은 트래프오데이터에서의 실패는 무시하고 헛되이 젊은 시절 게이츠에게서 그런 재능의 신호를 찾는다.

세계적으로 유명한 경제계의 거물들을 조사해 보면 빌 게이츠 식의 이야기보다 잭 웰치 식의 이야기를 더 자주 접하게 된다. 즉 그들에게 부와 명성을 가져다 줄 특성을 젊은 시절 어디에서도 찾을 수 없는 사람들이 더 많다는 말이다.

빌 게이츠 시대 이전에 세계 최고 갑부였던 존 록펠러John D Rockefeller는 이러한 사실을 단적으로 보여 준다. 가난한 가정에서 태어난 록펠러는 힘든 일을 하면서도 신앙심이 깊고 언제나 진지하며 성숙한 소년이었다. 하지만 그의 가장 뛰어난 전기 작가인 론 처노Ron Chernow는 이렇게 썼다. "어느 모로 보나 존은 존재감이 흐릿하고 다른 소년들과 별다를 바 없는 평범한 아이였다. 그가 세상을 깜짝 놀라게 한 뒤 과거에 그를 알고 지내던 사람들은 그에 관해 어떤 희미한 기억이라도 떠올려 보려고 애썼다." 그나마 주변 사람들이 어린 시절 록펠러에 대해 공통적으로 뚜렷이 기억하는 것은 부자가 되겠다는 확고한 신념이었다. 하지만 한편으로 처노는 다음과 같이 기록했다. "소년 시절 존의 그런 꿈은 전혀 특별한 것이 아니었다. 그 당시는 감수성 예민한 소년들에게 탐욕스러운 환상을 키워 주던 시절이었기 때문이다." 록펠러 가문 아이들의 가정교사였던 한 여성은 존 록펠러에 관해 아주 전형적인 해석을 내놓았다. 그녀는 이렇게 회상했다. "존이 특별히 무언가를 잘했다는 기억은 없습니다. 다만 무엇이든 열심히 했다는 것만은 확실해요. 말수가 적은 아이였지만 아주 열심히 공부했어요."

어린 시절에 특별한 재능을 알아보기 어려웠던 경우뿐 아니라, 더욱 극단적인 사례도 종종 볼 수 있다. 20세기의 위대한 광고인으로 불리는 데이비드 오길비David Ogilvy는 옥스퍼드에서 퇴학당하고 파리의 한 호텔 주방에서 몸이 부서져라 일했으며, 스코틀랜드에서는 스토브를 팔고 미국 펜실베이니아에서는 농사를 짓는 등 숱한 직업을 전전하며 자신의 젊은 시절 17년을 흘려보냈다. 적어도 이 시기에는 그가 어느 정도 성공하리라는 조짐을 전혀 찾을 수 없었으며, 그러니 훗날 광고계의 전설적인 인물이 되리라고 예측하기는 불가능했다.

그렇다면 또 한 사람의 세계적인 갑부이자 투자의 귀재로 불리는 워런 버핏은 어떤가? 그는 빌 게이츠처럼 자기 분야에 일찍부터 관심을 보였을 뿐 아니라 어느 정도 능력도 발휘했다. 어린 시절 버핏은 비즈니스와 투자 관련 공부에 비상한 관심을 보였고 돈도 벌고 싶어 했다. 몇 구역씩 신문 배달을 하는가 하면, 열한 살 때는 처음으로 시티스서비스 사의 우선주를 매입했다. 열다섯 살 때는 친구 한 명과 중고 핀볼 기계를 사들여 이발소에 설치했다. 그리고 몇 개월 만에 두 대를 더 추가했다. 버핏은 핀볼 기계로 벌어들인 돈으로 농경지 40에이커를 사들여 농부들에게 임대했다. 게다가 그는 꽤 큰 수까지 암산으로 계산할 수 있었고, 열여섯 살에 고등학교를 졸업했다. 컬럼비아 경영대학원 시절에는 투자 분야의 권위자로 유명한 벤저민 그레이엄Benjamin Graham의 지도를 받았고, 그의 수업에서는 항상 $A^+$를 받았다.

투자자로서 버핏이 일군 성공 신화는 그 자신을 비롯한 수많은 사람들이 그에게 투자 재능이 있다고 말하는 이유를 쉽게 확인시켜 준다. 하지만 돈을 적절히 투자하는 능력을 타고났다는 식의 설명은 그의 성공을 설명하는 유일한 방법도, 가장 쉬운 길도 아니다. 그가 어릴 때 보인 돈에 대한 강한 집착은 대공황 당시 미국 중서부 지역에서 자란 사람들에게는 그리 놀라운 일도 아니다. 그가 주식 투자에 마음을 빼앗긴 것도 그의 아버지가 어린 아들이 우러러보던 주식 중개인 겸 투자자였다는 사실을 감안하면 그리 특별할 것도 없다. 버핏은 열한 살 때 아버지 사무실에 나가 일했으며, 그렇게 아주 어린 나이부터 투자를 배우기 시작했다.

20대 초반까지도 워런 버핏이 투자를 아주 잘하는 사람이 되리라는 징후는 거의 찾아보기 어려웠다. 그는 10대 때 한동안 과거의 주식 차트 흐름을 보고 앞으로의 주가 방향을 예측하고자 했던 열렬한 '차트 추종자'였다. 하지만 불행히도 이런 차트 분석법은 시장을 장악하는 데 무용지물임이 연구를 통해 입증되었다.(하지만 지금도 여전히 이렇게 차트에 기대 주식 투자를 하는 사람들이 많다.) 나중에 버핏은 주식 매매의 완벽한 타이밍을 잡아내는 마켓 타이머(market timer)가 되려고 애썼다. 하지만 이 전략 역시 시간이 지나면서 별 도움이 되지 않음이 밝혀졌고, 결국 그는 이 전략에 실패했다.

컬럼비아 경영대학원을 졸업할 무렵, 버핏은 벤저민 교수가 운영하는 투자회사에서 무보수로 일하겠다고 자청했다. 하지만 버핏은 당시에 대해 이렇게 말했다. "벤저민 교수는 가치를 평가하는 그분만의 방식으로 계산을 해보시더니, 결국 이 방법으론 안 된다고 하시더군요." 벤저민의 회사에서 2년 동안 일한 뒤 버핏은 스물다섯 살 때 오마하로 돌아와 첫 번째 투자회사를 시작했다.

이 시점에서 우리는 어릴 때부터 돈과 투자에 강한 관심을 보이고 록펠러처럼 부자가 되겠다는 열망으로 가득한 한 젊은이의 모습을 떠올릴 수 있다. 버핏은 자기 관심 분야에 관해서는 지독하게 파고들어 공부했다. 하지만 그때까지 제대로 성과를 올린 것은 아무것도 없었다. 30대에 접어들어서야 비로소 버핏은 세계적 수준이라 할 만한 성과를 쌓기 시작했다. 그리고 자기가 선택한 분야에서 20년 이상 열심히 일했다.

대공황 시절 주식중개인의 아들은 수없이 많았지만, 그중 단 한 명만이 '워런 버핏'이 되었다. 왜일까? 이것이 바로 우리가 깊이 파헤치고자 하는 중요한 의문이다. 다만 이 시점에서 핵심은 비즈니스 방면의 어떤 타고난 재능 덕분에 버핏 같은 뛰어난 경영인이 탄생한 것 같지는 않다는 점이다.

정리하자면, 우리는 타고난 재능의 역할에 관해 다시 생각해 봐야 한다. 그렇다고 이 문제에 관해 어느 한 입장에 절대적으로 치우칠 필요는 없다. 그런 타고난 재능이 정말 있는지 없는지는 학자들이 해결할 몫이다. 다만 중요한 사실은 재능이 우리가 생각하는 것보다 훨씬 덜 중요하다는 점이다. 재능은 성공이나 탁월한 성취에 결정적인 역할을 하는 것 같지 않다. 재능의 역할이 무엇인지에 대해서도 아직 분명히 밝혀지지 않았다. 앞으로 나는 4, 5, 6, 9, 10장에서 이 문제에 관해 더 많은 증거를 제시하려고 한다.

위대한 업적을 이루는 데 재능의 역할이 크지 않다는 사실을 인정한다 해도, 여전히 사람들은 IQ나 기억력 같이 선천적으로 타고나는 일반적 능력은 필요하다고 생각할지 모른다. 보통의 지표로는 측정하기도 어려운 엄청난 IQ나 초인적 기억력 없이는 어떤 분야에서도 최고가 될 수 없다고 보는 것이다. 하지만 우리 마음속에 뿌리 깊이 자리 잡은 이러한 믿음 역시 면밀히 재검토할 필요가 있다.

3장
# 당신은 얼마나 똑똑해야 할까?

Talent **is** Overrated

**지능과 기억력의 진정한 역할**
더 똑똑한 사람이 더 나은 성과를 거두는 것은 사실일까?

## 연구실의 비명 소리

1978년 7월 11일, 피츠버그에 있는 카네기멜론 대학 심리연구실에서 훗날 'SF'라는 이름으로 과학소설계에 이름을 알리게 되는 한 대학생이 무작위로 나열된 숫자들을 기억해 내려고 애쓰고 있었다. 그는 유명한 심리학자 윌리엄 체이스William Chase와 박사후 연구원 앤더스 에릭슨Anders Ericsson이 진행하는 실험에 참여한 피실험자였다. 실험 주제는 숫자 외우기 검사(digit span test)라는 표준 기억력에 관한 것이었다. 숫자 외우기 검사란 피실험자가 1초 단위로 제시되는 무작위의 숫자 목록을 듣고 20초 동안 기다렸다가 다시 순서대로 기억해 내는 시험이다. 심리학자들은 이런 시험을 수년 동안 행해 왔다. 그런데 우리가 여기서 SF에게 특히 주목하는 이유는 그가 기억해 낸 숫자들의 자릿수 때문이다.

평범한 사람들은 숫자 외우기 검사에서 최대 약 일곱 자리 숫자까지 기억한다. 간혹 아홉 자리까지 기억하는 사람들이 있기는 하지만 그 이상은 매우 드물다.(이것은 전화번호를 기억하는 것보다 어렵다. 한 번 시도해 보라.) SF처럼 실험에 참여한 다른 한 사람은 하루 한 시간씩 9일 동안 검사를 받았지만 결코 9자릿수를 넘기지 못했다. 그는 기억할 수 있는 자릿수를 더 높이기는 불가능하다며 실험을 그만두었다. 훨씬 이전에 행해진 동일한 실험에서 피실험자 두 명이 한참의 연습 끝에 14자릿수까지 기억한 경우가 있기는 했다. 하지만 이날 SF는 22자릿수에 도전하는 중이었다. 성공한다면 완전히 새로운 기록이었다.

"좋아, 좋아, 좋다고." 에릭슨이 읽어 준 숫자들을 듣고 SF는 이렇게 중얼거렸다. "그래, 좋았어! 아, 그래!" 그는 손뼉을 크게 세 번 치더니 점점 차분해졌다. 정신을 집중하는 모습이었다. "좋아…… 사백십삼 점 일!" 그가 소리쳤다. 그리고 깊게 심호흡을 했다. "칠십 칠 팔십 사!" 그는 거의 비명을 지르다시피 했다. "아, 육, 좋았어, 삼!" 이제는 완전히 비명이었다. "사, 구, 사, 팔, 칠, 아!" 잠시 침묵. "구, 사십육 점!" 점점 날카로워지는 목소리. 그는 마지막 한 자리를 남겨 놓고 있었다. 하지만 기억이 나지 않는 눈치였다. "구, 사십육 점…… 아, 구, 사십육 점……." 그는 절규했다. 그리고 마침내 목이 쉬어 꽉 잠긴 목소리로 마지막 숫자를 토해 냈다. "이!"

그가 해냈다. 에릭슨과 체이스가 결과를 확인하려는 찰나 문에서 똑똑 소리가 났다. 대학 경비원이었다. 누군가 연구실 쪽에서 비명 소리가 들린다고 신고를 했던 것이다.

## 기억력 향상에 한계는 없다

SF가 거둔 성과는 두 가지 측면에서 중요한 의미를 갖는다. 그가 세운 22자릿수 기록은 오래가지 않았다. 그는 계속해서 새로운 기록을 세워 나갔다.(얼마 안 가 비명도 지르지 않게 되었다.) 그는 2년에 걸쳐 약 250시간의 연습 끝에 82자릿수까지 기억할 수 있었다. 이 기록의 의미를 알아보기 위해 누군가 당신에게 1초에 하나씩 다음 숫자들을 읽어 준다고 해 보자.

8 3 7 2 6 8 9 2 7 8 6 2 7 9 2 5 0 8 9 8 3 6 8 4 0 8 0 4 2 6 2 8 9 1 9 9 9 6 3 9 2 7 7 8 2 1 3 4 3 1 7 1 8 9 6 5 1 8 2 4 6 5 7 5 2 9 1 4 5 2 6 4 3 7 8 5 3 5 0 8 7

얼핏 생각하기에도 이 숫자들을 한 번 듣고 순서대로 기억하기란 불가능해 보인다. 그러나 위의 실험을 시작하기 전에 SF의 기억력은 평범한 수준이었다. 학교 성적은 상당히 좋은 편이었지만, 측정 결과 지적 수준은 보통이었다. 그 정도까지 기억력을 높일 수 있으리라고 짐작케 할 만한 단서는 아무것도 없었다.

82자릿수에서 연습을 멈추기는 했지만 거기가 그의 한계라고 단정할 근거는 없었다. 실제로 나중에 같은 실험에 도전한 또 다른 피실험자는 102자릿수까지 기억해 냈다. 체이스와 에릭슨은 다음과 같은 결론을 내렸다. "연습만 하면 기억력 향상에는 한계가 없다."

SF가 거둔 성과의 첫 번째 중요성은 평범한 사람이라도 일반적 능력 가운데 하나 정도는 놀라운 수준으로 향상시킬 수 있음을 입증했다는 점이다. 앞으로 살펴보겠지만, SF가 기억력을 그렇게 향상시킨 데는 그가 활용했던 방법이 결정적인 역할을 했다.

두 번째 중요성은 앤더슨 에릭슨이 이 실험에 자극받아 '탁월한 성과'에 관한 연구를 계속하여 그 분야의 걸출한 연구자로 거듭났다는 점이다. 에릭슨은 "'평범한' 성인의 대단한 잠재력과 연습을 통해 변화를 일으키는 놀라운 능력"에 대해 말했는데, SF는 그 훌륭한 본보기였다. 그리고 이것이 지난 30여 년에 걸쳐 에릭슨이 몰두해 온 연구 주제였다. SF의 실험은 에릭슨이 자신의 연구 주제를 기억력에서 훨씬 확장시켜 나가는 출발점이었다. 지능과 더불어 기억력은 탁월한 성과의 핵심으로 여겨지기 때문이다.

## 똑똑한 사람이 성공한다?

기억력은 특히 비즈니스 분야에서 중요하게 여긴다. 예를 들어, GE의 CEO였던 잭 웰치는 세계에서 가장 크고 복잡한 기업 중 하나인 GE에 관한 모든 것을 기억하기로 유명했다. 그는 다들 지루해 하는 실적 검토 시간에 재무제표 스물여섯 번째 줄의 오차를 지적하는 그런 사람이었다. 걸출한 경영인들 사이에서 이런 식의 이야기는 꽤 흔하다. 잭 웰치보다 한 세대 앞선 IT&T의 해럴드 기닌$^{Harold\ Geneen}$ 역시 뛰어난 기억력으로 명성이 자자했다.

훌륭한 성과를 낸 경영인들은 대개 놀라운 기억력에다 뛰어난 지적 능력까지 겸비한 듯 보이는 경우가 많다. 워런 버핏은 복잡한 계산을 암산으로 척척 해결하는 능력으로 유명하다. 그는 자신이 계산기 하나 갖고 있지 않다고 주장하는데, 정직하기로 소문난 인물임을 감안할 때 의심할 이유는 없어 보인다. 타임(Time Inc.)과 합병하기 전 워너커뮤니케이션(Warner Communications)을 설립한 스티브 로스$^{Steve\ Ross}$는 아무리 복잡한 거래라도 머릿속으로 분석할 수 있는 능력으로 유명한데, 많은 사람들이 이 능력을 그의 큰 장점으로 여겼다. 모르긴 몰라도 그는 아마 이렇게 생각했을 것이다. "계산기는 정말 쓸모없어. 고작 이퀄라이저 역할밖에 못하잖아!" 지적 능력이 넘치던 인텔의 전 CEO 앤디 그로브는 자신을 도무지 따라오지 못하는 부하 직원들에게 한가하게 쉴 시간을 거의 주지 않는 것으로 유명했다. 이는 TV, 영화, 인터넷 업계에서 대단한 성과를 올린 배리 딜러Barry Diller도 마찬가지였다.

비즈니스에 탁월한 재능을 타고나는 사람들이 있다는 데는 의문을 품게 되었더라도, 아직까지는 탁월한 성과를 올리는 사람들이 일반적 능력, 특히 기억력과 지능 면에서 뛰어나다는 믿음을 버리기는 쉽지 않을 것이다. 잭 웰치, 워런 버핏 같은 인물들이 그런 믿음을 충분히 뒷받침하기 때문이다. 월 스트리트에서 가장 주목받는 기업 골드만삭스(Goldman Sachs)는 최고 명문 대학의 최우수 졸업생들만을 가려 뽑는 전통으로 유명하다. 컨설팅 업계의 제왕 맥킨지앤드컴퍼니(McKinsey & Company)는 하버드 경영대학원에서 가장 우수한 장학생(Baker Scholar)들을 꾸준히 채용한다. 마이크로소프트와 구글은 입사 지원자들에게 가혹할 정도로 깐깐한 질문을 퍼붓는 것으로 유명하다. 그 밖에도 엄청난 성공을 거둔 기업들은 겉보기에 SAT(미국 대학입학 자격시험)에서 만점을 받은 직원들로 채워진 철옹성처럼 보이기 십상이다.

따라서 뛰어난 성과를 달성하려면 기억력 같은 일반적 능력(SF의 기억력처럼 연습으로 개발된 능력과는 달리 타고나는 능력)이 뛰어나야 한다는 믿음에 반하는 연구 결과를 접하면, 누구나 처음에는 당황스러울 수밖에 없다. 사실 비즈니스를 포함한 다양한 분야에서 특정한 재능과 일반적 지능의 상관관계는 매우 미약하며, 전혀 무관한 경우도 있다. 또 기억력은 타고나는 것이 아니라 후천적으로 개발된다는 사실이 이미 입증되었다.

비즈니스든 다른 분야든 최고로 성공한 사람들에게는 분명 특별한 무언가가 있다. 하지만 그것이 과연 무엇일까? 원가 계산이나 프로그램 코드 작성, 또는 코코아 선물거래에 대한 타고난 재능 같은 것은 아니다. 믿기 어렵겠지만 일반적인 인식 능력은 더더욱 아니다. 이러한 사실은 연구 결과가 다 말해 준다. 하지만 이는 우리의 직관에 반하는 사실이기 때문에, 좀 더 설명이 필요하다.

우선 매우 우려스럽고 설명하기도 아주 힘든 개념인 '지능'에 대해 간단히 살펴보자. 우리가 누군가를 보고 똑똑하다고 할 때 그 의미는 무엇일까? 똑똑하다는 말은 직관적으로 이해는 하지만, 곰곰이 생각해 보고 나서야 얼마나 복잡한 의미인지 깨닫게 되는 개념 중 하나다. 어떤 사람은 수에 강하고, 어떤 사람은 어휘력이 풍부하다. 또 어떤 사람은 추상적 개념을 잘 이해하고, 또 어떤 사람은 구체적 지식을 잘 다룬다. 하지만 우리는 이런 사람들에게 모두 '똑똑하다'고 똑같이 표현한다. 어찌된 까닭일까? 이 의문에 대한 답을 깊이 생각해 보면 똑똑함이 요즘 들어 과하게 비난받는 IQ의 정의와 매우 밀접하다는 결론에 다다른다.

지난 한 세기 동안 개발된 IQ 검사는 지능의 다양한 측면, 즉 기본 지식(information), 수리력(arithmetic), 어휘력(vocabulary), 이해력(comprehension), 빠진 그림 찾기(picture completion), 블록 짜기(block design), 모양 맞추기(object assembly), 바꿔 쓰기(coding), 그림 차례 맞추기(picture arrangement), 공통점 찾기(similarity) 능력을

측정하는 열 개의 하위 검사로 이루어져 있다. 학자들은 수백만 명을 대상으로 IQ 검사를 실시한 결과 각 하위 검사들에서 얻은 점수들 사이에 연관성이 있다고 결론 내렸다. 다시 말해 열 개의 검사 항목 중 하나에서 좋은 점수를 얻었다면 다른 항목의 검사 결과도 좋을 가능성이 많다는 것이다. 이유가 무엇일까? 학자들은 모든 검사 항목의 점수에 영향을 미치는 공통 요인이 반드시 존재한다고 가정하고, 이 요인을 일반 지능(general intelligence, 모든 지적인 과제에 널리 적용되는 요인-옮긴이) 또는 'g'라고 부르기로 했다. IQ 검사로 측정되는 것은 바로 이 일반 지능이다.

학자들은 물론 많은 비전문가들도 이런 IQ 검사를 줄기차게 비판해 왔다. 인간에게는 IQ 검사로 측정할 수 없고, 그것으로 설명할 수도 없는 다른 뛰어난 능력이 많다는 이유에서였다. 이런 비판의 상당 부분은 타당성이 있다. 대표적인 예가 바로 비판적 사고다. 비판적 사고는 현실에서 매우 중요한 능력이지만 IQ 검사로 측정할 수 없다. 사교성, 정직성, 인내심, 지혜 등 우리가 높이 평가하고 더 잘 이해하고자 애쓰는 인간의 다른 특성들 역시 마찬가지다. 이런 것들은 IQ 검사로 측정되지 않는다. 여러 학자들과 저술가들은 인간의 이러한 특성들과 관련하여 또 다른 유형의 새로운 지능 개념을 제안했다. 그중 가장 주목할 만한 것은 하버드 대학의 하워드 가드너Howard Gardner 교수가 제안한 다중 지능(언어 지능, 음악 지능, 논리수학 지능, 공간 지능, 신체운동 지능, 인간친화 지능, 자기성찰 지능, 자연친화 지능) 이론이다. 또 심리학자 대니얼 골먼Daniel Golman이 감성 지능(Emotional Intelligence), 즉 EQ를 주제로 쓴 책이 베스트셀러가 되기도 했다. 감성 지능은 가정에서부터 직장에 이르는 현실 세계에서 성공적으로 인간관계를 맺는 데 기여하는 자기통제와 열정, 끈기 등의 수많은 요인들을 포함한다. 이런 다중 지능이나 감성 지능 같은 새로운 개념을 실제 지능의 한 유형으로 보기는 어렵지만, 기존 지능의 개념을 모호하게 만든다는 점에서는 매우 유용하다. 유명한 지능 학자 아서 젠슨Athur Jensen은 다중 지능이나 감성 지능을 지능의 한 유형에 포함시키는 것은 체스를 운동 기술의 하나로 간주하는 것과 마찬가지라고 설명했다. 체스에 대해 알고 싶다고 해서 체스를 운동 기술로 분류한다면, 체스는 물론 운동 기술에 대해서까지 알 수 없게 된다.

따라서 지금은 일단 IQ로 측정하는 일반 지능의 개념을 유지하기로 하자. IQ 검사는 꽤 효과적이다. 예를 들어, 학교 성적은 IQ 검사로 어느 정도 예측할 수 있다. 뛰어난 정치학자 제임스 플린James R. Flynn 교수는 전문직 및 기술직 종사자, 그리고 경영인들은 IQ가 평균 이상인 집단이며, 일반 근로자들은 일의 복잡성에 따라 평균 IQ가 올라간다고 말했다. 이러한 결과는 별로 놀라운 것이 아니다. '똑똑한 사람이 더 크게 성공한다'는 대다수 사람들의 믿음과 일치하기 때문이다. 다시 말해, 난이도가 높은 일을 하는 사람일수록 더 높은 사회·경제적 지위를 얻는다는 것이다. 지능을 개괄적이고 진부하고 학구적인 개념으로 봤을 때, 입자 물리학자는 평균적으로 치과의사나 생산직 근로자보다 똑똑하다. 따라서 위대한 성과자들이 저마다 속한 분야에 대한 천부적 재능을 타고나지는 않았더라도 뛰어난 지능 같은 일반적 이점을 더 많이 가지고 있다는 사실은 여러 모로 근거가 있는 셈이다.

하지만 문제는 IQ가 평균 이하인 사람들이다. 가만히 생각해 보

라. 우리 주변에는 흔히 말하는 지적 능력 없이도 성공한 사람들이 있다. 그중 몇몇은 엄청난 성공을 거두었다. 우리는 이런 사람들을 두고 사람 다루는 기술이 뛰어나다거나 일을 정말 열심히 한다거나 일에 열정을 쏟아 붓는다는 등의 식상한 설명으로 얼버무린다. 그러한 면모들이 가드너가 제시한 다중 지능이나 골먼의 감성 지능과 연관이 있을지는 몰라도, 어쨌건 일반 지능이 아니라는 것만은 확실하다. 여기서 한 가지 단서가 나온다. 우리의 기대와 달리 IQ를 가지고 위대한 업적을 설명할 수는 없다는 점이다.

우리의 들쭉날쭉한 경험보다 이를 더 확실히 보여 주는 증거도 있다. 광범위한 연구를 통해 우리는 IQ와 성과의 상관관계가 개괄적으로 평균을 낸 통계자료에 나타나는 것만큼 밀접하지 않으며, 대개의 경우는 거의 무관하다는 사실을 확인할 수 있다.

가령 영업사원들에 관한 연구를 예로 들어보자. 이 연구는 역대 최대 규모의 메타분석(meta-analysis)으로서, 4만 6천여 명을 대상으로 한 기존의 개별 연구 자료를 종합하여 변수들 간의 관계를 통계적으로 밝힌 것이었다. 사실 영업사원들의 경우 변수가 많아 실제로 조사하기가 상당히 어려운데, 그래서 연구 결과도 명확하지 않을 때가 많다. 그런데도 영업사원들이 학자들에게 매력적인 연구 대상인 것은 정확한 수치로 확인 가능한 판매 실적이 있기 때문이다. 영업사원들은 상사에게 보고할 때 실적을 부풀려 말하기 일쑤지만, 일정 기간이 지나고 판매 자료가 쌓이면 오차는 대부분 제거된다.

이 메타분석을 통해 학자들은 상사가 부하직원을 평가할 때 그 부하직원의 지능을 크게 고려한다는 사실을 발견했다. 즉 상사는 똑똑한 직원일수록 일도 더 잘한다고 생각하는 경향이 있었다. 하지만 실제 직원들의 지능과 판매 실적을 비교해 보니 둘 사이에는 전혀 상관관계가 없었다. 사실상 지능은 실적을 예측하는 데 아무런 도움이 되지 않았다. 영업의 일인자가 되려면 지능보다도 다른 무언가가 있어야 한다는 점이 확실해졌다.

이는 관리자들이 그동안 착각에 빠져 있었다는 사실을 보여 준다는 점에서 놀라운 결과다. 흔히 우리는 관리자들이 부하직원들의 성과를 객관적으로 평가하기 위해 가능한 한 모든 요인을 근거로 삼는다고 생각하지만, 실상은 그렇지 않았다. 또 하나의 대규모 메타분석 결과가 이를 뒷받침한다. 뒤에서 살펴보겠지만, 우리는 더 똑똑한 사람이 더 나은 성과를 낸다는 잘못된 믿음에 사로잡혀 현실을 직시하지 못하고 있다.

성과와 관련하여 더욱 세밀한 조사가 이루어진 분야는 바로 경마다. 경마는 사실을 분석하여 승률을 예측하고 어디에 돈을 걸지 결정한다는 점에서 비즈니스와 비슷하다. 이때 연구 대상은 출전마의 능력을 기준 삼아 승률을 예측하는 경마 전문가들과 비전문가들이었다. 짐작대로 두 집단의 예상 적중률은 전문가들이 비전문가들보다 높았지만, 경마 경험과 정규 교육을 받은 기간, 직업상의 사회적 위치, IQ 등 대부분의 요소에서는 뚜렷한 차이가 없었다. 두 집단의 IQ 평균과 편차는 전체 인구를 대상으로 한 조사 수치와 거의 동일했다. 즉 전문가가 비전문가보다 더 똑똑한 것은 아니었다.

학자들은 자료를 좀 더 면밀히 검토한 결과 특정 연구 대상의 IQ를 안다고 해서 그 사람이 전문가인지 아닌지 판단할 수 없다는 사실을 확인했다. 예를 들어, 건설 현장에서 일하며 16년 동안 정기적으로 경마장에 다닌 한 경마 전문가의 IQ는 85였다. IQ 검사 개발자들의 분류에 따르면 이는 '평균 하(dull normal)'의 영역에 속하는 점수다. 이 전문가는 연구자들이 보여 준 열 번의 경주에서 열 번 모두 1등 말을 맞췄으며, 그중 다섯 번은 3등까지의 말을 순서대로 정확히 맞췄다. 한편, 직업이 변호사이고 15년 동안 정기적으로 경마장에 다닌 한 비전문가의 IQ는 118이었다. 이 점수는 '우수(superior)'에 가까운 '평균 상(bright normal)'에 속한다. 이 비전문가는 열 번의 경주에서 단 세 번만 1등을 맞췄고, 그중 3등까지의 말을 순서대로 정확히 맞춘 것은 한 번에 불과했다.

이 결과는 승률을 정확하게 예측하려면 매우 복잡한 사고 과정을 거쳐야 한다는 사실로 특히 흥미롭다. 경마에서 승률을 예상할 때는 10여 개 이상의 요소를 고려해야 하고, 각각의 요소는 서로 복잡하게 얽혀 있다. 학자들은 우승마를 예상할 때 전문가가 비전문가보다 훨씬 복잡한 방법인 승법 모형(multiplicative model)을 사용한다는 사실을 알아냈다. 승법 모형이란, 예를 들어 '지난주에 출전한 경주마의 속도'처럼 승률 예상에 중요한 참고 요소가 있다고 할 때 여기에 '이번 주 트랙 상태' 같은 요소를 함께 고려하여 그 중요도를 조정하는 것을 말한다. 이처럼 전문가가 경마의 승률을 예상한다는 것은 상당히 까다롭고 난이도 높은 일이다. 다시 반복하지만 IQ는 그다지 중요하지 않다. 학자들은 "IQ가 낮은 전문가가 IQ가 높은 비전문가보다 언제나 더 복잡한 모형을 사용했다."는 점을 확인했다. 경마 전문가들의 승률 예상은 IQ와 아무런 관련이 없었을 뿐 아니라, IQ 검사 항목 가운데 하나인 수리력 점수와도 무관했다.

학자들의 연구 결과는 'IQ 검사가 측정하는 것이 무엇이든, 거기에 복합 추리력은 포함되지 않음'을 시사한다. 대부분의 사람들은 복합 추리력을 자주 사용하지 않는다. 하지만 사실 이것은 우리 대부분이 직장에서 일상적으로 하는 일이나 최고 성과자들이 특별히 잘하는 일을 그럴듯하게 설명해 준다. 뛰어난 복합 추리력을 발휘하는 데 전통적인 의미의 '똑똑함'은 필요조건이 아니다.

이런 연구 결과는 다양한 분야에서 비슷하게 나오고 있다. 예를 들어, 비즈니스와 공통점이 많은 체스도 IQ로 결과를 예측하기는 힘들다. 이 말이 언뜻 이해가 안 될 수도 있다. 체스가 순전히 머리를 쓰는 경기라고 생각하는 사람이 많기 때문이다. 하지만 체스의 그랜드마스터들을 조사해 보면 IQ가 평균 이하인 사람들도 있다. 이는 바둑에서도 마찬가지다. 더욱 놀라운 것은 단어 퍼즐 게임인 스크래블(Scrabble)에서 최고의 실력을 발휘하는 사람들이 어휘력 시험에서는 평균 이하의 점수를 받기도 한다는 사실이다.

사람들이 흔히 예상하듯이 IQ가 성과에 영향을 미친다 해도 그 효과는 오래가지 않는다. 즉 새로 주어진 과제를 처음 해 볼 때는 IQ가 높은 사람이 낮은 사람보다 더 잘 해낼지 몰라도, 시간이 지나면서 일이 익숙해질수록 IQ와 성과의 상관관계는 점차 느슨해지다가 결국엔 아예 무관해진다. 한 연구 결과를 보면, 아이들이 체스를 갓 배우기 시작할 때는 IQ로 어느 정도 결과를 예측할 수 있었지만, 실력이 늘어감에 따라 IQ는 예측 척도로서의 가치가 급격히 떨어졌고, 아이들의 실력 향상 속도를 예측하는 데도 전혀 도움이 되지 않았다.

직장에 다니는 성인들도 마찬가지다. IQ는 직장인이 처음 접하는 일의 성과를 예측할 때는 도움이 되지만 수년 동안 경험을 쌓아 익숙한 일에서는 아무런 참고사항이 되지 않았다.

물론 그렇다고 해서 높은 IQ가 어떤 분야에서 성공하는 데 방해가 된다는 의미는 아니다. 오히려 최고로 성공한 사람들은 대개 머리가 상당히 좋은 편이다. 하지만 수많은 연구 결과가 강력하게 뒷받침하고 있는 사실은 지능과 뛰어난 성과 사이의 상관관계가 우리가 흔히 생각하는 것만큼 강력하지 않다는 점이다. 무엇보다 중요한 것은 굉장한 지능이나 높은 IQ가 뛰어난 성과를 거두는 데 필수조건이 아니라는 점이다.

## 체스 마스터들의 기억력

우리가 흔히 최고로 성공한 사람들과 연관 지어 생각하는 또 다른 일반 능력, 즉 기억력도 지능과 비슷하다. 프랜시스 골턴은 기억력이 '걸출한 인물'을 특징짓는 '천부적 재능'이며, 사람은 좋은 기억력을 타고나거나 그렇지 못하거나 둘 중 하나라고 확신했다. 이에 대해 골턴은 이런 사례를 들었다. "그리스 전문가인 리처드 포슨Richard Porson은 기억력이 대단히 좋은 사람이었고, 이런 '포슨의 기억력'은 그의 가족 내력이었다." 하지만 최근의 많은 연구를 통해 기억력은 습득되는 것이며, 거의 누구나 기억력을 향상시킬 수 있다는 사실이 밝혀지고 있다.

다시 SF의 사례를 생각해 보자. 실험 전 그의 기억력은 평범한 수준이었다.(IQ도 보통이었다.) 그러나 실험 시작 후 SF는 달리기 선수로서의 경험을 바탕으로 자기만의 기억법을 개발해 훈련함으로써 기억력을 엄청나게 향상시켰다. 앞서 SF가 22자릿수의 마지막 한 자리를 기억해 내려고 애쓰던 상황을 떠올려 보자. "구, 사십육 점…… 아, 구, 사십육 점……." 여기서 왜 그는 '점(.)'이라는 단위를 사용했을까?(그는 앞에서도 "좋아…… 사백십삼 점 일!"이라고 말했다.) 그 이유는 그가 9 4 6 2라는 숫자들을 듣고 9분 46.2초라고 기억했기 때문이다. 그리고 이것은 2마일(약 3.2킬로미터)을 뛰는 데 걸리는 시간이다. 마찬가지로 숫자 4 1 3 1은 1마일(약 1.6킬로미터)을 뛰는 데 걸리는 시간인 4분 13.1초로 기억했다.

학자들은 이러한 기억법을 검색 구조(retrieval structure)라고 부른다. 나중에 더 살펴보겠지만 여기에는 특별한 의미가 있다. SF의 사례 이후로 수많은 연구를 통해 평범한 사람도 그러한 검색 구조를 활용하면 놀라울 정도로 기억력을 향상시킬 수 있다는 사실이 밝혀졌다.

기억력도 개발될 수 있다는 점을 강력하게 뒷받침하는 또 다른 연구 결과도 있다. 사람들은 대개 세계 정상급 체스 선수라면 굉장히 똑똑할 뿐 아니라 초인적인 기억력을 가졌을 것으로 가정한다. 여기에는 그럴 만한 이유가 있다. 체스 대회 우승자들은 곧잘 자기보다 실력이 부족한 선수를 상대로 눈가리개를 한 채 체스를 둔다. 이는 우승자들이 체스 판 전체를 머릿속에 넣고 있기 때문에 가능한 일이다. 평범한 사람들이 보기에는 그야말로 충격이 아닐 수 없다. 체코의 체스 마스터 리하르트 레티Richard Reti는 눈가리개를 한 채 스물아홉 경기를 동시에 펼친 적도 있다.(경기가 끝나고 자기 가방을 그냥 두고 간 것을 보면 그의 기억력이 어떤지 짐작할 만하다.) 폴란드계 아르헨티나인 체스 그랜드마스터 미구엘 나지도르프Miguel Najdorf는 1947년 상파

울루에서 눈을 가린 채 마흔다섯 경기를 동시에 치렀다. 그중 서른아홉 경기에서 이겼고 네 경기에서 비겼으며 두 경기에서 패했다.

평범한 사람이 이렇게 할 수 있다고 생각하기는 어렵다. 하지만 노련한 체스 마스터들과 일반인들에게 한창 경기 중인 체스 판을 보여 주는 실험을 해 보았다. 체스 판 위에는 20개에서 25개 사이의 말이 놓여 있었는데, 참가자들에게 5초에서 10초 정도 체스 판을 보여 준 뒤 말들의 위치를 기억해 보도록 했다. 결과는 예상대로였다. 체스 마스터들은 대체로 모든 말의 위치를 기억해 냈지만, 일반인들은 네다섯 개밖에 기억하지 못했다. 그다음에 학자들은 체스 규칙과 관계없이 말들을 무작위로 늘어놓은 체스 판을 참가자들에게 보여 주고 다시 실험했다. 이번에도 일반인들은 네다섯 개만 기억했다. 하지만 평생을 체스와 함께 살아 온 마스터들도 예닐곱 개 정도 기억하는 데 그쳤다. 체스 마스터들이 평범한 사람들보다 기억력이 좋다고 말하기는 어려운 수준이었다. 체스 마스터들은 기억력이 대단한 것이 아니라, 실제 경기에서 말들의 위치를 기억하는 능력이 대단한 것이었다.

이러한 결과는 바둑이나 오목, 브리지 카드 게임에서도 마찬가지였다. 전문 프로 선수들은 실제 경기에서 바둑알들의 배치나 카드 패의 배열을 기억하는 능력이 뛰어났다. 하지만 바둑알이나 카드가 무작위로 섞여 있을 때의 기억력은 평범했다. 마찬가지로 SF의 놀라운 기억력 역시 그가 연습하지 않은 작업에서는 전혀 발휘되지 않았다. 예를 들어, 그에게 자음을 무작위 순서로 불러 주고 기억해 보라고 했을 때 결과는 일반인들과 비슷했다.

요컨대 위대한 업적을 이룬 사람들은 기억력도 대단할 것이라는 일반적인 시각은 한 가지 면에서만 타당하다. 바로 그들이 자기 분야에서 발휘하는 기억력 말이다. 하지만 그런 기억력이 천부적 재능이라는 생각은 이치에 맞지 않다. 기억력은 누구나 향상시킬 수 있기 때문이다.

아주 뛰어난 일반 능력, 특히 지능과 기억력이 탁월한 성과를 달성하는 데 반드시 필요한 능력이 아니라는 사실은 언뜻 놀라울 수 있다. 하지만 정상에 오른 성공한 기업이나 경영인들이 새로 뽑는 직원에게 원하는 또는 원하지 않는 특성들을 짚어 보면 그 놀라움이 좀 가실 것이다. 맥킨지, 골드만삭스, 마이크로소프트, 구글 등 세계 최정상의 기업에서는 확실히 괴짜 같은 천재를 선호한다. 하지만 이런 기업들이 입사지원자를 평가하는 첫 번째 기준은 뛰어난 인지 능력이 아니며, 그런 능력은 아예 기준에 들어 있지도 않다는 사실은 매우 인상적이다.

가장 대표적인 사례는 헤드헌터들이 최고의 인재 사냥터로 꼽는 제너럴일렉트릭(GE)이다. 이 기업의 CEO 제프리 이멜트는 자신이 원하는 인재상을 다음과 같이 제시한다. 개방적이고 사고가 명확하며, 상상력이 풍부하고 포용력 있는 리더이자 패기 넘치는 전문가. 이러한 기준은 태도의 문제이지 성격 특성이 아니며, 이런 태도를 갖추는 데 130이나 되는 IQ는 필요 없다. 이멜트의 전임자였던 잭 웰치는 4E 리더십, 즉 활력(Energy), 동기부여의 능력(ability to Energize), 결단력(Edge, 결단력은 'decisiveness'가 의미상 더 가까운 단어지만 웰치는 e로 시작하는 단어를 써야 했다), 실행력(ability to Execute)을 제시했다. 여기서도 역시 인재를 뽑는 기준은 태도지 뛰어난 지능이나 기억력이 아니었다. GE 경영인들은 체스 마스터들과 약간의 차이가 있는데, 체스 마스터들이 특별한 기억력을 지녔다면, GE 경영인들은 상당히 똑똑해 보인다. 하지만 실제로 확인해 보지 않는 한 알 수 없는 일이다. 맥킨지나 골드만삭스 등 다른 기업의 경영인들과 달리, GE를 이끄는 사람들 가운데 많은 수가 명문대학 출신이 아니라는 점은 주목할 만하다.

대체로 보면, 최상위 기업들은 최적의 채용 기준을 만들고자 애써 왔고, 그 결과 매우 훌륭한 기준을 마련했다. 하지만 거기에 기억력 같은 일반 능력이 뛰어난지 여부는 포함되지 않았다. 예를 들어, 지난 36년 동안 미국에서 유일하게 해마다 흑자를 낸 사우스웨스트 항공사는 유머감각, 사명감, 활력, 자신감 등 개인적 특성과 태도를 조합한 채용 기준으로 유명하다.

여기서 한 가지 중요한 의문이 떠오른다. 뛰어난 지능과 기억력이 성공을 좌우하는 요소가 아니고 회사 적응력, 유머감각, 자신감 등 기업들이 선호하는 개인적 특성이 성공과 확실히 관련이 있다면, 과연 그런 특성들은 타고나는 것일까? 실제로 특정 업무에 잘 맞는 성격이 있어서 업무의 특성과 개인의 성격이 일치하면 그만큼 성공할 가능성이 커진다는 연구 결과도 있다. 영업사원은 외향적인 성격이 더 적합한 것이 그런 예다.

그렇다면 자연스럽게 이런 의문이 떠오른다. '성격 특성은 고정된 것일까?' 개인의 성격은 살면서 크게 달라지지 않는다는 연구 결과가 수십 년 전에 나온 적이 있었다. 당연한 말이지만 개인의 성공이 성격에 달려 있지는 않다. 더욱이 우리는 비즈니스 업계에서 엄청난 성공을 거둔 사람들 중 자기 성격을 획기적으로 변화시킨 사람들을 알고 있다. 경력 기간 대부분을 골드만삭스에서 보내고 씨티 그룹의 공동회장이 된 미국 전 재무장관 로버트 루빈Robert Rubin은 골드만삭스 입사 초기에 자신이 완전히 '얼간이'였다고 말했다. 그때 그는 다른 사람들에게 "냉담하고 몰인정했으며, 언제나 퉁명스럽고 독단적"이었다. 루빈 스스로도 그런 점을 인정했다. 하지만 금융거래로 차익을 취하는 직업에서 성공을 거두는 데 그런 성격은 전혀 걸림돌이 되지 않았다. 결과만 좋으면 태도를 문제 삼는 사람은 아무도 없었다. 그런데 어느 날 그보다 나이 많은 직장 동료가 루빈에게 사람들을 대하는 태도를 바꾸고 동료들에게 진심어린 관심을 보이면 회사에서 더 큰 책임을 맡을 수 있다고 조언했다. 루빈은 회고록에서 당시 심정을 이렇게 적었다. "나는 이따금 그 말이 왜 그렇게 가슴에 와 닿았는지 스스로 되묻곤 했다." 루빈은 그 이유를 곰곰이 생각했지만, 중요한 것은 그 충고가 그에게 깊은 영향을 주었다는 사실이다. 루빈은 다른 사람들의 이야기에 더 귀를 기울이고 그들의 문제를 이해하려고 노력했으며, 다른 사람들의 견해를 존중하기 시작했다. 그는 자기 성격의 중요한 요소를 변화시켰다. 그렇게 하지 않았다면 그는 지금 골드만삭스를 비롯해 월 스트리트에서 가장 존경받는 인물들 사이에 이름을 올리지 못했을 것이다. 심리학자들은 루빈과 같이 행동하는 사람들을 두고 자기 성격의 일부를 극복하기 위해 외적 태도만 바꾼 것이라고 주장할지도 모른다. 하지만 무슨 상관인가. 중요한 것은 그런 사람들은 특정한 성격 특성에 얽매이지 않았다는 점이다.

이쯤에서 당신은 (a) 뛰어난 성과를 낼 수 있는지를 결정짓는 특별한 요인이 있는지, 그리고 (b) 당신이 어찌해 볼 도리가 없는 한계가 있는지 궁금할 것이다. 무엇보다 분명한 것은 인간은 아직 여러 가지 원인에 의해 언제 어느 때 누구에게 생길지 모르는 선천적, 신체적, 정신적 건강 문제, 그리고 그 밖에 다른 질병과 장애를 완전히 이해하고 있지 못하다는 사실이다. 따라서 이러한 한계는 제쳐두고, 일반적으로 건강한 사람들로만 한정해서 생각해 봤을 때 인간이 타고나는 한계란 대개 신체적인 문제다. 성장이 끝난 성인의 키는 인간의 힘으로 어찌할 수 없다. 다 자란 키가 150센티미터라면 NFL(북미 프로 미식축구 리그)에서 육중한 체격이 필요한 라인맨으로 활약할 일은 절대 없을 것이고, 210센티미터라면 올림픽 체조선수가 될 일은 없을 것이다. 평균 이상의 체격은 어느 정도 타고나는 특성이며, 따라서 일본의 스모 우승자가 뛰어난 마라톤 선수가 되기란 거의 불가능하다. 한편 인간의 목소리는 다양한 방식으로 개발할 수 있지만 성대의 크기는 제한적이다. 따라서 가장 높은 소리를 내는 테너가 아무리 노력한다고 해도 바소 프로푼도(basso profundo, 가장 낮은 음역을 노래하는 남성 성악가-옮긴이)가 되기는 힘들다.

여기에는 이론의 여지가 없다. 놀라운 점은 건강한 성인이 달성할 수 있는 한계가 이미 정해져 있다면, 신체적 한계 이외의 제약은 어떤 것이 있는지는 아직 논쟁 중이라는 것이다. 하지만 지금까지 그런 비신체적 제약이 존재한다는 증거는 발견되지 않았다.

이것은 대다수 사람들의 믿음과 상당히 다르다. 우리는 우리가 가지고 태어나거나 그렇지 않은 어떤 것 때문에 성공하지 못한다고 생각하는 경향이 있다. 하지만 그런 믿음이 진실인 경우는 생각보다 훨씬 적다. 우리를 가로막고 있는 그 높은 장벽은 대개 상상력의 산물인 경우가 많기 때문이다.

그러나 이것만으로는 부족하다. 여기서 우리는 인간의 능력을 제한하는 어떤 불변의 요인이 있다고 결론짓고 마무리할 수도 있다. 그러나 우리가 진정으로 알고자 하는 것은 우리의 한계가 아니라 최고의 성과자들을 그 자리에 있게 한 원동력이다. 지금까지 우리가 찾아낸 것은 그 원동력이 무엇인지가 아니라 오히려 거기서 제외되는 것들이다. 이를 구체적으로 열거하면 다음과 같다.

- 우선 경력은 제외다. 우리 주위에는 경력은 오래됐지만 위대한 성과와 거리가 먼 사람들이 대다수이며, 심지어는 오랜 경력을 쌓고도 오히려 실력은 뒷걸음질하는 사례도 있다.

- 타고난 특별한 능력도 제외다. 앞에서 우리는 그런 능력들의 존재 여부에 대해 의문을 제기하는 다양한 증거를 살펴보았다. 나아가 그런 능력이 있다 할지라도 뛰어난 성과를 결정짓는 요인은 아니라는 확실한 증거도 확인했다. 그런 재능이 있는 듯 보이는 사람들이 반드시 뛰어난 성과를 달성하는 것은 아니며, 뛰어난 성과를 달성했음에도 그런 재능을 가지고 있다는 기미가 전혀 안 보이는 경우도 많다.

- 지능이나 기억력 같은 일반 능력도 제외다. 다양한 분야에서 이루어진 많은 연구 결과는 지능과 성과의 상관관계가 매우 미약하거나 아예 없다는 사실을 뒷받침한다. IQ가 보통인 사람이 뛰어난 성과를 달성하는가 하면, IQ가 높은 사람이 그저 평범한 수준에 머

무는 경우도 많다. 확실히 기억력은 후천적으로 습득되는 듯하다.

지금까지 우리는 위대한 업적과 무관한 요소들을 확인했다. 그렇다면 과연 어떤 힘이 그런 성과를 만들어 내는 것일까?

4장

재능을 설명하는 새로운 시각

Talent **is** Overrated

**위대한 업적에 관한 타당한 설명**
'신중하게 계획된 연습'이 모든 차이를 결정한다.

## 가장 위대한 미식축구 리시버 제리

미국 미시시피 주에 있는 작은 동네 크로포드(인구 636명)에서 자란 제리 라이스Jerry Rice는 고등학교 미식축구 팀으로부터 입단 제의를 받았다. 제리가 달리기를 잘한다는 말을 들은 미식축구 팀 감독이 제리를 설득했던 것이다. 제리는 주 내에서 실력을 인정받아 주 대표 팀 선수로 선발되기도 했지만, 일류 대학에서 장학금을 주면서까지 데려가겠다고 나설 정도는 아니었다. 결국 제리는 이타 베나(인구 1,946명)에 자리한 미시시피밸리 주립대학에서 장학금을 받기로 하고 4년 동안의 대학 선수 생활을 시작했다.

제리는 리시버(미식축구에서 쿼터백이 던진 공을 받는 포지션-옮긴이)로서 많은 화려한 기록을 세우며 작은 대학 안에서 큰 인기를 누렸다. 대학 졸업 무렵에 그는 미국 대표로 선발되었고, 대학 미식축구 최우수 선수에게 주는 하이즈먼 상(Heisman Trophy) 후보에 오르기도 했다(상은 받지 못했다). 하지만 이때도 프로팀들이 치열한 스카우트전을 펼칠 만큼 뛰어나지는 않았다. 스피드가 문제였다. 지방의 작은 도시와 대학 수준에서는 빠르다는 평가를 받았지만, NFL에서 두각을 나타내기엔 부족한 스피드였다. 1985년 신인 드래프트에서 제리는 열네 개 프로팀에게서 선택받지 못하다가 가까스로 샌프란시스코 포티나이너스에 입단했다.

미식축구 팬이라면 모를 리 없겠지만, 제리 라이스는 NFL 역사상 가장 위대한 리시버로 인정받는 선수다. 권위 있는 몇몇 전문가들은 그가 어떤 포지션을 맡았어도 최고가 되었을 것이라고 확신한다. 치열한 경쟁과 높은 경기 수준을 자랑하는 NFL에서 그의 압도적인 활약은 믿기 힘들 정도로 대단했다. 예를 들어, 통산 리셉션 및 통산 터치다운 리셉션, 통산 리시빙 야드 부문에서 그가 세운 기록은 2위와 월등한 차이가 난다. 어느 정도냐 하면 5~10퍼센트만 되어도 대단한데, 무려 50퍼센트나 많다.

어떤 기록이 절대 깨지지 않을 것이라고 단정 짓는 것은 언제나 위험한 일이다. 하지만 누구에게든 제리의 기록을 깨는 것은 굉장한 도전이 될 것이다. 그는 철인이었기 때문이다. 스무 시즌 동안 위험하기로 악명 높은 포지션에서 활약하며 14주 동안 부상으로 경기에 출전하지 못했던 1997년 한 해를 제외하고 제리는 매 시즌 거의 모든 경기에서 뛰었다. 미식축구가 아무리 육탄전이 치열한 종목이라도 언젠가는 제리만큼 오랜 기간 꾸준히 뛰어난 성과를 올리는 후배가 나타나겠지만, 지금까지의 역사로 볼 때 그럴 가능성은 희박해 보인다.

## 제리가 뛰어난 선수가 될 수 있었던 원동력은?

이런 유형의 질문은 그 대상이 어떤 선수라도 스포츠팬들 사이에 논쟁을 불러일으키기 마련이다. 하지만 제리의 경우는 답이 분명하다. 제리가 가장 위대한 미식축구 선수라는 데는 세상 거의 모든 사람이 동의할 것이다. 훈련 때도 정규 시즌이 끝난 오프시즌에도, 제리는 어느 누구보다 열심히 땀 흘린 선수이기 때문이다.

제리는 팀 훈련에서도 최선을 다하기로 소문 나 있었다. 대부분의 리시버들은 공을 잡은 뒤 잽싸게 쿼터백에게 돌아가지만, 제리는 공을 받은 뒤 엔드존을 향해 전력 질주했다. 또한 그는 팀원들이 모두 집으로 돌아간 뒤에도 으레 혼자 남아서 연습을 계속했다. 제일 놀라운 것은 오프시즌에도 한 주에 6일씩 꼬박꼬박 훈련을 했다는 사실이다. 이것은 전적으로 그가 혼자 내린 결정이었다. 오전에는 8킬로미터 정도의 가파른 산길을 달리며 심폐운동을 했는데, 가장 가파른 지점에 이르면 단거리 경주를 하듯 더욱 빠르게 뛰었다. 오후에도 오전과 마찬가지로 격한 웨이트트레이닝으로 몸을 단련했다. 그가 훈련하는 방식은 리그 내에서도 전설이 될 만큼 고된 과정이었다. 시험 삼아 같이 훈련하겠다고 나서는 선수들도 있었지만, 얼마 안 가 그냥 나가떨어지기 일쑤였다.

때로는 포티나이너스의 트레이너에게 제리가 받는 훈련의 세부 내용을 묻는 편지가 날아오기도 했다. 하지만 무리하게 따라하다가 몸이 상할 것을 염려해 답장은 하지 않았다.

제리 라이스의 이야기에서 가장 확실한 교훈은 고된 훈련이 모든 차이를 결정한다는 것이다. 하지만 고된 훈련을 한다고 해서 누구나 반드시 탁월한 성과를 얻는 것은 아니다. 더구나 대학 졸업 때까지도 제리에게는 코치들이 위대한 리시버의 생명이라고 생각하는 압도적인 스피드가 없었다. 따라서 그의 이야기에는 고된 훈련 외에 다른 열쇠가 숨겨져 있는 것이 틀림없다.

지금부터 그것을 살펴보기로 하자.

## 실제로 경기에서 뛴 시간은 아주 적었다

뛰어난 선수로 거듭나기 위해 제리가 했던 모든 훈련 중에 실제 경기를 통한 훈련은 없었다. 오프시즌에 그가 혼자서 했던 훈련은 주로 컨디셔닝 운동(무산소 운동을 유산소 운동처럼 하는 것-옮긴이)이었고, 팀 훈련 때는 대개 경기 녹화 테이프 다시 보기, 컨디셔닝 운동, 다른 선수와 함께 특정 플레이 반복 훈련을 했다. 제리가 선수 생활을 했던 포티나이너스나 그 밖의 팀들은 선수들이 전력을 다하는 연습 경기는 절대 치르지 않았다. 부상의 위험이 너무 컸기 때문이다. 따라서 제리가 실제 경기를 한 시간은 대부분 주말 경기에 몰려 있었다.

제리가 미식축구 훈련으로 보낸 시간은 얼마나 될까? 아주 적게 어림잡아 일주일에 20시간이라고 해 보자. 이 훈련 과정이 워낙 혹독해서 아주 열심히 하는 선수들조차 끝까지 버티지 못했다는 사실을 기억하기 바란다. 실제 제리의 연습량이 일주일에 20시간 이상이라는 증거가 있지만 일단 안전하게 가자. 그렇다면 한 해에 약 1,000시간, 여기에 그가 프로 선수로 활동한 기간인 20년을 곱하면 약 20,000시간이라는 계산이 나온다. 그는 NFL에서 303회의 경기에 참가했다. 와이드리시버로서는 최고 기록이다. 만약 매 경기에서 그가 뛴 시간이 절반 정도였다고 가정한다면(리시버는 자기 팀이 공격할 때만 투입되는 포지션-옮긴이), 그의 경기 시간은 모두 약 150시간이 된다. 그가 매 경기 출전한 것은 아니기 때문에 실제로는 이보다 적을 것이다. 따라서 결론은 미식축구 역사상 가장 위대한 선수가 실제 경기에서 보낸 시간이 전체 훈련 시간의 1퍼센트에도 못 미친다는 것이다.

## 스스로 맞춤형 훈련 계획을 세웠다

제리 라이스가 모든 것을 다 잘할 필요는 없었다. 정해진 몇 가지만 잘하면 충분했다. 우선 정확한 패턴으로 달려야 했고, 자신을 막으려는 두세 명의 수비수를 피해야 했다. 또 공을 잡기 위해서는 수비수들보다 빨라야 했으며, 수비수들이 공을 빼앗으려고 달려들 때는 힘으로 제압해야 했다. 그리고 태클을 걸어 오는 선수들보다 빨리 달려야 했다. 그는 이러한 필요조건을 정확히 충족시켜 줄 훈련 계획을 세워 거기에 집중했다. 리그 내에서 가장 빠른 리시버가 아니라는 점은 중요하지 않았다. 그의 장점은 달리기 패턴의 정확성이었다. 또한 웨이트트레이닝으로 힘을 엄청나게 키웠다. 게다가 산길 등 험한 길을 달리는 트레일 러닝 훈련으로 그는 움직임 조절 능력이 향상돼 상대편이 그의 움직임을 전혀 예측할 수 없을 정도로 순식간에 방향을 틀 수 있었다. 급경사진 산길에서 빠른 속도로 뛰는 훈련은 그의 스피드에 폭발적인 가속도를 붙여 주었다. 무엇보다 지구력 훈련―보통 스피드 중심 운동에서는 이 훈련에 집중하지 않는다―은 마지막 4쿼터에서 그 효과를 톡톡히 드러냈다. 상대편 선수들이 완전히 지쳐 있을 때 그는 경기 시작 때와 마찬가지로 펄펄 날았다. 그래서 4쿼터에 그가 게임을 뒤집는 일이 한두 번이 아니었다.

제리와 그의 코치는 최고가 되기 위해 무엇이 필요한지 정확히 파악하고 있었다. 두 사람은 거기에만 집중했다. 스피드처럼 보통의 선수들이 가장 역점을 두는 능력에는 신경 쓰지 않았다.

### 다른 사람들의 도움을 받기는 했지만 혼자서 훨씬 많은 훈련을 했다

미식축구 시즌은 9월에 시작해 12월까지 넉 달 동안 계속된다. 팀 스포츠는 분명 같은 팀 선수들이 모여 경기나 훈련을 해야 하지만, 제리의 훈련 대부분은 오프시즌에 이루어졌다. 코치와 트레이너에게 중요한 조언을 듣기는 했지만 훈련은 대개 혼자 했다.

### 재미없어도 멈추지 않았다

쓰러질 때까지 달리거나 근력이 소진될 때까지 운동기구를 들어 올리는 훈련은 전혀 재미있지 않다. 하지만 가장 중요한 훈련이다.

### 나이에 대한 관습적인 한계에 도전했다

NFL 소속 선수들의 평균 나이는 20대다. 35세에 현역 선수로 뛴다는 사실 자체가 그만큼 대단한 일이다. 큰 부상이 없었더라도 나이가 들면 체력 저하는 피할 수 없다. 또한 30대 후반의 선수가 열다섯 살이나 어린 선수와 맞붙으면 힘에서 밀리기 마련이라는 것이 일반적인 시각이다. 40대에 선발로 남아 있는 몇 안 되는 선수들은 대개 상대 수비진을 피해 쏜살같이 달려 나가는 쿼터백이거나, 아니면 한 게임 당 몇 번만 뛰면 그만이고 심지어 상대편에게 온몸으로 저지당하는 일이 거의 없는 키커나 펀터(공격권을 상대에게 넘겨줄 때 공을 멀리 차 내는 역할을 하는 선수-옮긴이)들이다. 대체로 출전 때마다 필사적으로 뛰어야 하고 태클을 걸어 오는 선수들과 몸싸움을 밥 먹듯 해야 하는 와이드리시버들이 20시즌을 버티거나 42세까지 선수 생활을 하기는 좀처럼 힘들다. 사실 그렇게 할 수 있었던 선수는 제리뿐이었다.

## 혼자 하는 연습의 극적인 차이

이쯤에서 미식축구 스타인 한 개인의 경력이 우리와 얼마나 관련이 있으며 단지 그 사람에게만 해당하는 이야기 아니냐는 의문이 생기기 마련이다. 과학적인 관점으로 볼 때 이것은 하나의 사례지 데이터가 아니다. 따라서 우리는 제리의 이야기에서 얻은 교훈을 더 널리 적용할 수 있는지 과학적으로 확인할 필요가 있다. 이를 위해 1990년대 베를린에서 행해진 연구 하나를 검토해 보기로 하자.

이 연구의 목표는 최고의 바이올린 연주자들이 다른 연주자들보다 뛰어난 이유를 밝히는 것이었다. 연구를 위해 학자들은 서베를린 음악 아카데미를 방문했다. 당시 이 아카데미는 대단히 실력이 뛰어난 음악인들을 배출하고 있었고, 졸업생 대다수가 일류 교향악단 단원이 되거나 솔로 연주자로서 경력을 쌓아 가는 인재들이었다. 학자들은 교수들에게 앞으로 세계적인 솔로 연주자로 성공하는 데 손색이 없는 아카데미 최고의 바이올린 연주자들을 추천해 달라고 했다. 더불어 이들보다 한 단계 낮은 수준의 학생들도 지목해 달라고 했다. 한편 이 아카데미에는 상대적으로 입학 기준이 낮은 독립 학과가 있었다. 이 학과 학생들 대다수가 졸업 후 선생님이 될 예정이었다. 학자들은 이곳에서도 지원자를 모집했다. 그런 다음 가능한 한 구성원들의 나이와 성별을 비슷하게 선별하여 최종적으로 최우수, 우수, 보통의 세 집단으로 분류했다.

  학자들은 이들이 음악을 시작한 나이, 가르침을 받았던 교사, 입상 경력이 있는 대회 등 방대한 양의 전기적 자료를 모아 본격적으로 연구를 시작했다. 자료를 검토한 결과, 교수들의 판단이 옳았음이 입증되었다. 예를 들어, 최우수 집단 학생들은 여러 대회에서 우수 집단 학생들보다 성과가 좋았다. 마찬가지로 우수 집단 학생들은 보통 집단 학생들보다 성과가 좋았다. 이어 학자들은 세 집단 학생들에게 한 해 단위로 일주일 연습량을 묻고, 음악 관련 활동과 그 밖의 활동 시간을 확인하는 설문지를 작성하게 했다. 또한 가장 최근 한 주 동안 그런 활동들로 얼마의 시간을 보냈는지 조사했다. 그리고 각각의 활동이 실력 향상에 얼마나 영향을 미쳤는지, 어느 정도의 노력을 들였는지, 얼마나 즐거웠는지를 물었다. 더불어 바로 전날의 일과를 분 단위로 확인하고, 한 주 동안의 생활을 상세히 기록하게 했다. 본인이 일기 형식으로 작성하는 기록의 정확성은 완벽하지 않다. 따라서 학자들은 이 기록을 다양한 방식으로 교차 확인하고, 심층 면담을 통해 이렇게 확인한 수치들이 얼마나 유효한지 조사했다.

이렇게 모은 자료의 양은 엄청났다. 비전문가들이 이 자료들의 분석 결과를 본다면 종잡을 수 없는 결론이라고 단순하게 이야기할지 모른다. 하지만 공교롭게도 모든 분석을 종합한 결론은 지극히 명확했다.

세 집단 학생들을 수많은 기준으로 비교했을 때 결과적으로 뚜렷한 차이가 없었다. 대개 여덟 살 무렵에 바이올린을 시작했고, 집단 간 뚜렷한 통계적 차이 없이 열다섯 살 무렵에 음악가가 되기로 결심했다. 조사가 이루어진 시점에 학생들 모두는 최소 10년 동안 바이올린을 배운 상태였다.

가장 주목할 만한 것은 레슨, 연습, 수업 등 음악 관련 활동으로 보낸 시간이 세 집단 모두 일주일에 약 51시간으로 동일하다는 점이었다. 여기에는 어떤 눈에 띄는 차이도 없었다. 즉 세 집단 학생들 모두 아침에 일어나서 몇 시간 동안 자기가 선택한 분야에 꽤 열심히 집중했다. 이들의 일주일 연습량은 다양한 분야의 위대한 인물들이 해당 분야 관련 활동에 투자하는 시간과 같았다.

학자들은 학생들에게 음악 관련 활동 스무 가지와 음악과 무관한 활동 열 가지(가사, 쇼핑, 여가 활동 등), 이렇게 총 서른 가지 활동과 본인의 실력 향상 사이의 연관성 정도를 물었다. 학생들은 실력 향상에 가장 중요한 활동을 꽤 확신했다. 바로 혼자 하는 연습이었다.

모든 학생이 이 점을 인지하고 있었지만 실제 실행으로 옮기는 학생은 일부에 불과했다. 혼자 하는 연습의 중요성은 잘 알면서도 여기에 투자하는 시간의 양은 확연히 달랐다. 최우수 집단과 우수 집단 학생들이 이 연습에 투자하는 시간은 평균 일주일에 24시간이었다. 반면 보통 집단 학생들은 일주일에 9시간이었다.

이 차이는 혼자 하는 연습의 다른 측면들을 고려했을 때 더욱 많은 의미를 내포한다. 학생들은 혼자 하는 연습의 중요성을 확신하는 만큼 그것이 힘들고 지루한 과정이라는 사실도 순순히 인정했다. 각각의 활동에 필요한 노력의 양으로 평가했을 때, 혼자 하는 연습은 재미 삼아 연주하거나 다른 사람들과 함께하는 합주보다 더 많은 노력이 들었다. 또한 일상생활에서의 활동 중 가장 힘든 '아이 돌보기'보다도 힘든 것으로 나타났다. 즐거움 측면에서 혼자 하는 연습은 재미 삼아 하는 연주보다 순위가 훨씬 뒤처졌고, 으레 가장 스트레스 심하고 지루하게 여겨지는 공식 합주보다도 아래였다.

연습은 굉장히 힘든 활동이어서 일상생활의 패턴까지 바꾸게 했다. 최우수 집단과 우수 집단 학생들은 바이올린을 시작한 지 얼마 되지 않은 시기부터 늦은 오전이나 이른 오후에 연습량의 대부분을 소화한 반면, 보통 집단 학생들은 대개 오후 늦게 연습했다. 즉 더 피곤한 상태에서 연습을 했다는 말이다. 한편 이들은 다른 면에서도 차이를 보였는데, 상위 두 집단은 보통 집단 학생들보다 수면시간이 길었다. 밤에 자는 시간만 긴 것이 아니라 낮잠 시간도 길었다. 연습량이 많을수록 회복 시간이 길어지기 때문에 나타나는 현상으로 보인다.

혼자 하는 연습은 음악 관련 활동 중 개인이 알아서 해야 하는 특이한 활동에 속한다. 다른 대부분의 활동, 예를 들어 개인 레슨을 받고, 수업을 듣고, 연주하는 것 등은 다른 사람들과 함께하는 일이어서 여러 가지 제약이 따를 수밖에 없다. 하지만 혼자 하는 연습은 일주일에 168시간을 아무런 제약 없이 활용할 수 있다. 사실 연구에 참여한 학생들 중 쓸 수 있는 시간의 대부분을 연습에 할애하는 사람은 아무도 없었다.

혼자 하는 연습이 실력 향상의 핵심이라는 점은 모든 학생들이 이해하고 있었다. 그것이 쉽거나 재미있다고 생각하지는 않았지만, 그렇게 할 수 있는 시간은 얼마든지 있었다. 이런 점에서 세 집단 학생들은 모두 같았다. 차이가 있다면 일부 학생들이 그 연습을 더 하기로 결정했다는 점이다. 그리고 그런 학생들의 실력이 훨씬 좋았다.

연습으로 얻는 이득은 누적된다. 그런데 여기서 최우수 집단 학생들의 주당 연습 시간과 우수 집단 학생들의 연습 시간이 24시간으로 같다는 점에 눈길이 갈 것이다. 최우수 집단과 우수 집단 학생들의 연습 시간은 분명 보통 집단 학생들보다는 월등히 많지만, 정작 두 집단 사이의 연습 시간에는 차이가 없었다. 여기서 문제가 생긴다. 더 많은 연습량이 곧바로 더 나은 실력으로 이어진다면, 두 집단 학생들의 연습량이 같은 것은 어떻게 설명할 것인가? 이 의문의 해답은 학생들의 이력에 있었다. 학자들은 모든 조사 대상자들에게 바이올린을 시작한 이후 한 해 단위로 주당 연습 시간을 산출해 달라고 요청했다. 그런 다음 이 자료를 바탕으로 학생들의 총 연습 시간을 계산했다. 결과는 분명했다. 18세까지 최우수 집단 학생들의 평균 총 누적 연습 시간은 7,410시간이었던 반면, 우수 집단 학생들의 누적 연습 시간은 5,301시간, 보통 집단은 3,420시간이었다. 통계적인 차이는 명확했다.

이런 결과가 함축하는 바는 보기보다 그 파장이 크다. 그렇다. 총 연습 시간은 확실히 더 나은 성과와 직결되었다. 그런데 가령 보통 집단 학생이 18세 때 차세대 이차크 펄만이나 조슈아 벨<sup>Joshua Bell</sup> 같은 세계적인 연주자가 되겠다고 마음먹었다고 가정해 보자. 문제는 같은 나이 대 최고 연주자들의 연습량이 이미 이 학생의 연습량에 비해 최소 두 배 이상이라는 점이다. 그들을 따라잡기 위해서는 현재 연습량이 훨씬 적은 것을 감안하여(주당 24시간 대 9시간) 앞으로 그들보다 훨씬 많은 양의 연습을 해야 한다. 즉 노인이 되기 전에 그들을 따라잡고 싶다면 연습량을 몇 배 이상 늘려야 한다. 또한 이것을 한 사람의 성인으로서 모든 책임을 다하고 경제적으로 독립해야 하는 시기에 해내야 한다. 다시 말해, 나이가 성인에 가까운 사람이 수준급 바이올린 독주자가 되는 것은 이론적으로는 가능해도 실제로는 거의 불가능하다. 이런 상황에 내포되어 있는 문제는 일반적으로 개인과 조직, 양쪽 모두에 심각한 영향을 미친다. 이 연구는 바이올린 연주자들 사이에 나타나는 실력 차이에 대한 의문과 관련하여 아주 설득력 있는 대답을 내놓았다.

위에 소개한 내용은 비즈니스, 스포츠, 음악, 과학, 미술 등 특정 분야에서 왜 몇몇 소수의 실력이 다른 사람들에 비해 월등히 앞서는가를 주제로 한 기념비적 논문의 일부다. 「신중하게 계획된 연습이 전문적 성과 달성에 미치는 영향The Role of Deliberate Practice in the Acquisition of Expert Performance」이라는 이 논문의 책임 저자는 바로 15년 전 SF의 기억력 실험에 참여했던 앤더스 에릭슨이다. 이 논문을 쓸 당시 에릭슨은 SF 실험에서 얻은 통찰을 전혀 염두에 두고 있지 않았다. 에릭슨과 공동 저자인 막스플랑크 인간 개발 및 교육 연구소(Max Planck Institute for Human Development and Education)의 랄프 크람페Ralf Th. Krampe와 클레멘스 테슈-뢰머Clemens Tesch-Römer는 이 논문을 통해 자기 분야에서 독보적으로 실력이 뛰어난 사람들이 그렇게 될 수 있었던 원인을 밝히는 새로운 이론적 틀을 내놓았다.

이들이 이 연구를 시작한 동기는 '천부적 재능'이라는 개념에 지나치게 의존하는 기존 이론이 불만족스러웠기 때문이다. 우리는 이미 위대한 성과자들 가운데 영재성이나 천부적 재능의 증거가 전혀 없는 다양한 사례들을 살펴봄으로써 그런 이론이 갖는 많은 허점을 확인했다. 이에 더해 위 논문의 공동 저자들은 또 다른 문제를 발견했다. 뛰어난 성과자가 누구이든, 그 사람이 이룬 성과를 어떤 식으로 설명하든, 그들이 최고의 자리에 오르기까지는 누구라도 예외 없이 몇 십 년이 걸렸다는 사실이다. 몇 십 년의 준비기간을 거친 뒤에야 위대한 성과자가 된다면, 그 공을 타고난 재능에 돌리는 것은 이치에 맞지 않는다.

이는 아주 보편적인 현상이다. 체스 선수들에 관한 유명한 연구로 노벨상을 수상한 허버트 사이먼Herbert Simon과 윌리엄 체이스－에릭슨과 함께 SF의 기억력 실험을 했던－는 10년 정도의 집중적인 훈련 과정을 거치지 않고 최상위 수준에 오르는 선수는 아무도 없으며, 때로는 그보다 오래 걸리기도 한다는 조사 결과를 바탕으로 '10년 법칙'을 제안했다. 바비 피셔Bobby Fischer조차 이 법칙에서 예외가 아니었다. 열여섯 살 때 그랜드마스터가 된 피셔는 당시 이미 집중적인 체스 연구로 9년을 보낸 뒤였다. 광범위한 분야에 걸쳐 이루어진 후속 연구는 어느 분야에서든 10년 법칙이 유효함을 입증했다. 수학, 과학, 작곡, 수영, X-레이 진단, 테니스, 문학 등 어느 분야의 어느 누구든, 심지어 가장 '재능이 탁월한' 성과자들조차 최소한 10년 정도의 고된 준비 기간을 거친 뒤에야 위대하다고 불릴 만한 수준에 이르렀다. 많은 사람들의 믿음처럼 재능이 쉽고 빠른 성공의 비결이라면, 오랜 준비 기간이 있고 나서 이루어 낸 뛰어난 업적을 재능으로 설명하는 것은 분명 잘못이다.

  이 주제를 더욱 깊이 파고 들어간 학자들은 또 다른 사실에 주목했다. 수많은 과학자와 작가들이 20년 이상 혼신의 힘을 다해 노력한 이후에나 위대한 발견을 하거나 위대한 작품을 내놓았다는 점이다. 즉 이들은 19년째에도 계속 발전하고 있었다. 여기서 재능으로 위대한 업적을 설명하는 관점에 또 다른 문제가 제기된다. 프랜시스 골턴은 "한 개인이 이룰 수 있는 성과의 최대치는 그 한계가 엄격하게 정해져 있다."고 말하면서, 인간에게는 태어날 때부터 시간이 지나도 극복할 수 없는 다양한 한계가 있다고 굳게 믿었다. 이런 한계는 신체적이든 정신적이든 아무리 노력해도 극복할 수 없다. 골턴은 어떤 사람이 꽤 이른 시기에 이런 한계에 부닥치면, 그 이후에는 "제아무리 구제불능일 만큼 자만심이 강한 사람이라도 자기가 할 수 있는 일과 할 수 없는 일을 정확히 구별할 수 있게 된다."고 믿었다. 그리고 현명한 사람이라면 그 시점에서 더 이상의 불필요한 노력은 깨끗이 접어야 한다고 말했다. 그리고 이렇게 덧붙였다. "그는 더 이상 지나친 허영심으로 덧없는 노력을 하면서 괴로워할 필요가 없다. 더 잘할 수 있다는 어리석은 생각을 버리고 역량이 되는 만큼만 잘하겠다고 편히 생각하면, 타고난 재능의 한도 내에서 최선을 다해 훌륭히 하고 있다는 정직한 확신에 깃든 진정한 도덕적 가치를 발견하게 될 것이다." 최소한 표현만큼은 골턴이 고상하게 했다.

  그러나 100년 뒤, 인간이 '엄격하게 정해진' 타고난 한계에 도달한 뒤에도 지속적으로 발전해 나갈 수 있다는 수많은 증거가 나왔다. 위대한 작가, 화가, 기업가, 발명가, 그 밖에 30년 혹은 40년 동안 한 우물을 파면서 최고의 성과를 올린 유명 인사들에 한정된 이야기가 아니었다. 다양한 분야에 종사하는 평범한 사람들이 이미 한계에 도달한 것 같은 시기를 지난 다음에도 지속적으로 발전한다는 사실이 19세기 후반까지 되풀이해서 과학적으로 입증되었다. 타이피스트, 전화 교환원, 식자공 등 몇 해 동안 성과가 정체돼 있던 숙련된 일꾼들이 인센티브나 새로운 훈련을 통해 갑작스러운 발전을 보였다. 위대한 업적을 재능으로 설명하려는 견해는 이러한 증거로 인해 큰 위기에 봉착했다.

　폭넓은 증거들을 바탕으로 에릭슨과 공동 저자들은 다음과 같이 정리했다. "우리는 뛰어난 개인들이 일궈 낸 위대한 업적을 예견케 하거나 적어도 그것을 설명할 만한 유전적 특성을 찾아 나섰다. 하지만 결과는 대실패였다." 하지만 이들이 논문을 발표할 당시에는 아직까지 재능론이 우세했다. 이유가 무엇일까? 논문 저자들은 간단하게 대답했다. "재능 이외에 위대한 성과자들의 특별함을 대신 설명할 만한 가설이 불충분하기 때문이다."

　즉 더 나은 대안을 내놓는 사람이 없었던 것이다. 그래서 그들이 내놓았다.

　세 공동 저자가 내놓은 새로운 대안을 한 줄로 요약하면 이렇다. "'신중하게 계획된 연습(deliberate practice)'이 모든 차이를 결정한다." 또한 논문에서 명확히 밝혔듯 "전문가와 평범한 사람의 차이는 더 높은 성과를 내기 위해 노력해 온 기간에 좌우된다."

　'신중하게 계획된 연습'의 개념은 두 가지 이유에서 매우 중요하다. 첫째, '타고난 재능'으로 위대한 성과를 설명하는 관점을 명백히 부인하고 있기 때문이다. 공동 저자들은 특정 분야에서 위대한 성과자들이 대다수의 평범한 사람들과 질적으로 다르다는 사실은 인정하면서도, 그러한 차이가 어디서 비롯되는지에 대한 기존 관점에는 이의를 제기했다. "그러한 차이가 절대로 극복될 수 없다는, 즉 타고난 재능 때문이라는 주장에 반대한다." 따라서 이들의 주장은 탁월한 성과자들이 그렇게 될 수 있었던 이유를 완전히 새로운 시각에서 접근한 것이다.

둘째, 이들의 주장은 우리의 일상적인 경험뿐 아니라 위대한 성과에 관한 대부분의 학술 연구에서 발견되는 커다란 모순을 해결했다. 우리는 수년 동안 열심히 일했지만 성과 면에서는 그다지 발전이 없는 경우를 주변에서 흔히 목격한다. 그런 사례들만 고려한다면 골턴의 의견에 선뜻 동의할 수 있을지 모른다. 분명 우리와 함께 일을 하거나 골프를 치거나, 게임을 하는 사람들은 대부분 어느 정도 발전하다가 명백한 한계에 도달하면 그 수준을 유지하는 데 그친다. 몇 년 더 한다고 해서 실력이 나아지지는 않는다. 하지만 다른 한편으로 우리는 가장 열심히 훈련한 사람들이 최고의 성과를 달성하는 사례를 계속해서 보게 된다. 어떻게 하면 이렇게 상반되는 두 가지 현상을 하나로 아우를 수 있을까?

에릭슨과 그의 동료들이 발전시킨 이론의 틀은 이런 모순의 핵심을 향하고 있다. 그들이 보기에 문제는 연습의 개념이 '모호'하다는 데 있었다. 그들의 이론은 '연습을 통해 완벽해진다'는 단순한 관찰 사실에 근거를 둔 것이 아니라, 오히려 '신중하게 계획된 연습'이라는 매우 명확한 개념을 바탕으로 한다.

여기서 '신중하게 계획된 연습'의 정확한 의미를 밝히는 것이 무엇보다 중요하다. 그 의미가 대부분의 사람들이 생각하는 그런 것이 아니기 때문이다. 이 개념을 이해함으로써 우리는 개인은 물론 팀과 조직의 성과를 최고 수준으로 끌어올리는 길을 찾을 수 있다. 한 가지 덧붙이자면, 이들의 주장은 제리 라이스가 신중하게 계획된 연습의 본질을 정확히 꿰뚫고 있었음을 확인시켜 준다.

## 5장
# 신중하게 계획된 연습

Talent is Overrated

### 우리가 하는 '연습'은 연습이 아니다
골프 연습장에서 혼자 두 바구니의
공을 비우는 것은 훌륭한 연습일까?

## 우리가 흔히 '연습'이라고 말하는 것

연습의 의미를 모르는 사람은 없다. 나도 늘 연습을 한다. 그리고 무슨 연습을 하건 누구나 방식은 비슷할 것이다. 나는 골프 연습장에 가면 우선 공이 담긴 커다란 바구니 두 개를 챙긴다. 자리를 정하고 골프채가 든 가방을 내려놓은 다음 바구니 하나를 엎는다. 그리고 어디선가 읽은 대로 처음에는 쇼트아이언으로 몸을 풀어야 한다는 조언에 따라 8번이나 9번 아이언을 꺼내 공을 치기 시작한다. 또 언제나 목표를 정해야 한다는 조언에 따라 얼마나 떨어져 있는지 확신도 못하면서 가짜 '그린' 중 한 곳을 목표로 공을 친다. 쇼트아이언, 미들아이언, 롱아이언, 드라이버로 연습을 이어가는 와중에 형편없는 샷이 반복된다. 이럴 때 보통 내 반응은 다음엔 멋진 샷이 되기를 바라면서 얼른 다음 공을 치는 것이다. 그래야 형편없는 샷을 잊어버릴 수 있다.

이따금 나는 샷이 형편없던 이유에 대해 생각하지 말아야겠다고 마음먹는다. 그 이유가 수천 가지는 되기 때문이다. 따라서 수천 가지 이유 중 하나를 골라 곧 나아지는 것을 느낄 수 있다고 확신하면서 연습하다가, 또 형편없는 샷이 나오면 또 다른 하나를 골라 이번에는 그것을 연습해야겠다고 결정한다. 얼마 후 바구니 두 개가 텅 비면 한층 고양된 기분으로 다음 실전을 한껏 기대하며 클럽하우스로 돌아간다. 사실 그렇게 기대할 만한 근거가 전혀 없는데도 말이다. 내가 골프 연습장에서 한 것이 무엇이든, 또 그것을 무엇이라고 부르든, 나는 그것으로 아무것도 달성하지 못했다.

## '신중하게 계획된 연습'은 다르다

신중하게 계획된 연습의 개념은 꽤 분명하다. 이것은 일도 놀이도 아니며, 그 자체로 하나의 완전한 활동이다. 우리는 스포츠와 음악에 대해 이야기할 때 곧잘 '연습'이라는 단어를 사용한다. 하지만 우리가 흔히 연습이라고 생각하는 것은 학자들이 말하는 신중하게 계획된 연습의 의미와 다르다. 그래서 '연습'이라는 개념을 비스니스나 과학 등 우리가 좀처럼 연습과 연관 지어 생각하지 않는 다른 영역에 확대 적용할 때 다소 이해에 어려움이 생길 수 있다. 우리는 스포츠와 음악의 다양한 사례들로부터 신중하게 계획된 연습에 관한 교훈을 얻는다. 그것이 우리에게 익숙하기 때문이다. 하지만 그 밖의 영역은 사정이 다르다. 나는 7, 8, 9장에서 신중하게 계획된 연습의 원리가 어떻게 다양한 분야에 폭넓게 적용될 수 있는지 설명하려 한다. 신중하게 계획된 연습은 위대한 성과의 핵심이다. 따라서 편견을 버리고 열린 마음으로 그 본질을 받아들이면 많은 것을 얻을 수 있다.

신중하게 계획된 연습에는 몇 가지 특징이 있다. 이를 하나씩 자세히 살펴보면 그 본질을 이해하는 데 많은 도움이 된다. 신중하게 계획된 연습은 성과를 높이기 위해 특별히 설계된 활동으로서 대개 교사의 도움이 필요하다. 또한 수없이 반복할 수 있으며, 결과에 대해서 끊임없이 피드백을 받는다. 스포츠처럼 주로 몸을 많이 쓰는 신체 활동이든 체스나 비즈니스처럼 순전히 머리를 쓰는 활동이든, 이 훈련은 정신적으로 매우 힘든 과정이다. 물론 재미있지도 않다.

지금부터 신중하게 계획된 연습의 특성과 거기에 함축된 의미에 대해 생각해 보자.

## 성과를 높이려는 목적으로 설계된다

여기서 핵심은 '설계'에 있다. 내 어설픈 골프 연습을 생각해 보자. 나는 그럴 능력이 없는데도 스스로 내 훈련 방식을 설계했다. 골프에서 샷 기술에 관한 연구는 수십 년 동안 이루어져 왔고 전문가라면 확실히 그런 기술들을 잘 이해하고 있을 것이다. 하지만 나에게는 그런 지식이 전혀 없었다. 골프뿐 아니라 다른 모든 분야가 마찬가지다. 성과를 높이는 방법에 관한 지식은 이미 수십 년 혹은 수세기에 걸친 연구 끝에 이미 밝혀져 있고 보통 해당 분야의 교사들이 그런 지식을 갖추고 있다. 따라서 어떤 분야이건 연습 초기 또는 그 이후로도 오랫동안 개인 지도 교사가 제자에게 가장 적합한 연습을 설계해 줄 필요가 있다. 예술, 과학, 비즈니스 같은 지적인 분야에서는 오랜 연습 끝에 언젠가 스스로 연습 계획을 세울 수 있을 정도로 숙달되기도 한다. 하지만 그 전에 먼저 자기가 교사의 도움을 받지 않아도 될 정도가 되었는지 의심해 봐야 한다. 세계 최고의 골퍼들이 여전히 코치를 찾는 데는 다 그만한 이유가 있다.

 그런 이유 중 하나는 교사의 지식이 아닌 다른 데 있다. 즉 스승은 내가 어떻게 하는지 볼 수 있다는 점이다. 스포츠에서 관찰은 말뜻 그대로다. 나는 내가 어떻게 골프공을 치는지 볼 수 없다. 따라서 나를 관찰한 다른 사람의 조언이 큰 도움이 된다. 한편, 다른 분야에서 관찰은 비유적 의미로 쓰인다. 예를 들어, 체스 선생은 제자와 똑같은 체스판을 보지만 제자가 알아채지 못하는 중요한 위험을 간파할 수 있다. 비즈니스 코치는 관리자와 같은 위치에서 상황을 지켜보면서, 관리자가 자기 의도를 체계적으로 명확하게 전달하지 못한다는 사실 등을 발견할 수 있다.

 거의 무슨 일이든 교사나 코치의 도움 없이 뛰어난 실력을 갖추기는 매우 힘들다. 뛰어난 실력을 갖추려면 적어도 연습 초기에는 도움을 받아야 한다. 연습의 성과를 편견 없이 명확하게 판단하지 못한 채로 최적의 연습을 선택하기란 힘들다. 그리고 대부분의 사람들은 자기가 낸 성과를 있는 그대로 명확하게 평가하지 못한다. 설령 그럴 수 있더라도, 해당 분야에서 가장 현대적이고 효과적인 방법에 대해 폭넓은 지식을 갖추고 있지 않은 한 최고의 성과를 내기 위해 그 순간 필요한 최적의 연습 방식을 설계하지는 못한다. 가장 효과적으로 성과를 향상시키는 방법은 끊임없이 발전하고 변화하며, 언제나 그 시점에서의 핵심 원리를 바탕으로 한다. 연습의 목적은 개인의 능력을 현재 상태보다 훨씬 높은 수준으로 향상시키는 데 있다. 당연하게 들리겠지만 우리 대부분은 스스로 연습을 하고 있다고 생각해도, 사실은 제대로 된 연습을 하는 것이 아니다. 골프 연습장에서 또는 피아노 앞에서 단지 과거에 해오던 일을 반복하며, 이미 예전에 도달한 수준을 유지하고 싶을 뿐이다.

반면에, 신중하게 계획된 연습은 성과 중에서 특별히 개선해야 할 필요가 있는 특정 부분을 예리하게 찾아내 그 부분만 집중적으로 훈련하는 것이다. 그런 예는 얼마든지 있다. 위대한 소프라노 조안 서덜랜드Joan Sutherland는 트릴(음악에서 중요한 꾸밈음을 일컫는 것으로, 악보에 쓰여진 음과 그 2도 위의 음을 연속적으로 빠르게 반복함-옮긴이) 연습에만 아주 오랜 시간 집중했다. 그녀는 기본 트릴만 연습한 것이 아니라 온음, 반음, 바로크 등 다양한 유형의 트릴을 익혔다. 타이거 우즈는 벙커 모래에 골프공을 놓고 제대로 치기가 거의 불가능해 보이는 위치에서 샷 연습을 했다. 위대한 성과자들은 자기가 하는 활동의 전 과정에서 특정 부분만 따로 떼어 그 연습에만 집중한다. 그 부분의 실력이 향상되면 다음으로 넘어간다.

어떤 부분을 훈련해야 할지 결정하는 것 자체가 상당히 중요한 기술이다. 미시간 경영대학원 교수이자 크로톤빌에 있는 GE의 경영개발 센터를 이끌었던 노엘 티치Noel Tichy는 세 개의 동심원으로 이 기술의 핵심을 설명했다. 세 개의 동심원은 가장 안쪽부터 각각 '안전 영역(comfort zone)', '성장 영역(learning zone)', '공황 영역(panic zone)'이라고 부른다. 성과 향상은 성장 영역에 포함된 활동들을 통해서만 가능하다. 한계를 넘어선 기술과 능력이 그곳에 있기 때문이다. 안전 영역에서는 결코 발전하지 못한다. 이 영역의 활동들은 이미 쉽게 할 수 있는 일들이기 때문이다. 한편 공황 영역의 활동들은 너무 어려워서 접근 방법조차 파악하기 힘들다.

성장 영역을 식별하기는 쉽지 않다. 하지만 식별한 후에는 그 영역이 바뀔 때까지 스스로 그 안에 머물러야 하는데, 이것이 성장 영역을 식별하는 것보다 어렵다. 이런 것들이 신중하게 계획된 연습에서 가장 중요한 특성이다.

## 수없이 반복할 수 있다

고도의 반복은 연습과 실전의 가장 중요한 차이다. 타이거 우즈가 벙커 모래에 골프공이 빠진 상황에 처하는 경우는 기껏해야 한 시즌에 두어 번 정도다. 하지만 평소 그런 샷을 치는 연습을 하지 않았다면 그 위기 상황에서 멋지게 공을 쳐 내기는 힘들 것이다.

  사람들은 대개 특정 활동을 계속해서 반복하는 것을 두고 연습이라고 하지만 그런 연습은 그다지 효과적이지 않다. 어쨌든 나도 골프 연습장에서 골프공 치는 행위를 반복했다. 신중하게 계획된 연습은 두 가지 점에서 방금 말한 연습과 구분된다. 하나는 성장 영역에서 필요한 적절한 연습을 선택하는 것이다. 이 기준에 따르면 내 골프 연습은 명백히 실패다. 무엇보다 특정 행위에 집중하고 있지 않았기 때문이다. 나머지 하나는 반복 횟수다. 최고의 성과자들은 한도를 정하는 것이 무의미할 정도로 같은 연습을 반복한다. 미국 메이저리그 야구에서 '타격의 달인'으로 칭송받았던 테드 윌리엄스Ted Williams는 손에서 피가 날 때까지 타격 훈련을 하곤 했다. 농구 선수 피트 마라비치Pete Maravich는 대학 시절에 아침 개관 시간에 맞춰 체육관에 나가 폐관 시간이 될 때까지 슛 연습을 했다. 그가 대학 때 세운 기록은 30년 이상 깨지지 않았다. 1950년대부터 1970년대까지 선수 생활을 하면서 토너먼트 대회에 흥미가 없다는 개인적인 이유로 프로 투어에서는 많은 활약을 하지 않았던 골프 선수 모 노먼Moe

Norman은 그야말로 반복 연습의 극단적인 예다. 그는 시종일관 골프 공을 잘 치는 데만 관심이 있었다. 그의 가장 위대한 점은 여기에 있었는지 모른다. 그가 쉬지 않고 연습한 것은 스트레이트 샷이었고, 매번 한 치의 오차도 없이 똑같이 치려고 했다. 그는 일주일에 5일, 하루 800개씩 공 치는 연습을 열네 살부터 서른두 살까지 꾸준히 해왔다. 그는 이 연습에 대한 집착이 아주 심해 연습공의 개수를 고집스럽게 셌다. 1990년대 중반까지 그가 친 연습공은 총 4만 개에 달한다. 최고 수준의 프로 골프 선수가 되기 위해서는 스트레이트 샷 외에 훨씬 많은 것들을 갖춰야 하지만, 그의 특별한 스트레이트 샷 기술만큼은 상상을 초월한 무한 반복 훈련의 결실이었다.

신중하게 계획된 연습의 가장 효과적인 방법은 바로 반복이다.

## 끊임없이 결과에 피드백을 받을 수 있다

골드만삭스의 전 최고 교육 책임자(Chief Learning Officer)이자 리더십 개발 분야 전문가인 스티브 커Steve Kerr는 피드백 없이 연습하는 것을 무릎까지 내려오는 커튼 뒤에서 볼링공을 던지는 것에 비유했다. 어떤 기술이든 연습할 수는 있지만 그 효과를 확인하지 못하면 두 가지 일이 벌어진다. 우선 성과를 향상시킬 수 없고, 그다음엔 성과에 더는 신경을 쓰지 않게 된다.

대부분의 연습에서 피드백을 받는 일은 어렵지 않다. 커튼만 걷으면 된다. 그러면 자기가 어떻게 공을 던졌는지 확인할 수 있다. 보통 스포츠에서는 연습 효과를 확인하는 것이 문제되지 않는다. 한편 체스의 고수가 되려는 사람들은 위대한 체스 마스터들의 경기를 연구하면서 훈련한다. 훈련자는 각 위치에서 말을 어떻게 이동시킬지 결정하고 그것을 챔피언의 수와 비교하면서 피드백을 받는다. 문제는 결과의 해석이다. 본인은 브람스 바이올린 협주곡을 완벽하게 연주했다고 확신할지 모르지만, 그것이 올바른 판단인지 어떻게 확신하겠는가? 혹은 당신이 취업 모의 면접에서 완벽하게 대답했다고 생각하더라도 중요한 것은 당신 생각이 아니다. 교사나 코치, 멘토의 피드백이 반드시 필요한 이유가 바로 여기에 있다.

## 정신적으로 상당히 힘들다

신중하게 계획된 연습은 무엇보다 '선택과 집중'이 필요한 노력이다. 선택과 집중이야말로 사람들이 흔히 하듯 무심히 피아노 건반을 두드리거나 테니스공을 치는 식의 연습과 신중히 계획된 연습을 뚜렷이 가르는 요소다. 성과에서 만족스럽지 못한 부분을 찾아내 그것을 개선하기 위해 최선을 다해 꾸준히 노력하는 것은 정신력에 상당한 부담을 준다.

이 부담은 오래 견디기가 불가능해 보일 정도로 심하다. 어떤 유형이든 신중하게 계획된 연습을 지속할 수 있는 시간은 하루 최대 4~5시간 정도이며, 대개 한 시간에서 한 시간 반 단위로 나누는 것이 보통이다. 예를 들어, 앞서 살펴본 베를린 연구에서 최우수 집단 바이올린 연주자들은 보통 하루 세 시간 반 정도를 두세 번으로 나누어 연습했다. 다른 많은 최고 수준의 음악가들의 연습량 역시 최대 4~5시간을 넘지 않았다. 뛰어난 운동선수들조차 연습 시간을 제한하는 것이 집중력을 유지하는 비결이라고 밝혔다.

20세기의 가장 위대한 바이올린 연주자 중 한 명인 나탄 밀슈타인 Nathan Milstein은 그 유명한 레오폴드 아우어의 제자였다. (레오폴드는 차이코프스키의 바이올린 협주곡에 대해 연주가 불가능한 곡이라고 말했던 사람이다. 하지만 나중에는 차이코프스키의 열렬한 지지자가 되었다.) 한번은 밀슈타인이 아우어에게 자기가 하는 연습량이 충분하냐고 묻자 아우어가 이렇게 대답했다고 한다. "손가락으로만 연습하면 하루 종일 걸리지. 하지만 정신을 집중하면 한 시간 반이면 충분하다네."

아우어는 아마 이렇게 덧붙이고 싶었을 것이다. "그 정도로 충분한 걸 다행으로 여겨야 해. 정신을 집중해서 하루 종일 연습하는 건 불가능하거든."

## 별로 재미는 없다

지금까지 살펴본 계획된 연습의 특성들은 한 마디로 '지루하게 보내기 위한 레시피'라고 부를 만하다. 하지만 이는 어쩔 수 없는 일이다. 잘하는 방법을 이미 알면서 무언가를 하는 것은 즐겁다. 하지만 신중하게 계획된 연습은 그와 정반대의 것을 추구한다. 이 연습을 할 때는 잘하지 못하는 것을 집요하게 찾아내야 한다. 그러면 분명성과 향상에는 도움이 되지만 수없이 반복해야 할 힘들고 고통스러운 연습 주제를 발견할 것이다. 연습이 끝난 다음에는 스스로 혹은 타인의 피드백을 통해 아직 미흡한 부분이 어디인지 정확히 찾아내 방금 끝낸 연습에서 가장 고통스럽고 힘든 부분을 또다시 반복해야 한다. 정신적으로 완전히 소진될 때까지.

에릭슨과 그의 동료들은 논문에서 이 점을 분명히 밝혔다. 신중하게 계획된 연습은 "애초에 즐길 만한 과정이 아니"라고.

성과를 향상시키기 위해 당신이 할 수 있는 최선의 선택이 재미없는 일이라는 데 실망했다면, 다음과 같은 사실로 위안을 삼기 바란다. 신중하게 계획된 연습은 재미없을 수밖에 없다. 우리를 위대함의 길로 인도하는 활동이 쉽고 재미있다면 누가 그 길을 마다하겠는가. 게다가 그 길은 가장 뛰어난 사람과 그렇지 않은 사람을 구분하지 않는다. 따라서 신중하게 계획된 연습이 힘들고 지루하다는 사실은 확실히 당신에게 희소식이다. 사람들이 대부분의 그런 연습을 하지 않는다는 의미이기 때문이다. 당신이 신중하게 계획된 연습을 하겠다고 마음먹는 순간, 당신은 그만큼 차별화된 존재가 된다.

## 가장 웃긴 코미디언과 체스 자매

크리스 록Chris Rock의 이야기로 신중하게 계획된 연습에 대한 구체적인 설명을 시작해 보자. 예를 들어, 스포츠나 음악처럼 연습의 개념이 굳어진 분야에서 활동하는 사람들은 자신들이 익히 아는 지식을 에릭슨과 그의 동료들이 세련되게 다듬었을 뿐이라고 생각할 수 있다. 반면, 우리 대다수가 그렇듯 비즈니스 분야에서 활동하는 사람들은 아마 이런 생각을 하고 있을 것이다. "연습은 내 일하고 전혀 상관없어."

사실 기업의 생리는 신중하게 계획된 연습의 모든 원리를 무용지물로 만드는 듯 보인다.

맨 먼저, 우리가 직장에서 하는 일들은 계획된 연습의 첫 번째 원리인 '성과를 높이기 위한 목적으로 설계된다'와 정면으로 배치된다. 기업은 직원들의 성과 향상을 목표로 설계된 곳이 아니다. 대개는 어떤 설계 과정도 거치지 않는다. 단지 고용주의 목표 달성을 목적으로 하는 하위 목표들이 주어지고, 직원은 그 목표들을 하나씩 달성해 나간다. 제한적이고 단기적인 관점에서 보자면 이런 구조가 대다수 직원들에게 문제될 것은 전혀 없다. 하지만 고용주에게 고용되지 않았다면 직원들은 그 시간을 자신의 능력 향상을 위해 쓸 수 있었을 것이다. 그들은 고용주의 목표를 달성하기 위해 고용된 것이다.

또한 비즈니스에서는 어떤 활동을 수없이 반복할 수 없다. 가령 경쟁 기업의 기술 혁신이나 돌변한 고객의 태도 등 뜻밖의 상황에 부닥쳤을 때 우리는 과거의 경험에 기대 해결의 실마리를 찾을 수 없다. 그런 상황에 대처할 기회가 거의 없었기 때문이다. 예를 들어, 벙커 모래에 공이 빠지는 상황은 고작 1년에 두어 번 겪을까 말까지만, 그럴 때를 대비해 200번씩 반복 연습을 하지는 않는다. 심지어 공급자와의 협상이나 보험금 관리처럼 단발성 업무가 압도적인 비율을 차지하는 곳에서는 한계를 극복하고 더욱 발전하기로 결심하게 만들 자극이 거의 없다. 오히려 반대로 한 번의 실수로 큰 대가를 치러야 하는 일이 많다. 따라서 사람들은 안전하고 확실한 길만 추구한다.

그렇다면 피드백은 받을 수 있을까? 기업에서는 대개 보고하는 사람이나 받는 사람이나 달갑지 않은 연례 성과 보고로 피드백을 어설프게 흉내 내는 것이 고작이다. 이런 식의 피드백은 실적이 좋았다 해도 효과가 없을 때가 많다. 이미 11개월 전에 끝난 업무의 성과를 누군가에게 말하는 것이 도대체 얼마나 도움이 되겠는가.

신중하게 계획된 연습이 정신적으로 힘들고 피곤한 일이라고 생각하는 사람들이 있을 것이다. 하지만 그것은 한 가지 연습을 선택해 강도 높게 집중했기 때문이 아니다. 오히려 이미 능숙한 방법으로 늘 하던 일을 하면서 오랜 시간을 보냈기 때문인 경우가 훨씬 많다. 만일 계획된 연습을 해서 지쳤다면 그 연습을 더 해야 할지 어떨지 잘 생각해 봐야 한다. 또한 이 연습은 지루하다. 다시 한 번 강조하지만, 이 연습이 지루한 이유는 스스로 한계를 넘어서기 위해 자기 자신을 채찍질하기 때문이 아니다. 현실에서 무언가를 성취하고 달성한다는 것 자체가 고되고 단조로운 일이기 때문이다.

　직장 생활이 이런 연습으로 이루어져 있다면, 개인이나 조직 양쪽 모두에 위대한 성과를 달성할 큰 기회가 주어진 것이나 마찬가지다. 그 기회를 어떻게 다룰 것인지는 앞으로 자세히 살펴볼 것이다. 그에 앞서 우리는 신중하게 계획된 연습에 대해 좀 더 깊이 살펴볼 필요가 있다. 대부분의 조직들이 이 연습에 대해서 그토록 무지하다는 사실이 특히 놀라운 이유는 그 원리들이 인간의 직관에 반하거나 이해하기 어려운 것이 아니기 때문이다. 그렇기는커녕, 오히려 몇 가지 원리의 내용을 명확히 이해하기만 하면 광범위한 영역에서 그것의 실체와 효과를 발견할 수 있다.

　한 예로 코미디언 크리스 록에 대해 생각해 보자. 한 해의 마지막인 12월 31일, 크리스 록은 매디슨스퀘어가든에서 2만여 명 관중의 시선을 한 몸에 받으며 멋진 공연을 펼쳤다. 그는 이 공연을 어떻게 준비했을까?

　크리스 록은 오랫동안 코미디계에서 정상의 자리를 차지하고 있었다.

따라서 그가 사람을 웃기는 재능을 타고났기 때문에 그 수많은 관중을 웃음바다에 빠트릴 수 있었던 것이라고 짐작하기가 쉽다. 타이거 우즈나 빌 클린턴, 톰 브래디Tom Brady처럼 크리스 록 역시 유전적으로 지금 하는 그 일을 하도록 타고난 듯 보인다.

이 신문 기사는 마치 신성한 영감의 불꽃 운운하는 뻔한 사례처럼 보이지만, 사실 여기서 전달하고자 하는 핵심은 그와 정반대다. 이 기사는 크리스 록이 단 한 번의 공연을 위해 어떻게 준비했는지 제대로 설명하고 있다.

관중석에서 첫 웃음보가 터지고 그 웃음의 물결이 무대에서 제일 멀리 떨어진 자리까지 번졌을 때 제일 태연했던 사람은 아마 크리스 록 자신이었을 것이다. 그는 수개월 동안 뉴저지, 뉴욕, 플로리다, 라스베이거스에 있는 클럽들을 돌며 선보였던 연기들을 잘 조합시켰다. 참담한 실패들로부터 얻은 귀중한 코미디 소재들을 추려 1분에 한 번씩 사람들을 웃게 만들 두 시간 분량의 공연을 완성한 것이다.

크리스 록이 투어 준비를 위해 뉴저지 주 뉴브런즈윅의 스트레스 팩토리라는 코미디 클럽에서 했던 쇼는 그에게 세 번의 에미 상 수상보다 더 큰 의미를 갖는다.

스트레스 팩토리 사장 비니 브랜드Vinnie Brand는 크리스 록에 대해 이렇게 말했다. "그는 관객들이 바로 자신의 무대이기 때문에 웃어 준다는 사실을 알고 있습니다. 하지만 그는 자기가 준비해 온 소재들을 수없이 반복하고 쳐내고 다듬습니다. 여러 가지 소재를 이어 붙인 공연이라고는 도저히 믿을 수 없을 정도가 될 때까지 말이죠. 그는 아직도 위대한 스탠업 코미디언이 되겠다는 열정을 품고 있습니다."

이 짧은 기사에서 우리는 신중하게 계획된 연습의 모든 특성을 확인할 수 있다. 크리스 록은 자기 스스로 공연의 질을 높이겠다는 목표를 세워 소형 클럽 공연을 통한 연습을 설계했다. 그는 이미 실력이 뛰어났기 때문에 자기 훈련을 설계할 만한 자격이 충분했다. 또한 무대에 설 때마다 같은 소재를 수없이 되풀이하는 고도의 반복은 그 효과가 특히 뛰어났다. 직업의 특성상 피드백은 전혀 문제되지 않았다. 즉각적이고 지속적이며 잔인할 정도로 정직한 관객들의 반응이면 충분했기 때문이다. 크리스는 이런 방식을 선택해 거기에 집중했다. 그리고 새로운 소재가 관객들에게 안 통할 때가 많았던 만큼 그 과정이 재미있었을 리는 만무하다. 연습의 결과는 매디슨스퀘어가든에서 성황리에 끝난 공연으로 확인됐다. 신문에는 이런 기사가 실렸다. "만약 살아 있는 사람들 중에서 크리스가 제일 웃긴 사람이 아니라면, 제일 웃긴 그 녀석은 정말 제대로 숨었다."

신중하게 계획된 연습의 원리를 분명하게 드러내는 또 하나의 극적인 사례가 있다. 바로 폴가르 자매 이야기다.

1960년대에 헝가리의 교육심리학자 라슬로 폴가르$^{\text{Laszlo Polgar}}$는 위대한 성과자란 만들어지는 것이지 날 때부터 예정된 것은 아니라고 생각했다. 그는 연구를 통해 가장 위대한 성과자들은 하나같이 한 분야를 선택해 거기에만 집중했다는 사실을 확인했고, 스스로 그런 위업을 달성할 수 있을 만큼 그 과정을 충분히 잘 이해한다고 믿었다. 이를 주제로 『천재로 키워라!$^{\text{Bring Up Genius!}}$』라는 책을 쓴 라슬로는 자기와 결혼해 자식을 낳아 그의 실험을 도와 줄 여성을 공개 모집했다. 그리고 우연찮게 클라라라는 우크라이나 여성을 발견했다. 클라라는 학교 선생님이었고 헝가리어를 할 줄 알았다.

라슬로와 클라라는 곧 수잔이라는 딸을 낳았다. 실험은 수잔이 네 살 때 시작되었다. 라슬로가 수잔을 체스 선수로 키우기로 결심한 이유는 분명치 않다. 체스에서는 실력 향상을 눈으로 확인할 수 있어 처음부터 성과를 측정하기가 쉽기 때문이라는 이들이 있는가 하면, 체스는 남성의 비중이 압도적으로 많고, 당시 여성이 최상위권에 들어가는 것은 불가능하다는 시각이 많아 라슬로가 자기 이론을 입증하기에 가장 이상적인 분야로 보았기 때문이라는 이들도 있다.

라슬로와 클라라는 수잔에게 체스를 가르치는 데 자신들의 삶을 바쳤다. 실험에 전념하기 위해 직장도 그만둘 정도였다. 나중에는 수잔의 두 여동생 소피아와 주디트도 이 실험에 참여시켰다. 세 자매는 모두 집에서 교육을 받았으며, 체스에 관한 내용이 주를 이루었다. 라슬로 가족이 모은 체스 관련 책은 1만여 권에 달했다. 또한 이들은 컴퓨터가 널리 보급되지 않던 시기에 색인 카드를 이용해 과거의 경기와 잠재적인 경쟁자들의 경기를 항목별로 정리해 엄청난 자료를 모았다. 세 자매는 체스 외에 다른 과목들도 공부했다. 헝가리 당국이 아이들 모두 학교에서 배우는 정규 과목 시험을 통과해야 한다고 요구했기 때문이다. 세 자매는 게다가 여러 언어를 구사할 수 있었다. 하지만 이들에게 무엇보다 중요한 것은 체스였다. 그들은 하루 몇 시간씩 체스로 시간을 보냈다.

실험 결과는 이랬다. 수잔은 열일곱 살 때 남자들의 전유물이던 세계 선수권 대회 출전 자격을 얻은 최초의 여성이 되었다.(자격을 얻기는 했지만 세계 체스 연맹은 수잔의 대회 참가를 인정하지 않았다.) 수잔이 열아홉 살, 소피아가 열네 살, 주디트가 열두 살 때, 세 자매는 한 팀을 이뤄 여성 올림피아드에 출전했고 헝가리 역사상 최초로 소련을 상대로 승리를 거둬 국가적 영웅이 되었다. 수잔은 스물한 살 때 여성으로서는 최초로 그랜드마스터가 되었다. 얼마 뒤에는 주디트가 바비 피셔와의 대전에서 바비가 몇 달 전에 세운 기록을 갈아치우며 승리를 거둬 남녀 통틀어 최연소 그랜드마스터가 되었다. 이 글을 쓰고 있는 현재 주디트는 여자 세계 랭킹 1위 선수이며, 몇 년 동안 세계 10위권 밖으로 떨어진 적이 없었다.

폴가르 가족 이야기는 세 자매가 달성한 성과를 통해, 그리고 그들이 하지 않은 일들을 통해 신중하게 계획된 연습의 원리를 잘 보여준다. 이런 이유에서 이 세 자매 이야기는 아주 유용하다. 세 딸의 체스 실력이 부모에게서 물려받은 재능이라고 볼 만한 근거는 전혀 없다. 라슬로의 체스 실력은 보통 수준이고 클라라는 체스를 전혀 할 줄 모른다. 따라서 세 자매의 성공은 수년 동안 쌓아 온 강도 높은 연습의 결과라 할 수 있다. 또한 이들이 했던 연습은 모든 면에서 신중하게 계획된 연습의 개념에 잘 부합한다.

하지만 여기서 주목할 점이 있는데, 세 자매의 성취 수준이 일정치 않았고 셋 중 누구도 세계 선수권 대회에서 우승하지는 못했다는 점이다. 하지만 이런 사실 역시 신중하게 계획된 연습의 원리와 일치한다. 둘째인 소피아는 언니와 동생처럼 최정상급 위치에 오르지 못했으며(여자 세계 랭킹 6위까지는 올랐다), 셋 중에서 체스에 가장 소홀했다. 이들 자매의 이야기를 다룬 한 잡지 기사에서 체스 챔피언 조시 웨이츠킨Josh Waizkin은 이렇게 말했다. "소피아는 상당히 똑똑하고 순

발력이 좋은 선수였습니다. 바늘처럼 날카로웠지요. 하지만 언니나 동생만큼 열심히 하지 않았어요." 수잔은 소피아가 게을렀다고 말했다. 심지어 소피아 본인도 그 점을 인정한다. "저는 주디트보다 쉽게 포기하는 편이었어요. 주디트만큼 열심히 해 본 적이 한 번도 없어요." 반면에 주디트가 연습을 가장 열심히 해서 최정상에 올랐다는 사실은 누구나 동의한다. 또한 당시 가장 어렸던 주디트가 라슬로의 연습 방법을 제일 잘 흡수했을 것이라는 설명도 일리가 있다.

 셋 중 누구도 세계 챔피언이 되지 못한 이유에 대해 섣불리 추측하기는 어렵다. 다만 다른 선수들이 으레 정상의 자리를 놓고 치열하게 경쟁할 20대에 세 자매는 모두 인생에서 체스보다 중요한 것이 있다고 판단했다는 점에 주목할 필요는 있다.(소피아는 이렇게 말했다. "체스에 부담을 느껴서가 아니라, 너무 사소하다고 느껴졌어요.") 세 자매는 결혼해서 자식을 낳고 가족들과 시간을 보내면서 그때까지 체스에만 열중했던 삶의 태도를 바꾸었다.

 세 자매는 자신들의 성공을 통해 아버지가 옳았음을 확신하게 됐다. 수잔은 이렇게 말했다. "아버지는 타고나는 재능은 없다고 믿으셨어요. 성공의 99퍼센트는 노력으로 이루어진다는 말이죠. 저도 그렇다고 생각해요." 이들의 이야기가 더욱 특별한 것은 신중하게 계획된 연습의 원리가 뛰어난 수준에 이르렀을 때 어떤 식으로 뛰어난 성과를 만들어 내는지 보여 주기 때문이다.

# 신중하게 계획된 연습에 대한 의문들

신중하게 계획된 연습의 효과를 입증할 만한 사례는 얼마든지 찾을 수 있다. 예를 들어, 제리 라이스의 연습은 선택과 집중을 기본으로 하는 계획된 연습 원리에 거의 완벽하게 들어맞는다. 2장에서 살펴본 타이거 우즈 역시 이 연습의 원리를 정확히 따르고 있다. 이 원리들은 최고의 운동선수들뿐 아니라 탁월한 음악가들과 그 밖에 모든 위대한 성과자들의 이야기에 녹아 있다. 특히 해당 분야에 타고난 장점이 부족할 뿐 아니라 오히려 불리한 조건을 갖춘 사람이 이 원리를 통해 장애를 극복하고 당당하게 우뚝 선 이야기는 셀 수 없이 많다. 어릴 때 소아마비로 다리를 절게 됐지만, 올림픽 육상 경기에서 금메달 3관왕에 오른 윌마 루돌프Willma Rudolph가 대표적인 예다. 또한 몇 해를 거듭해 수많은 연설을 집중적으로, 그리고 정확하게 연습함으로써 혀가 짧은 불편함을 극복하고 20세기 가장 위대한 연설가가 된 윈스턴 처칠Winston Churchill도 마찬가지다.

신중하게 계획된 연습의 틀로 보면 사례는 어디서나 찾을 수 있다. 하지만 곧바로 떠오르는 의문들이 있다. 이를 하나씩 살펴보자.

### 이것이 정말 전부일까?

신중하게 계획된 연습만으로 위대한 성과를 충분히 설명할 수 있을까? 이 연습을 다른 사람보다 두 배 열심히 하면 성과도 두 배로 좋을까? 답은 분명 '아니다'다. 신중하게 계획된 연습만으로는 부족하다. 그러기에는 현실의 삶이 너무 복잡하다. 무엇보다 우리는 누구나 운의 영향을 받는다. '누구에게나 적절한 때와 기회가 있다'는 성경 구절처럼 말이다. 가장 열심히 일한 사람들이 제일 운이 좋은 것처럼 보일 때도 많지만, 멀쩡하던 다리가 마침 그들이 건널 때 무너져 내린다면 그 운도 아무 소용없다. 운보다는 덜 극단적이지만, 더욱 분명한 것은 개인의 환경, 특히 어린 시절의 환경이 신중하게 계획된 연습을 가질 기회가 주어지느냐 여부에 큰 영향을 미친다는 점이다. 타이거 우즈는 신중하게 계획된 연습의 교본이나 마찬가지다. 하지만 다른 한편으로는 숨이 막힐 정도로 행운의 주인공이기도 하다. 즉 '당신이 결코 타이거 우즈가 될 수 없는 진짜 이유는 당신의 아버지가 얼 우즈가 아니기 때문'이라는 말이 성립한다. 특히 어린 시절, 연습을 뒷받침하는 환경의 중요성에 대해서는 10장에서 더욱 자세히 살펴볼 것이다.

단순히 운 외에도 우리는 나이가 들면서 불가피하게 신체적 변화를 겪는다. 10장에서 살펴보겠지만 신중하게 계획된 연습을 통해 인간의 능력을 생각 이상으로 확장할 수 있다는 사실이 확인되었다. 하지만 누구나 나이가 들고 신체적 기능이 약해지며 결국 죽음을 맞는다. 이것은 보기보다 중요한 사실이다. 한 개인이 실제로 신중하게 계획된 연습에 투자한 누적 시간은 절대 줄어들지 않는다. 따라서 연습에 투자한 시간이 성과를 결정짓는 유일한 요소라면 연습을 통해 연마한 실력이 줄어드는 사람은 없어야 한다. 하지만 결국 누구나 그렇게 되기 때문에 틀림없이 성과에 영향을 미치는 외부 요인이 존재한다고 할 수 있다. 이 문제에 관해서는 뒤에서 더 깊이 다룰 것이다.

더욱이 연습 시간을 늘려서 성과가 좋아지는 것처럼 보이는데도,

어느 사례에서든 둘 사이의 관계가 단순하지도 직접적이지도 않다는 사실이 광범위한 연구를 통해 밝혀졌다. 즉 내가 하는 연습과 당신이 하는 연습 사이에 틀림없이 질적인 차이가 존재한다는 것이다. 그리고 이러한 차이는 대부분 교사, 코치, 멘토의 다양한 특성과 능력으로부터 생겨난다. 연습은 설계되는 것이기 때문에 그 설계는 훌륭할 수도 있고 형편없을 수도 있다.

또 얼마나 훌륭하게 설계되었는가의 문제와 별도로 연습에 들인 노력의 양도 성과에 영향을 미치는 중요한 변수다. 누구나 무언가를 목표로 신중하게 계획된 연습을 해 본 적이 있을 것이다. 따라서 레오폴드 아우어가 정신을 집중해서 연습하는 것에 대해 언급한 말도 이해할 것이다. 정신을 가다듬고 집중해서 열심히 연습한 날도 있을 것이고 피곤해서 산만하게 건성으로 한 날도 있을 것이다. 연습의 강도를 정확히 측정하기는 어렵지만 꽤 분명하게 느낄 수 있다. 노래를 업으로 하는 사람들을 대상으로 연구한 결과, 성악 레슨을 받을 때 초보자는 레슨을 여유롭고 즐거운 경험으로 생각하지만 숙련자는 격렬하고 힘든 경험으로 생각한다는 사실이 밝혀졌다. 두 집단은 외적으로 완전히 똑같은 연습을 하고 있었지만 내적으로는 전혀 다른 연습을 한 것이다. 바로 이 점이 중요하다.

연습 시간을 비교하면 중요한 경향들을 밝혀낼 수 있지만, 연습의 강도를 모른 채 단순히 시간만 비교해서는 많은 것을 알아낼 수 없다. 따라서 또 다른 의문이 떠오른다.

## 계획된 연습을 하는 사람과 하지 않는 사람은 무엇으로 결정되는가?

신중하게 계획된 연습은 매우 힘든 과정이며, 그 자체로는 보상이 전혀 없다. 또한 수천 시간의 연습이 누적되어야 뛰어난 성과를 얻는다. 그렇다면 대부분의 사람들은 이런 연습을 하지 않는데, 왜 유독 몇몇 소수의 사람들만 이런 고생을 사서 하는 것일까? 이 질문은 진지하게 생각해 볼 문제여서 11장 전체에서 다룰 것이다. 여기서는 또 다른 중요한 문제로 넘어가기로 하자.

## 유전적으로 설명할 수 있을까?

신중하게 계획된 연습 개념은 '신성한 영감의 불꽃' 지지자들과 '연습' 지지자들의 대립으로 이어져 '본성 대 양육'이라는 개념을 만들어 냈다. 여기서 중요한 것은, 연습 지지자들이 뛰어난 성과에 유전적인 요인이 영향을 미칠지 모른다는 가능성을 한 번도 배제한 적이 없다는 사실이다. 단지 그들은 유전적인 영향의 증거를 아직 보지 못했다고 말할 뿐이다. 누군가를 뛰어난 오보에 연주자, 전투기 조종사, 영업사원으로 만들어 줄 특정 DNA 성분을 찾으려는, 혹은 이런 분야에서 탁월해지기 위해 다른 어떤 능력을 제한하는 데 필요한 특정 DNA 성분을 찾으려는 탐색은 지금까지 실패였다. 하지만 연습 지지자들은 탁월한 성과자가 되기 위해 극히 힘든 연습을 마다하지 않는 자발적 태도에 유전자가 영향을 미칠 가능성에 대해서는 이론을 제기하지 않는다.

타고난 재능을 지지하는 사람들 일부는 유전적인 설명을 토대로 한 것인데도 이런 가능성을 반기지 않는다. 그러면서 이를 '고역 이론'이라고 부른다. 여기서 분명히 말할 수 있는 것은 그들이 아직 자신들의 주장을 입증하기는커녕 실험조차 못 하고 있다는 사실이다. DNA에 관한 연구가 급속도로 진행된다면 새로운 깨달음을 얻을지도 모른다. 동시에 그 연구는 DNA와 환경이 매 순간 상호작용하는 수많은 방법을 밝혀내고, 본성 대 양육의 팽팽한 대립이라는 개념으로는 인간이 어떻게 발전을 이루는지 이해하는 데 그다지 도움이 안 된다는 사실을 깨닫게 할 것이다. 이 문제에 대해서는 11장에서 다루기로 하자.

## 연습은 반사적으로 잘하게 하는 것이 아니다

오랜 시간 열심히 신중하게 계획된 연습을 하면 외과 의사, 당구 선수, 연설가 등 원하는 일을 잘하게 될 것은 분명하다. 하지만 그 연습의 효과를 일반적인 방식으로 이해할 수 있을까? 신중하게 계획된 연습이 지금 연습 중인 특정 과업을 더 잘하도록 하는 것 이외에 다양한 사례에 적용되는 무언가를 하고 있을까? 답은 '하고 있다'다. 이는 사람들이 생각하는 것과 차이가 많으므로 좀 더 자세히 살펴볼 필요가 있다.

골프 팬이라면 타이거 우즈의 경기 장면을 담은 녹화 테이프를 돌려 본 적 있을 것이다. 지금 그는 경기 중이고 몇 번 겪어 보지 못한 특별한 상황에 처했다. 공을 내려다보며 막 샷을 치려는 순간이다. 스윙을 시작했지만 공을 치기 직전 정신을 흩뜨리는 소리가 들린다.

팬이 소리 지르고, 갑자기 누군가 움직이고, 코스 내 어딘가에서 군중들이 고함을 지른다. 우즈는 스윙을 멈추고 공에서 몇 걸음 물러나 마음을 진정시킨 다음 다시 앞으로 나와 공을 친다.

평범한 골퍼는 이렇게 대처하는 우즈를 보면서 경외심을 느낀다. 같은 상황에서 자신이라면 어떻게 행동할지가 눈에 선하기 때문이다. 스윙을 멈추지 못하고 끔찍한 샷을 치거나 헛스윙을 할 공산이 크다.

이 상황이 왜 중요할까? 흔히 사람들은 위대한 성과자들이 아주 오랫동안 연습해 왔고 같은 일을 수없이 반복해 왔으니까 그 일을 반사적으로 할 수 있다고 생각한다. 하지만 사실 그들이 연습을 통해 습득한 것은 반사적으로 하지 않는 능력이다.

예를 들어, 우리가 운전을 배울 때는 세 단계를 거친다. 첫 단계에서는 차를 다루는 법과 운전할 때 지켜야 할 규칙을 익힌다. 이때 학습자의 엄청난 주의력이 요구된다. 두 번째 단계에서는 동작들을 서로 연결시키고 자동차에 관한 지식과 자동차를 다루는 자신의 움직임을 좀 더 자연스럽게 이어 나가면서, 지금까지 배운 지식을 잘 적용하기 시작한다. 세 번째 단계에서는 거의 무의식적으로 운전한다. 반사적으로 하는 것이다. 그런데 이때부터 운전 실력의 향상이 서서히 더뎌지다가 결국 완전히 멈춘다.

운전을 포함해 우리가 하는 대부분의 일에서는 이것이 문제가 되지 않는다. 모든 일을 훌륭하게 잘할 필요는 없기 때문이다. 사는 데 불편하지 않을 정도로 잘하면 충분하다. 골프도 마찬가지다. 골프를 즐기는 사람들 대부분은 생계를 목적으로 골프를 치는 사람들이 아니다. 그저 즐길 수 있을 정도의 실력이면 족하다. 골프에 그만큼 정신을 집중하지 않아도 되는 것은 얼마나 축복인가. 더 중요한 다른 문제에 집중할 수 있으니 말이다. 하지만 그것은 당신이 골프를 치고 있을 때 정신이 그만큼 다른 데 가 있다는 의미도 된다. 만일 당신이 백스윙을 하는 도중에 골프 상대가 동전을 짤랑거렸다면, 직관적으로 당신의 뇌는 그 소음에 영향을 받는다. 그러나 뇌에서는 이미 자동조정장치가 작동되어 당신은 비극적인 운명이 정해진 그 스윙을 절대 멈출 수 없다.

반대로 위대한 성과자들은 자동조정장치가 작동해 발전을 멈춘 상태가 되지 않도록 스스로 노력한다. 즉 자동조정장치의 작동을 억제하는 것이 신중하게 계획된 연습의 효과다. 이 훈련의 핵심은 편안함과 거리가 먼 일들을 지속적으로 해 나감으로써 반사적으로 행동하지 못하게 만드는 것이다. 해당 분야의 뛰어난 성과자가 경험이 부족한 성과자들보다 훨씬 적은 양의 정신적 노력을 들여 많은 일을 해내는 것은 분명하다. 훌륭한 조종사는 땀 한 방울 흘리지 않고 보잉 747기를 착륙시킨다. 하지만 궁극적으로 그 과정은 반사적으로 이루어지는 것이 아니라 항상 의식적으로 통제된다.

끊임없는 연습을 통해 반사적으로 행동하지 않게 되었다는 말은 곧 위대한 성과자가 계속 발전하고 있다는 의미다. 이것이 바로 위대한 성과자들이 자기 분야에서 그토록 오랫동안 최정상의 자리에 머물 수 있는 이유다. 여기에 대해서는 10장에서 더 자세히 살펴보기로 하자.

## 어떤 방식으로 작용하는가?

신중하게 계획된 연습을 오랜 시간 열심히 하면 뛰어난 성과자가 될 수 있다는 것은 직관적으로 알 수 있다. 하지만 연습의 작용 방식을 모르면 어떻게 그런 일이 일어나는지 제대로 파악할 수 없다. 따라서 가장 효율적인 방식으로 연습하는 것도 불가능하다. 연습을 할 때 우리 내부에서는 도대체 무슨 일이 일어나는 것일까? 이 중요한 질문에 관한 논의는 다음 장에서 이어가도록 하자.

6장

# 신중하게 계획된 연습의 원리

Talent is Overrated

**우리를 변화시키고 모든 차이를 결정짓는 연습법**

남자 테니스 선수의 시속 200킬로미터가 넘는 서브는

어떻게 받을 수 있을까?

## 몸과 뇌를 변화시키는 연습

지금까지 우리는 수많은 증거를 살펴봄으로써 평범한 사람이 올바른 연습을 통해 성과를 높이고 나아가 위대한 성과자가 될 수도 있다는 사실을 확인했다. 하지만 그런 일이 어떻게 일어나는지는 여전히 의문이다. 이 의문이 풀리지 않는 한 신중하게 계획된 연습의 이론적 틀이 완전히 설득력을 얻지는 못할 것이다. 또한 그 원리를 가장 효과적으로 활용하기도 어려울 것이다. 이것은 엔진이 자동차를 나아가게 하는 힘이라는 사실을 아는 것과 비슷하다. 엔진이 자동차의 원동력이라는 사실을 아는 것도 중요하지만, 그 작동 원리를 모르면 자동차를 더 빨리 달리게 할 수 없고 효율을 높일 수도 없다. 자, 그렇다면 신중하게 계획된 연습의 원리는 무엇일까?

앞에서 살펴보았듯 연습은 지금 우리가 할 수 있는 것보다 훨씬 더 좋은 성과를 내기 위해 스스로 채찍질하는 과정이다. 이를 좀 더 명확히 밝히려면 연습의 어떤 작동 원리가 위대한 성과자들을 육체적 혹은 정신적으로 긴장시키고 단련시키는지 알아야 한다. 이것을 밝히고 나면 비즈니스나 스포츠 등 분야에 상관없이 정답은 똑같고,

그 답은 우리의 예상과 다르다는 사실을 깨닫게 될 것이다.

위대한 성과자들에게 연습이 미치는 가장 중요한 효과는 사람들이 대부분 결정적이라고 생각하는 한계를 뛰어넘을 수 있도록, 더 정확히 말하자면, 한계에 가까이 갈 수 있도록 해 준다는 것이다. 무엇보다 연습은 다른 사람들보다 더 많이 인식하고, 더 많이 배우고, 더 많이 기억할 수 있게 해 준다. 그리고 그것이 결국 개인의 한계를 넘도록 해 준다. 신중하게 계획된 연습으로 여러 해를 보내면 실제로 몸과 뇌가 변한다. 세계적인 수준의 위대한 성과자가 우리와 근본적으로 다른 존재로 비치는 데는 다 이유가 있다. 정말 근본적으로 다르기 때문이다. 하지만 그들도 처음부터 다르지는 않았다. 또 그런 변화가 저절로 일어난 것도 아니다.

신중하게 계획된 연습이 사람을 변화시키는 주된 방식을 알아보자.

## 최고의 선수들은 더 많은 것을 본다

말콤 글래드웰Malcome Gladwell은 『블링크Blink』에서 테니스 코치 빅 브레이든Vic Braden을 언급하면서, 선수가 언제 더블폴트(double-fault, 테니스 경기에서 2회 연속 서비스 실패로 인해 실점하는 것-옮긴이)를 할지 예측하는 그의 비상한 재주를 소개했다. 테니스에서 공격 선수에게는 규칙상 두 번의 서브 기회가 주어진다. 브레이든은 선수가 첫 번째 서브에 실패하고 두 번째 서브를 할 때 공을 허공에 던진 다음 라켓이 공에 닿기 전에 그 서브가 폴트인지 아닌지 예상해 냈다. 그리고 예상은 거의 항상 적중했다. 당시 브레이든은 오랫동안 현역에서 활동했던 선수 출신의 유명한 코치였다. 브레이든은 글래드웰의 책에서 본인의 능력이 당황스러우며 어떻게 그런 능력이 생겼는지 전혀 모른다고 밝혔다. 글래드웰은 애써 그 능력을 설명하려 하지 않고 흥미로운 수수께끼로 남겨 두었다.

브레이든에 관한 연구는 아직 행해진 적이 없다. 따라서 그가 어떻게 더블폴트를 예상하는지는 정확히 설명하기 어렵다. 하지만 테니스 선수들에 관한 한 연구에서 이 수수께끼의 단서를 찾을 수 있다. 이 연구에 따르면 뛰어난 테니스 선수들은 일반적으로 보통 수준의 선수들보다 서브가 어디로 들어갈지 더 빨리 안다고 한다. 그 이유는 꽤 명확히 밝혀져 있다. 이 연구가 중요한 이유는 대부분의 사람들이 탁월한 성과자들을 특별하게 만드는 것이 무엇인지에 대해 오해하는 부분을 정확하게 보여 주기 때문이다.

최상위권 남자 테니스 선수가 서브한 공의 속도는 시속 240킬로미터 이상이다.(앤디 로딕Andy Roddick이 보유한 최고 기록은 시속 249킬로미터다.) 그 속도로 날린 공이 상대편 서비스라인까지 날아가는 데 걸리는 시간은 약 0.25초다. 우리같이 평범한 사람들이 그런 서브를 받으면 고개를 돌려 눈앞에 지나가는 공을 보기에도 부족한 시간이다. 하지만 최상위권 선수들은 이런 공을 아무렇지 않게 받아 낸다. 여기서 우리가 쉽게 도출할 수 있는 결론은 0.25초 동안 공이 오는 것을 보면서 그 공이 떨어질 자리로 미리 가 있을 만큼 그들의 반응 시간이 짧다는 것이다.

정상급의 프로 테니스 선수들은 대개 반응 시간이 굉장히 짧다. 반응 속도는 연습으로 향상시킬 수 있다. 따라서 선수들은 반응 속도를 향상시키는 연습을 한다. 문제는 그것이 과학자들이 말하는 거듭제곱 법칙과 보통 사람들이 말하는 80-20법칙을 따른다는 점이다. 즉 실력 향상의 대부분은 연습 초기에 잠깐 동안 이루어지고 그 시기가 지나면 연습량을 아무리 늘려도 실력은 조금밖에 나아지지 않는다. 상위권 선수들은 반응 속도가 더 이상 향상되기 힘든 지점까지 스스로를 밀어붙인다. 그러나 최상위권 선수들은 그 한계를 극복하는 법을 찾아낸다.

학자들은 테니스 선수들에게 다른 선수들의 서브 장면을 보여 주고 정교한 장비를 이용해 그들의 눈동자 움직임을 측정했다. 실력이 보통인 선수들의 눈동자는 초점이 공에 맞추어져 있었다. 하지만 서브 동작이 시작되고 라켓이 볼에 맞는 그 짧은 순간―브레이든이 폴트를 감지해 내는 그 순간―에 최고의 선수들은 공을 보고 있지 않았다. 그들의 시선은 상대편의 엉덩이, 어깨, 팔에 꽂혀 있었다. 학자들은 라켓이 공에 닿는 순간 화면을 정지시키고 그 공이 어디로 날아갈지 물었다. 공을 보고 있던 보통 실력의 선수들은 아무 대답도 하지 못했다. 하지만 최고의 선수들은 공이 어디로 날아갈지 알았다. 그리고 공이 땅에 닿기도 전에 서브 받을 지점으로 가 있을 수 있었다.

그 선수들은 자신의 반응 시간을 줄이지 않고도 더 빨리 반응하는 방법을 발견한 것이다.

학자들은 다른 많은 스포츠 종목과 그 밖에 광범위한 분야에서 같은 현상을 밝혀냈다. 배드민턴, 크리켓, 필드하키, 스쿼시, 배구 종목에서 최고의 선수들은 평범한 선수들보다 더 많은 것을 봄으로써 앞으로 무슨 일이 일어날지 더 일찍 알아챘다. 타이핑 같은 실용적인 일에서도 같은 결과를 확인할 수 있다. 왜 어떤 사람들은 다른 대부분의 사람들보다 타자를 훨씬 빨리 칠 수 있을까? 테니스에서 보았듯, 평범한 선수들은 반응 속도를 높일 수 있는 한계점까지만 실력을 향상시킬 수 있었다. 최고의 타이피스트들이 타자를 빨리 치는 비법은 글을 미리 읽는 데 있었다. 그렇게 하면 다음 자판으로 손가락을 움직이는 데 걸리는 시간이 약간 줄기 때문이다.(그리고 이들은 특히 반대 손으로 타자 치는 속도가 상당히 빨랐는데, 이것이 보통의 타이피스트들보다 가장 앞서 있는 점이다.) 최고의 타이피스트들에게 글을 미리 읽지 못하게 하자 타자 속도가 초보자 수준으로 떨어졌다.

뛰어난 성과자들이 더 많은 것을 보는 것은 자기가 본 것을 더 빨리, 더 잘 이해하는 능력을 키웠기 때문이기도 하다. 노련한 운전자들과 초보 운전자들이 위험한 상황에 처했을 때 보이는 반응을 실험했다. 이들에게 운전자 시각에서 위험한 사고 순간을 담은 다양한 장면을 보여 주었다. 초보자들은 상황을 파악하는 데 숙련자들보다 더 오래 걸렸다. 숙련자들은 반응 시간의 한계 때문에 초보자들보다 빠른 반응을 보이지는 않았지만 대신 상황을 더 빨리 이해했다. 따라서 그에 대처할 시간도 더 많았다.

여러 개의 공을 공중에 던져 가며 묘기를 선보이는 저글러도 이와 마찬가지였다. 많은 사람이 삶의 관리법에 비유하곤 하는 저글링(juggling)은 공 여러 개의 움직임을 눈으로 쫓으면서 그에 맞게 몸의 위치와 손놀림을 약간씩 계속 조정하며 전체적인 공의 회전을 관리하는 기술이다. 훌륭한 저글러는 모든 공의 움직임을 쫓지 않는다. 시야가 제한적일 때도 각각의 공이 그리는 궤도의 정점만 볼 수 있으면 필요한 조정을 할 수 있다. 이들은 평범한 저글러들보다 훨씬 적게 보고도 더 많은 것을 간파하고 필요한 모든 것을 이해했다.

우리는 같은 주제를 되풀이해서 살펴보고 있으며, 지금까지는 빠른 반응 시간이 요구되는 한 가지 유형의 상황, 즉 최고 성과자들이 '더 많이 보는' 상황만 고려했다. 그러나 사실 이들의 뛰어난 인지력은 다른 식으로도 얼마든지 드러난다.

예를 들어, X-레이 판독을 생각해 보자. X-레이를 판독하는 데 반응 시간은 그리 중요하지 않다. 학자들은 한 연구에서 방사선 전문의들과 1년에서 4년차 사이의 레지던트들에게 여러 장의 X-레이 사진을 주고 충분한 시간을 들여 검사한 뒤 진단하고 문제가 있는 것으로 보이는 부분에 표시를 해 달라고 요청했다. 이 연구에 사용된 X-레이는 다발성 종양이나 폐허탈(폐포 안에 들어간 공기가 급격히 흡수되어 호흡에 장애를 일으키는 병-옮긴이) 같은 심각한 질병들을 촬영한 것이었다.

여기서 전문의들이 더 정확한 진단을 내린 사실은 별로 놀랍지 않다. 예를 들어, 전문의들은 폐허탈 발생 지점을 더 정확하게 표시했다. 하지만 어떻게 그럴 수 있었을까? 폐의 중간엽이 허탈을 일으키면 X-레이에 그 부분이 검게 나타난다. 하지만 그렇다고 즉시 암이라고 진단하지는 않는다. 정확한 진단을 내리려면 그 밖에도 인접 폐엽의 과팽창 같은 미묘한 단서들을 살펴봐야 한다. 전문의들은 X-레이 사진에서 보다 명백하고 중요한 특징들을 더 정확히 짚어 냈다. 그들은 같은 X-레이를 보고 수수께끼를 푸는 데 도움이 될 만한 단서들을 더 많이 찾아냈다. 뿐만 아니라 판독 내용도 더 정밀했다. 예를 들어, 종양 X-레이 사진에는 희미한 점들이 나타나 있었다. 레지던트들은 그 점들을 '일반적인 폐 혼탁'이라고 보고 울혈성

심부전 징후인 폐 내 유체라고 잘못 판단했다.

전문의라고 해서 눈이 더 예민한 것은 아니다. 그들도 똑같은 사진에서 보이는 대로만 볼 수 있을 뿐이다. 두 집단의 차이는 그들이 보고 있는 대상이 아니라 본인의 인식 능력에 있었다.

최고 성과자들의 뛰어난 인식 능력은 시각뿐 아니라 다른 감각들에까지 영향을 미친다. 즉 그들은 같은 음악을 듣고, 같은 대상을 만지고도 더 많은 것을 느낀다. 아주 숙련된 조종사들과 수습 조종사들에게 항공 교통 관제사와 조종사 사이에 오간 대화를 들려주고 그 내용을 가장 잘 나타낸 항공 도표를 선택하게 했다. 그 결과 숙련된 조종사들의 정확도가 수습 조종사들보다 두 배나 높았다. 음악가들은 일반인들보다 음조와 음의 세기에서 나타나는 미세한 차이를 훨씬 더 잘 감지한다. 실제 실험에서 모두 같은 음악을 들었는데도 수년 동안 음악을 해 온 몇몇 사람들만이 더 많은 것을 인식했다.

이런 다양한 분야의 연구 결과들은 분명 비즈니스와도 연관이 있다. 특히 여기서 우리는 비즈니스에 직접 적용할 수 있는 몇 가지 방법을 도출할 수 있다.

## 보통 수준의 성과자들이 알아차리기조차 힘든 지표의 중요성을 이해한다

최고의 테니스 선수가 공이 아닌 상대편 선수의 몸을 보듯이, 다른 분야의 탁월한 성과자들도 불분명하지만 중요한 정보를 가려내는 법을 안다. 그런 정보들은 대개 많은 것을 함축하고 있으며, 때로는 널리 알려지기도 한다. 월마트의 노사관계가 요즘 같지 않던 30년 전, 월마트 설립자 샘 월튼Sam Walton이 고객 만족도를 측정하는 획기적인 방법을 찾았다. 고객들의 행복 지수를 가장 잘 나타내는 지표가 직원들의 행복 지수임을 깨달은 것이다. 관리자가 직원을 대하는 방식이 곧 직원들이 고객을 대하는 방식이었다.

아주 사소한 데서 발견하는 이런 지표들이 큰 효과를 내는 경우가 많다. 어떤 소매업자들은 손님들이 타고 온 자동차의 관리 상태를 알아내기 위해 상점 주차장의 기름얼룩을 조사해 그들의 재정 상태를 파악했다고 한다. 1980년대 피트니스 시장이 한창 과열되던 시기에 한 비즈니스 리서치 회사에서 의류 판매 통계를 조사해 초대형 사이즈와 그보다 더 큰 사이즈의 의류 판매량이 급증하고 있다는 사실을 알아냈다. 미국인들의 체중이 점점 늘고 있다는 신호였다. 재정 분석가 로라 리튼하우스Laura Rittenhouse는 기업 CEO들이 주주들에게 보낸 연례보고서에서 '나'라는 단어를 사용한 횟수를 세어 기업의 성과를 예측하는 자료로 삼았다. 그녀는 이런 데서 얻는 자료들이 기업 성과를 예측하는 데 도움이 된다고 주장했다.(예를 들어 '나'라는 단어를 많이 쓰는 자기중심적인 경영인은 성과도 나쁘다.)

한편 이런 지표들을 철저히 비밀로 하는 경우도 종종 있다. 예를 들어, 어떤 헤지펀드(hedge fund, 국제 증권 및 외환 시장에 투자해 단기이익을 올리는 민간 투자기금-옮긴이)는 펀드 소유주들이 금융시장에서 찾아낸 신뢰할 만한 관계를 토대로 수학적 모델을 만들어 이용한다. 르네상스 테크놀로지스(Renaissance Technologies)도 이런 수학적 모델을 사용하고 있으며, 설립자 제임스 사이먼스James Simons는 수년 동안 그 펀드를 통해 개인적으로 해마다 10억 달러 이상 벌어들였다. 이런 르네상스 테크놀로지스의 독점 모델들이 널리 알려져 누구라도 사용할 수 있다면 그 펀드의 이점은 사라질 것이다. 따라서 사이먼스가 그런 모델에 대해 입을 열고 싶지 않는 것도 당연하다. 일반적으로 비즈니스와 그 밖의 분야에서 불분명한 지표의 가치가 아주 높으면 그 지표가 널리 알려지는 일은 절대 생기지 않는다.

지표가 비밀인지 아닌지에 상관없이 다양한 분야에서 지표를 개발하고 사용하는 연습을 해야 한다. 예를 들어, 당신이 테니스를 배우는 중인데, 서브를 잘 받아치는 프로 선수들의 비법에 대해서 현재 알고 있는 것이 한 가지뿐이라면, 다음 시합에서 이 정보로 할 수 있는 일은 거의 없다. 상대방의 엉덩이, 어깨, 팔에서 미묘한 움직임을 읽어 내는 방법을 익히는 데는 많은 시간이 필요하기 때문이다. 이처럼 최고 성과자들이 사용하는 지표는 대부분 반드시 연습이 필요한 것들이다.

### 앞을 미리 내다본다

실력이 탁월한 음악가나 타이피스트가 평범한 사람들보다 악보나 글을 더 빨리 본다는 것은 말 그대로 그들이 자신의 미래를 본다는 것이다. 다음에 나올 내용을 미리 알면 준비할 시간이 길어지고 따라서 그만큼 더 잘 해낼 수 있다. 1초만 미리 봐도 그 시간이 모든 차이를 결정한다. 이 시간이 1초보다 훨씬 긴 분야에서는 앞을 미리 내다보는 능력의 이점이 더욱더 커진다.

이것은 점술이나 노스트라다무스 같은 예언가에 관한 이야기가 아니다. 앞을 내다보는 능력은 대개 눈을 크게 뜨고 새로운 관점에서 바라보는 단순한 행위에서 나오며, 한두 번 하다가 말거나 가끔씩

하는 것이 아니라, 연습의 원리를 적용해 꾸준히 익혀 나갈수록 더 잘하게 된다.

앞으로 5년 후 회사 상황에 대해서 마지막으로 진지하게 논의한 것이 언제였는가? 비즈니스 환경, 경쟁 기업, 규제, 그 밖에 다른 요인들을 고려할 때 15년 뒤에는 당신의 회사가 어떻게 되겠는가? CEO가 아닌 이상 이런 논의는 거의 하지 않는다. 하지만 뛰어난 성과자들의 경험에 비추어 볼 때 장래에 대한 진지한 고민은 누구에게나 유익하다.

이런 예상을 정책적으로 하는 기업도 있다. 일본 전문가 존 네이선 John Nathan은 20세기 위대한 경영인 중 한 사람으로 유명한 파나소닉(Panasonic)의 설립자 마쓰시타 고노스케松下幸之助와 만난 적이 있다고 한다. 두 사람은 회사 부지에 있는 연못에서 작은 배를 타고 있었다. 마쓰시타가 손뼉을 한 번 치자 먹이 시간임을 깨닫고 큼지막한 물고기들이 수면 가까이 올라왔다. 이때 마쓰시타가 말했다. "이 물고기들은 '장기(長期)'의 의미를 알지요. 100년이나 살거든요." 마쓰시타는 그보다 훨씬 긴 500년을 내다보고 기업의 미래를 구상했다. 창사 90주년이 조금 지난 파나소닉은 기복이 심하기로 악명 높은 전자업계에서 여전히 막강한 기업으로 남아 있다.

석유기업은 업종의 특성상 다른 분야보다 더 먼 미래를 내다봐야 한다. 유전에 대한 권리 협상에만 몇 해가 걸리고 유전 개발로 또 10년을 보내는데, 운이 좋아야 수십 년 동안 석유를 생산할 수 있다. 굴지의 석유기업들이 석유 수요와 공급을 보통 100년 단위로 예상하는 이유가 바로 이 때문이다. 최고의 기업들은 장래에 발생 가능성 있는 사건의 원인과 결과를 알아보기 위해 단순한 숫자보다 많은 것을 본다. 예를 들어, 석유기업 셸(Shell)은 가상의 시나리오를 미리 짜서 분석하는 과정을 통해 1970년대 중동 석유파동에 훌륭하게 대비했다. 당시 셸의 관리자들은 시나리오 작성을 예언이 아닌 연습으로 여겼기 때문에 실제로 중동에서 석유파동이 일어나리라고 생각하는 사람은 없었다. 하지만 한 시나리오 전략 집단이 중동의 석유 생산국들이 가격을 조정하면서 유가가 급등하는 사태를 구상했다. 그 시나리오를 더 심층적으로 분석한 결과, 셸 관리자들은 6일 전쟁(3차 중동 전쟁-옮긴이)에서 미국이 이스라엘을 지원한 데 분노한 중동 산유국들이 여러 가지 목적 달성을 위해 석유파동을 일으키거나 공급을 중단하는 방식으로 대처할 가능성이 있다는 사실을 깨달았다.

이런 식으로 연습을 해 둔 덕분에 셸 경영진은 사건이 어떻게 수출 중단으로 이어질지, 언제쯤 그런 일이 발생할지 예측하여 다른 경쟁 기업들보다 훨씬 철저하게 대비했다. 가상이지만 이미 겪어 본 상황이기 때문에 경쟁 기업들이 갈팡질팡하는 동안 셸은 정유시설 확장 속도를 늦추고, 다양한 종류의 원유를 취급할 수 있도록 정유시설을 개조했다. 석유업계에서는 셸이 다른 어떤 석유 공급 기업들보다 석유파동을 잘 이겨냈다는 데 이견이 없다.

단기주의(short-termism)가 만연한 요즘은 장기적 시각이 과연 가치 있는 일인가라는 질문을 흔히 듣는다. 다음 분기 이후를 내다봐야 소용없다는 것이 전통적인 관점이다. 하지만 대부분의 사회 통념이 그렇듯 미래를 예측하는 것은 그만한 가치가 있다. 주식 시세표를 보면 지금 당장은 수익이 전혀 없고 당분간 그렇게 될 가망도 없지만 주가가 꽤 높은 기업들을 적지 않게 발견할 수 있다. 이들 대부분이 생명공학이나 정보기술을 다루는 기업이다. 투자자들은 몇 년 뒤의 미래를 내다봄으로써 이런 기업들의 가치를 높이 평가한다. 시장은 언제나 변화무쌍하지만, 미래는 언제나 값어치가 있고 미래를 (합리적으로) 내다보는 일은 언제나 이득이다.

## 더 적게 보고 더 많이 안다

현실의 모든 영역에서 적게 보고 많이 아는 것은 성공의 필수요건이다. 우리가 필요한 만큼의 정보를 모두 얻는 것은 불가능하기 때문이다. 정보를 얻는 데는 누구에게나 두 가지 제약이 따른다. 시간과 비용이다. 비용은 적게 들이면서 신속하게 올바른 판단을 내릴 수 있는 사람은 어디서나 경쟁 이득을 얻을 수 있다.

최고 성과자들은 광범위한 연습을 통해 자기 분야에서 가장 중요한 '결정 능력'을 갖추고 있다. 경찰은 짧은 순간에 총을 쏠 것인지 여부를 판단한다. 미식축구에서 쿼터백은 아주 미묘한 신호를 보고 공을 던질지, 던진다면 어디로 던질지 결정한다. 비즈니스에서도 빈약한 정보로 신속하게 결정하는 능력은 이득이 될 때가 많다. 결정 능력의 중요성은 30초의 차이로 이익 거래가 손실 거래로 바뀌는 월 스트리트에서 가장 빛을 발한다. 하지만 월 스트리트에서만큼 시간이 결정적인 역할을 하지 않는 다른 비즈니스 분야에서도 상황은 마찬가지다. CEO로서 자기 업무의 핵심이 사람을 뽑는 일이라고 생각했던 잭 웰치는 그런 결단을 아주 잠깐 사이에 내리기도 했다. 그는 점심시간에 GE의 재무 분야 인재 양성 프로그램의 일원이었던 존 라이스John Rice를 만났던 짧은 순간을 이렇게 회상했다. "보자마자 그가 마음에 들더군요." 잭 웰치는 라이스가 한 발표에 깊은 인상을 받아 즉석에서 그를 승진시켰다. 이 순간이 터닝포인트가 되어 라이스는 GE의 최고 스타 중 한 사람이 되었고 50세에 부회장으로 취임했다. 라이스를 즉석에서 승진시킬 때 웰치는 그에 대해 아는 것이 거의 없었지만, 그래도 알 만큼은 알았다. 수십 년 동안의 핵심 업무가 인재 평가였기 때문에 웰치는 자신의 결정이 옳다는 것도 알았다.

## 세부적인 차이를 더 잘 구별한다

레블론(Revlon)을 굴지의 화장품 기업으로 키운 찰스 레브슨Charles Revson은 명암에 따라 미세하게 차이가 나는 몇 종류의 검정색을 구별할 수 있다고 한다. 이것은 색을 다루는 일을 하는 사람들도 특히 어려워하는 기술이다. 모든 유형의 평가 작업은 이 능력에 비유할 수 있다. 가령 어떤 관리자를 두고 "그는 사람을 잘 다뤄."라고 표현하는 것이 한 가지 예다. 직속 부하가 업무에 열의를 느끼지 못할 때 그것을 눈치 챘는지 묻는 것도 비슷하다. 만약 눈치를 챘다면 그것은 기회인가 문제인가? 적절한 대처 방안은? 여러 대안 중에서 효율적인 것과 비효율적인 것은? 효율적인 방안이 있다면 어떻게 적용할 수 있을까? 이는 한 가지 검정색을 보느냐 다섯 가지 검정색을 보느냐의 문제다. 이런 능력은 사람, 상황, 제안, 성과, 제품 등을 평가할 때도 중요하다. 다른 사람이 못 보는 차이를 보는 것도 더 많이 인식하는 방법에 포함된다.

이 모든 중요한 능력들이 연습과 훈련의 결과라는 사실을 명심하라.

수많은 사례를 통해 보았듯이 이런 능력들은 해당 분야에서 큰 효과를 발휘한다. 또한 모든 분야의 교사들이 제자들에게 이런 능력을 가르치고자 애쓴다. 뿐만 아니라 이런 능력은 연습을 통해 익힌 분야 이외에는 효과가 없다는 것이 연구를 통해 밝혀졌다. 모든 사실을 종합해 볼 때, 이 능력이 연습의 결과임은 부정할 수 없다. 예를 들어, 음의 미세한 차이를 구별하는 뛰어난 음악가에게 우리는 '귀가 좋다'고 말한다. 하지만 연구 결과 이런 음악가들도 연설에 나타나는 음조의 차이를 구분하는 능력은 평범한 음악가들과 비슷했다. 즉 신중하게 계획된 연습은 특정 분야에서 최고가 되는 데 필요한 핵심 역량을 키우도록 돕는다.

## 컴퓨터는 왜 체스에서 이기지 못했을까?

안타깝게도 탁월한 성과자들이 보통 사람들보다 더 많이 안다는 사실은 이론의 여지가 없어 보인다. 예를 들어, 우리는 자기 투자 분야에서 뛰어난 성과를 내는 투자가가 당연히 평범한 투자가보다 더 많이 안다고 생각한다. 하지만 이것은 보기만큼 분명치 않다. 사실 많은 학자들이 두 부류 사이에 별 차이가 없다고 생각하는 시기가 있었다. 그리고 그런 믿음이 아직 우리의 생각 어딘가에 약간은 남아 있다.

그렇게 믿는 학자들은 위대한 성과가 대단한 지식의 결과물이 아니라 탁월한 추론 방식과 추론 능력에 기인한다고 생각했다. 즉 어떤 문제를 분석하는 최선의 방식을 알고 그 문제에 대해 충분히 생각해 봤다면, 관련 분야에 대해서 더 많은 지식을 습득할 필요가 없다는 것이다. 더욱이 그 문제에 관한 분석과 추리를 컴퓨터가 대신해 줄 수 있다면 지식은 더더욱 필요 없다. 이런 생각은 특히 컴퓨터가 처음 등장한 1950년대부터 1970년대까지 크게 유행했다. 당시 과학자들은 지적인 기계 혹은 그것을 실현할 수 있을 만한 방법을 찾고 있었다. 1957년 허버트 사이먼Herbert Simon과 앨런 뉴웰Allen Newell이라는 두 과학자가 일반 문제 해결자(General Problem Solver)라는 컴퓨터 프로그램을 내놓았다. 이 프로그램에는 특정 분야에 관련한 지식은 전혀 없고 이론상 보편적으로 적용할 수 있는 논리 법칙과 문제 해결 전략만 있었다. 이 프로그램은 현실 세계의 문제를 직접 해결하지는 못했지만 과학적 사고의 방향을 제시했다. 즉 상당히 효율적인 지적 도구만 있다면 특정 지식은 필요 없다는 것이다.

그러나 결국 학자들은 지식을 갖추지 못한 프로그램이 그들이 원하는 결과를 만들어 내지 못한다는 사실을 서서히 깨달았다. 이유가 무엇이었을까? 이 해답을 찾기 위해 인공 전문 기술(artificial expertise) 개발의 가장 성공적 사례라 할 수 있는 컴퓨터 체스 프로그램을 생각해 보자. 체스 프로그램이야말로 '지식은 중요한 요소가 아니다'라는 주장을 뒷받침할 최적의 사례다. 이 프로그램은 게임 규칙과 게임 대상만 입력하면 환상적인 속도로 경기를 펼쳤다. 인간이 이 프로그램을 이기기는 불가능해 보였다.

그런데 문제는 인간이 계속 컴퓨터를 이긴다는 사실이었다. 체스 연구자들은 아무리 뛰어난 선수라도 현재 말의 위치에서 실행 가능한 여러 가지 행마법을 생각해 내는 데 15초 정도는 걸린다고 추정했다. 이에 반해 초기 체스 프로그램은 1초에 수천 가지 수를 처리했다. 그런데도 인간이 어떻게 컴퓨터를 연거푸 이길 수 있었을까? 1996년 당시 세계 챔피언이던 가리 카스파로프Garry Kasparov는 IBM이 개발한 컴퓨터 딥블루(Deep Blue)와 최초로 경기를 펼쳤다. 딥블루는 말의 적절한 이동 위치를 찾아내기 위해 초당 1억 번의 속도로 연산을 수행했다. 그런데도 승리는 카스파로프에게 돌아갔다. 1년 후 딥블루가 업그레이드되어 초당 2억 번의 연산을 수행할 수 있게 되었다. 그리고 나서야 딥블루는 여섯 번의 대결 끝에 2대 1(세 번은 무승부)로 인간에게 승리했다.

압도적인 연산 능력에도 불구하고 어째서 컴퓨터 프로그램이 체스 선수와의 대결에서 비기거나 지는 일이 일어났을까? 이에 대한 답은 컴퓨터가 아니라 인간이 지닌 무언가에서 찾아야 한다. 바로 체스에 대한 광범위한 지식이다. 즉 인간은 특정 위치에서 과거 체스 고수들이 선택했던 전략들과 어떤 수를 선택하면 일반적으로 어떤 결과가 생기는지에 대한 지식을 갖추고 있었다. 결국 학자들도 여러 분야에 걸친 연구 끝에 이 비밀을 알게 되었다. 전문 컴퓨터 시스템을 개발하던 세 명의 과학자 브루스 뷰캐넌Bruce G. Buchanan, 랜들 데이비스Randall Davis, 에드워드 파이겐바움Edward A. Feigenbaum은 이렇게 적었다. "전문가 시스템에서 무엇보다 중요한 요소는 지식이다. 일반적인 추론 방식은 풍부하게 갖추었지만 구체적 지식이 없는(일부는 수리 논리적 기능도 갖춘) 프로그램은 거의 어떤 임무도 능숙하게 처리할 수 없다." 그리고 이렇게 결론 내렸다. "아는 것이 힘이다."

한편에서는 역시 체스를 연구 중이던 다른 학자들이 다른 경로로 컴퓨터 과학자들과 같은 결론에 이르렀다. 아드리안 데 그루트Adriaan de Groot라는 네덜란드 심리학자가 세계적 수준의 체스 선수들과 평범한 수준의 선수들을 비교한 결과, 세계적 수준의 선수들이 경기 중에 고려하는 수가 오히려 평범한 선수들보다 적었고, 더 깊이 숙고(몇 수 앞을 내다보기)하지도 않았으며, 경험을 바탕으로 이동 경로를 선택하는 것은 양쪽이 같았다. 즉 최상위 선수라고 해서 판단의 속도가 더 빠른 것은 아니었다. 그렇다면 그들이 더 뛰어난 이유는 무엇일까?

이 의문과 관련하여 어느 분야에나 적용될 법한 대답 중 하나는 아는 것이 더 많다는 사실이다. 학자들은 고수급 체스 선수들의 지식이 보통 수준 선수들의 지식보다 10배에서 100배까지 많다는 사실을 밝혀냈다. 이에 못지않게 중요한 사실은 광범위한 분야의 최고 성과자들이 자기 지식을 더 체계적으로 조직하고 통합하여 보다 유용하면서도 근본적인 방식으로 문제에 접근한다는 점이다. 예를 들어, 숙련된 물리학자와 평범한 물리학도에게 물리학에 관한 24개의 문제를 제시하고 유형에 따라 분류하게 했다. 이에 물리학도들은 '마찰에 관한 문제' 또는 '경사면에 관한 문제' 등과 같이 표면적으로 명백히 드러나는 특징에 따라 분류했다. 반면 숙련된 물리학자들은 '뉴턴의 제2법칙'처럼 문제 해결에 필요한 기본 원리에 따라 분류했다.

다른 많은 분야에서 행해진 연구에서도 결과는 마찬가지였다. 전문 심리 상담가들은 환자들의 진술을 치료법 선택과 가장 연관성이 높은 요소에 따라 분류한 반면, 초보 상담가들은 겉으로 드러나는 사소한 단서에 따라 분류했다. 전문 낚시꾼들은 습성이나 상업적 가치 등 실질적인 연관성에 따라 어류를 분류한 반면, 초보 낚시꾼들은 생김새에 따라 분류했다. 일반적으로 최고 성과자들의 지식은 더 수준 높은 원리에 따라 연결되고 통합된다.

비즈니스에서도 마찬가지다. 수많은 기업들이 회사 내 최고 성과자들에게 최대한 많은 지식을 쌓을 기회를 주려고 애쓴다. 이것은 업무 성격이 다른 다양한 일을 맡기거나 세계 각지에서 근무하도록 하는 방식으로 이루어진다. 이런 식으로 가장 중요한 몇 가지 혹은 필요한 모든 지식을 습득하는 것이다.

특히 중요한 것은 최고 기업들이 일반 관리 능력이 아닌, 특정 분야에 대한 깊이 있는 지식의 중요성을 분명히 깨닫고 있다는 점이다. 이런 구별은 몇 년 전 컴퓨터 과학자들이 일반 문제 해결 프로그램을 만들려고 했을 때 다루었던 바이기도 하다. 미국의 기업들도 대체로 같은 과정을 거쳤다. 최고 경영대학원들과 많은 선도 기업들은 사실상 수십 년 동안 어느 조직에나 잘 적응할 수 있고 이미 습득한 기술력만으로 조직을 경쟁력 있게 꾸려갈 일반 관리 양성에 힘을 기울였다. 그런 관리자는 특정 사업 영역에 대해 많은 것을 알 필요가 없었다. 단지 사업상 문제를 해결하는 데 필요한 전략만 알면 그만이었다.

하지만 수많은 최고 기업들이 그런 식으로 운영되지 않는다는 사실이 밝혀졌다. 제프리 이멜트는 2001년 GE 회장으로 취임한 직후, 지난 몇 해 동안 경제 성장률보다 훨씬 빠르게 성장하고 주주들에게 큰 이익을 안겨 준 세계 최고 기업들을 연구했다. 그런 기업들의 공통점은 무엇이었을까? 연구를 통해 알게 된 한 가지 중요한 단서는 이들 기업이 관리자들이 갖춘 '특정 분야의 전문성', 즉 자기 기업 관련 분야에 대한 폭넓은 지식을 높이 평가한다는 사실이었다. 이멜트는 이제 GE에서 성공하기 위한 필수조건으로 '특정 분야에 대한 심도 깊은 전문 지식'을 꼽는다. 그는 『하버드 비즈니스 리뷰Harvard Business Review』에서 다음과 같이 설명했다. "GE에서 가장 성공적인 부문들은 책임자들이 오래 몸담았던 분야다. 비행기 엔진 제조 분야에서 오랜 경력을 쌓은 브라이언 로Brian Rowe를 생각해 보라. 자기가 가지고 있는 항공 산업에 관한 지식에 기대어 그가 내린 네다섯 가지 큰 결정 덕분에 우리는 50년이나 앞서 시장을 선점할 수 있었다. GE 캐피탈도 마찬가지였다. 재보험(특정 보험회사(원보험자)가 인수한 보험계약의 일부 또는 전부를 다른 보험사에 다시 넘기는 것. 재보험은 통상 원보험 계약의 가입금액 규모가 너무 커서 특정 보험사가 독자적으로 책임지기 어려울 때 이루어진다-옮긴이)처럼 우리가 사람들을 화나게 했던 업종에서는 실패했다."

지식을 쌓고 개발하는 일도 신중하게 계획된 연습으로 이룰 수 있는 것들 중 하나다. 해당 분야에서 능력을 키우려면 반드시 관련 지식을 습득해야 한다. 이 과정을 몇 년 동안 지속하면 그동안 쌓아 온 모든 지식을 체계화하여 유용하게 쓸 수 있도록 해 주는 중요한 연결망이 만들어진다. 덧붙이는 말이지만, 위대한 성과에서 지식이 중요한 역할을 한다는 사실은 천부적 재능 이론에 심각한 문제를 떠안긴다. 어떤 분야에 대해 그토록 방대한 지식을 날 때부터 가지고 태어나는 사람은 없기 때문이다.

지식이 위대한 성과를 이루는 데 결정적인 역할을 하려면 그에 앞서 갖추어야 할 또 한 가지 중요한 요소가 있다. 결국 아무리 산더미 같은 지식이라도 기억을 못 하거나 결정적인 순간에 써먹을 수 없다면 무슨 소용이 있겠는가?

## 모든 기억력이 똑같은 것은 아니다

3장에서 우리는 체스 선수들의 기억력에 관한 연구를 살펴보았다. 전문 체스 선수들은 25개 정도 되는 말의 위치를 단 몇 초 동안만 보고 완벽하게 복기해 냈다. 반면 평범한 사람들은 똑같은 체스판을 보고도 겨우 5개 정도만 기억했다. 하지만 말이 무작위로 배치된 체스판을 보여 주었을 때는 양쪽 집단의 기억력이 비슷하게 나타났다. 따라서 3장의 결론은 다음과 같이 정리할 수 있다. '체스 고수들은 일반 기억력이 좋은 것이 아니라 실제 경기에서 체스 말의 위치를 기억하는 능력이 뛰어난 것이다.' 그런데 3장에서는 다루지 않았지만 반드시 짚고 넘어가야 할 문제가 있다. 체스 고수들은 과연 어떻게 그 많은 말의 위치를 기억하는 것일까? 좀 더 일반적으로 말해, 모든 분야의 최고 성과자들은 도대체 어떻게 초인적인 기억력을 발휘하는 것일까? 프로 골퍼 잭 니클라우스$^{Jack\ Nicklaus}$는 경기 당일 자기가 친 모든 샷을 기억했다. 성공적인 경영인들이 오래전 재무제표에 나왔던 숫자들을 기억하는 것은 흔한 일이다. 학자들은 다양한 분야의 뛰어난 성과자들이 관련 분야의 정보를 놀라울 정도로 잘 기억한다는 사실을 발견했다. 이 현상을 어떻게 설명해야 할까?

이번에도 대답의 일부는 체스 선수들에 관한 연구에서 찾을 수 있다. 이 실험은 간단한 단기 기억력 검사라 할 수 있다. 단기 기억이란 정보를 아주 잠깐 동안만 뇌에 저장하는 기억력으로, 다른 어려운 과업에 집중하면 쉽게 사라지는 경향이 있다. 수십 년 동안 축적된 연구 결과 단기 기억 용량의 최대 항목 수는 일곱 가지다. 단기 기억력은 사람마다 큰 차이가 없어 보인다. 실제로 모든 사람의 단기 기억력은 5~9개 항목으로 한정된다.

앞에서 언급했듯 연구자들은 말이 무작위로 흩어져 있는 체스판을 보여 준 실험을 통해 체스 마스터들의 단기 기억력이 보통 수준이라는 사실을 발견했다. 더 놀라운 것은 실제 경기 중의 체스판을 보여 주었을 때도 마스터들의 기억 '항목'은 5~9개 사이로 보통 수준이었다는 점이다. 그렇다면 차이는 기억 '항목'에 있는 것이 틀림없었다.

연구자들은 이를 설명하기 위해 '청크 이론(chunk theory)'을 제안했다. 즉 실험 참가자들이 기억하는 정보 묶음(chunk)의 개수는 모두 비슷하다는 것이다. 단, 초보자들의 한 묶음은 특정 칸과 거기에 놓인 특정 말의 쌍으로 이루어진 반면, 체스 고수들의 한 묶음은 특정 배열 안에 포함된 모든 말과 그 위치로 이루어졌다. 한 묶음에 담긴 내용은 체스 고수들이 훨씬 많다는 말이다.

문자와 단어의 차이를 생각하면 이해가 쉽다. 예를 들어, 당신은 알파벳을 구성하는 26개의 문자는 전부 안다. 하지만 그 알파벳 조합으로 만들 수 있는 모든 단어를 알지는 못한다. 가령 누군가 당신에게 'lexicographer'라는 단어의 문자들을 조합해 5초 동안 보여 준 뒤 순서대로 기억하도록 요청했다고 가정해 보자. 당신은 그저 한 묶음의 문자들을 보았을 뿐이기 때문에 일곱 개 정도의 문자를 기억하기도 어려울 것이다. 하지만 현실에서 이 문자 배열을 하나의 단어로 접한다면 훨씬 쉽게 순서대로 정확히 기억할 수 있다. 5초도 필요 없다. 0.5초면 충분하다. 잠깐 생각은 해야겠지만 뒤에서부터 거꾸로 기억하는 것도 가능하다.

체스 고수는 체스판을 볼 때 문자가 아닌 단어를 본다고 할 수 있다. 25개의 말을 보는 대신 5~6개의 묶음을 본다. 그들에게 체스판 복기가 쉬운 이유는 이 때문이다. 이 분석을 좀 더 확대해 보자. 앞에서 우리는 체스 고수들이 평범한 선수들보다 적게는 10배에서 많게는 100배의 지식이 더 많다는 사실을 확인했다. 청크는 바로 이런 지식의 단위다. 학자들은 평범한 체스 선수들의 '어휘력'이 1천 청크 정도라면, 최상위 선수들의 어휘력은 1만에서 10만 청크 정도라고 평가했다.

청크 이론은 대단히 설득력 있고 매우 유용하며 따라서 광범위한 분야에 적용할 수 있다. 정상급 체스 선수들, 더 나아가 어느 분야든 최고 성과자들의 기억 묘기(memory feats, 완전 기억 능력이라고도 함-옮긴이)가 그렇듯 청크 이론에도 문제는 있다. 청크 이론은 말들의 위치를 곧바로 기억해 내는 단기 기억력에 대해서는 훌륭하게 설명한다. 이때 프로 선수들은 청크의 규모를 확장해 타고난 기억력의 한계를 극복한다. 하지만 단기 기억은 절대 오래 지속되지 않을 뿐 아니라 다른 곳에 신경을 쓰면 이내 지워져 버린다. 이것이 일상에서 전화번호를 적어 두는 이유고, 전화번호를 듣는 순간 벨이 울리면 그 번호를 다시 기억하기 힘든 이유다.

하지만 열 경기를 동시에 눈을 가리고 하는 체스 선수들을 생각해 보라. 이들이 열 개의 체스판을 동시에 전부 단기 기억 저장소에 저장할 수는 없다. 그렇게 하면 다음 체스판으로 이동할 때마다 직전에 생각했던 것을 잊어버리기 때문이다. 뿐만 아니라 장기 기억 저장소에도 저장할 수 없다. 적어도 전형적인 정의대로라면 장기 기억 저장소를 통해 체스 시합에서 사용할 수 있을 만큼 빠르고 확실하게 정보를 저장하고 꺼내 쓰는 일은 불가능하기 때문이다. 그렇다면 체스 선수들은 도대체 어떻게 하는 것일까? 이 질문의 대답은 체스 고수들의 뛰어난 실력뿐 아니라 최고 의사들의 진단, 프로그래머들의 소프트웨어 개발, 건축가의 설계, 경영자의 전략 선택, 그리고 그 밖에 뛰어난 성과자들의 성과를 설명하는 데 도움이 된다.

이런 사람들은 하나같이 자기만의 '기억 기술'을 개발해서 사용하고 있었다. 이 기술의 특별한 힘은 기억해야 할 대상을 빠르고 확실한 방법으로 장기 기억 저장소에 저장하는 데 있다. 그들은 단기 기억력이나 전통적인 의미의 장기 기억력을 사용하지 않는다. 처음으로 이런 설명을 내놓은 앤더스 에릭슨과 월터 킨치Walter Kintsch는 이것을 장기 작업 기억(long-term working memory)이라고 부르며, 어떤 학자들은 전문 작업 기억(expert working memory)이라고 한다. 이 기술의 핵심 요소를 이해하기 위해 3장에 소개한 SF의 사례를 떠올려 보자. 그는 엄청나게 긴 무작위의 숫자 배열을 기억해 냈다. 그 숫자들을 자신에게 의미 있는 형태의 수와 연관시켰던 것이다. 예를 들어, 4 1 3 1은 1마일(약 1.6킬로미터) 달리는 데 걸리는 시간의 형태로 4분 13.1초라고 기억했다. 자기가 이미 가지고 있는 개념에 숫자 데이터를 연결시켜 검색 구조를 만든 것이다.

SF는 단지 숫자들을 기억해 내려고 애쓸 뿐이었다. 그래서 마침 사용이 가능하고 주어진 과제와 전혀 관련이 없는 개념으로부터 검색 구조를 만들어 냈다. 현실에서 장기 작업 기억의 엄청난 힘―최고의 성과자들을 구별 짓는 힘―은 그 활동의 핵심에 연결된 검색 구조에서 나온다. 최고 성과자들이 자기 분야에 대해 그토록 깊고 폭넓은 이해력을 갖출 수 있는 비결은 엄청난 양의 정보들을 서로 연결해 주는 체계적인 구조 덕분이다.

한 실험에서 학자들은 각각 열성 야구팬들과 가볍게 야구를 즐기는 사람들로 이루어진 두 집단에 야구 경기 한 회의 절반을 흥미진진하게 설명해 놓은 글을 읽게 했다. 얼마쯤 지나 글의 내용을 기억해 보라고 하자 열성팬들은 주자나 득점 같이 결과에 중요한 영향을 미친 사건들을 훨씬 더 잘 기억했다. 반면 경기를 가볍게 즐기는 사람들이 기억하는 내용은 각양각색이었지만 대개 관중석 분위기나 날씨처럼 경기 결과와 무관한 세부 사항이 주를 이루었다. 열성팬들의 경우 이미 야구에 대해 갖고 있던 수준 높은 지식이 방금 읽은 정보를 해석하는 기본 틀이 되었던 것이다.

최고 성과자들은 보통 사람들보다 자기 분야에 대한 이해의 폭이 훨씬 넓다. 따라서 관련 정보를 더 효율적으로 기억할 수 있는 뛰어난 검색 구조를 갖추고 있는 셈이다. 최고 수준의 진찰 전문의들은 보통 수준의 전문의들보다 환자 개개인에 대한 정보를 더 많이 기억한다. 습득한 정보를 더 높은 차원의 추론에 사용하기 때문이다. 최고의 컴퓨터 프로그래머들은 초보자들보다 전체 프로그램의 구조를 훨씬 더 잘 기억한다. 그렇게 구조를 만든 의도와 방법을 더 잘 이해하기 때문이다. 전자공학 초보자들은 전자 회로도를 보고 구성요소를 생각하는 반면, 전문가들은 주요 기능 집합을 생각하기에 그것을 더 잘 기억한다. 이 이외에도 철저한 연구를 통해 검증된 사례는 수없이 많다.

앞에서 보았듯 체스 선수들의 놀라운 기억력은 단지 대상을 집합으로 인지하는 능력만을 토대로 하는 것이 아니다. 이들은 체스 말들의 집합을 전략적 중요성, 공격과 방어에서의 역할, 상대편 속이기 등 다양한 측면에서 이해한다. 문자 대 단어 분석 사례에서 초보자는 문자를 보고, 전문가는 단어를 보는 것만이 차이의 전부가 아니다. 전문가들은 단어의 의미까지 생각한다.

분명 위대한 성과자들의 뛰어난 기억력은 저절로 생겨난 것이 아니다. 해당 분야에 대한 깊은 이해를 토대로 만들어진 것이고, 따라서 수년 동안 철저한 연구를 거친 다음에야 얻을 수 있다. 또한 새로운 정보를 더 높은 수준의 개념들에 끊임없이 연결시켜야 하는데, 이 또한 그리 만만한 과정이 아니다. 전문가들의 뛰어난 기억력이 자기 전문 분야를 벗어나지 않는 이유도 쉽게 짐작할 수 있다. 이런 기억력은 전문성의 핵심 요소이며, 둘은 서로 떼려야 뗄 수 없는 관계다. 기억력이 일반 능력인 것과는 별개로, 그것은 수년 동안 신중하게 계획된 연습을 꾸준히 해서 얻어지는 기술이다.

지금까지 우리는 위대한 성과자들이 신중하게 계획된 연습을 구조화하여 더 많이 인식하고, 더 많이 알고, 더 많이 기억하는 능력을 어떻게 개발하는지 보았다. 또한 이런 능력들이 뛰어난 성과에 얼마나 결정적인 역할을 하는지도 확인했다. 하지만 신중하게 계획된 연습이 이런 식으로만 작용하는 것은 아니다. 이 연습의 보다 인상적인 역할은 실제로 인간의 뇌와 신체의 물리적 성질을 변화시킨다는 점이다.

이런 역할이 웨이트트레이닝을 통해 근육을 키우는 것처럼 확연하게 드러나지는 않지만, 대부분의 사람들이 불가능하다고 생각하는 변화의 원인을 제공한다. 예를 들어, 장거리 달리기 선수들은 심장이 보통 사람들보다 크다. 사람들은 대개 이런 특성을 보고 하늘이 축복한 일종의 타고난 장점이라고 생각한다. 하지만 그렇지 않다.

연구 결과 이들의 심장은 몇 년 동안 집중적인 훈련을 하면서 점점 커진 것으로 밝혀졌다. 훈련을 중단하면 다시 정상 크기로 돌아온다. 운동선수는 오랜 훈련을 통해 근육 크기만 바꾸는 것이 아니라 근육의 성질(속근섬유와 지근섬유의 비율)까지 변화시킨다. 발레 무용수는 보통 사람들보다 발을 턴아웃(turn out, 발레의 기본 동작으로서 양발을 바깥쪽으로 90도 회전시켜 고관절부터 대퇴, 무릎, 발목, 발끝에 이르기까지 두 다리가 이루는 각이 180도가 되게 한 상태-옮긴이)시키는 능력이 훨씬 뛰어나다. 또한 야구의 투수는 관절이 굳기 전에 하는 다양한 연습 덕분에 보통 사람들보다 공 던지는 팔을 훨씬 멀리 뒤로 젖힐 수 있다.

신중하게 계획된 연습은 인간의 두뇌까지도 변화시킨다. 어린 아이가 악기 연습을 시작하면 두뇌가 이전과 다르게 발달한다. 즉 대뇌 피질에서 청각과 손가락을 통제하는 영역이 넓어진다. 연습이 뇌를 변화시키는 이런 효과는 나이가 어릴수록 크고 어릴 때 정점에 이르지만 거기서 멈추는 것은 아니다.

런던의 택시 운전사들은 평균 2년 동안 엄격한 훈련을 받는다. 연구 결과 이 훈련을 받은 뒤에 운전사들의 뇌에서 공간 탐색을 담당하는 영역이 넓어진 것으로 밝혀졌다. 이 변화에서 특히 중요한 것은 신경 섬유와 뉴런 주위에 미엘린(myelin)이라는 물질이 생성된다는 점이다. 신경 섬유와 뉴런은 미엘린 층이 두터울수록 더욱 활발하게 작용한다. 예를 들어, 직업 화가들의 뇌는 해당 영역에서 미엘린 생성이 더욱 활발하다.

이런 미엘린 생성 과정이 아주 느리게 일어난다는 것은 중요한 의미를 갖는다. 특정 피아노 건반을 특별한 방식으로 치는 연습을 수

없이 반복하면 손가락의 운동을 통제하는 신경 섬유 주위에 서서히 미엘린이 만들어진다. 음악이나 스포츠에서와 마찬가지로 비즈니스처럼 순수하게 지적인 분야에서도 관련 신경 섬유 주위에 미엘린이 만들어지려면 수백만 번의 반복이 필요하다. 다시 말해 미엘린 생성 과정은 신중하게 계획된 연습 과정과 정확히 일치한다. 또한 최고의 성과자가 되기 위해 오랜 기간 집중적으로 연습해야 하는 이유도 이로써 설명할 수 있다. 미엘린에 관한 연구는 아직 초기 단계다. 하지만 그것은 집중적인 연습과 뛰어난 성과 사이를 연결하는 가장 기본적인 단위의 연결 고리일 가능성이 크다.

뛰어난 성과를 이룬 대가들을 관찰해 보면 우리와 근본적으로 다른 사람들이라는 느낌을 강하게 받는다. 워런 버핏의 투자 비결을 연구하든, 파바로티Pavarotti의 음반을 듣든, 로저 페더러Roger Federer의 테니스 경기를 보든, 그들이 이루어 낸 성과는 우리와 전혀 관련이 없어 보인다. '그들은 다른 별에서 왔어.' '그들은 인간이 아니야.' '그들은 정말 대단해.' 이와 같은 식상한 표현에 기대는 것도 바로 그 때문이다.

대부분의 사람들이 보이는 이런 자연스러운 반응은 어떤 의미에서는 옳다. 실제로 그들의 몸과 뇌가 근본적으로 우리와 다르기 때문이다. 뿐만 아니라 정보를 인식하고 조직하고 기억하는 능력도 우리와 상당히 다르다. 하지만 위대한 성과자들의 뛰어난 본성이 영원한 수수께끼라거나 운명이라고 생각하는 것은 잘못이다.

사실 현재 우리의 능력에서 뛰어난 성과자들의 수준으로 발돋움하는 길이 있다. 그 길은 상당히 길고 험하다. 따라서 목적지에 도달하는 사람도 소수에 불과하다. 하지만 이 여정은 언제나 유익하다. 그 출발점은 신중하게 계획된 연습의 원리를 자신의 삶에 적용하는 것이다. 문제는 그것을 어떻게 적용하느냐다.

**7장**

# 실생활에 적용하기

Talent is Overrated

**기회는 많다. 새로운 방식으로 접근하기만 하면.**
세계적인 오케스트라의 공연처럼 직장에서도
위대한 성과를 거두는 것이 가능할까?

## 프랭클린의 정교한 글쓰기 연습

데이비드 흄David Hume을 비롯한 많은 사람들이 벤저민 프랭클린 Benjamin Franklin을 '미국의 가장 위대한 저술가'로 꼽는다. 그렇다면 자연히 그가 어떻게 그토록 글을 잘 쓸 수 있게 되었는지 궁금해진다. 그가 자서전을 통해 밝힌 비결은 우리 대부분이 학창 시절에 읽어서 알고 있다. 하지만 지금까지 알게 된 사실에 비추어 보았을 때, 그의 이야기에는 생각보다 우리에게 중요하고 교훈적인 몇 가지 요소가 있다.

10대 때 프랭클린은 스스로 글을 잘 쓴다고 생각했던 것 같다. 그런데 어느 날 그의 아버지가 프랭클린이 여성의 교육에 관해 존 콜린스John Collins라는 친구와 주고받은 편지를 발견했다. 콜린스가 편지에서 밝힌 논점은 날 때부터 여성이 남성보다 학습 능력이 떨어진다는 것이었고, 프랭클린은 그렇지 않다고 생각했다. 그의 아버지는 먼저 아들의 편지가 철자법과 구두법 면에서 콜린스의 편지보다 훌륭하다고 칭찬했다. 그런 다음 보완할 부분을 지적하고 그 이유를 설명했다. 나중에 프랭클린은 이렇게 회상했다. "몇 가지 예에서 확인할 수 있듯 콜린스는 우아한 표현이나 조리 있게 풀어내는 글솜

씨, 명료함 면에서 나보다 뛰어났다." 여기서 한 가지 기억할 점은 프랭클린의 아버지가 아들에게 조언한 방법, 다시 말해 일단 칭찬을 한 다음 실제 근거를 들어 비판하는 방법이다.

프랭클린은 아버지의 지적에 자극을 받아 몇 가지 해결책을 실행에 옮겼다. 일단 그는 조지프 애디슨$^{Joseph\ Addison}$과 리처드 스틸$^{Richard\ Steel}$이 일간지 형식으로 발행한 문예비평지『스펙테이터$^{Spectator}$』에서 본으로 삼을 만한 뛰어난 산문들을 골랐다. 여기까지는 우리 중 누구라도 보일 법한 반응이다. 하지만 그는 보통 사람들이 생각지도 못할 계획에 착수했다.

먼저 프랭클린은 자신이 고른 글을 읽고 각 문장의 의미를 자기가 이해한 대로 기록했다. 그러곤 며칠 뒤에 그 기록을 보고 각 문장의 의미를 자기 문장으로 바꿔서 표현했다. 한 편의 글이 완성되면 자기가 쓴 글을 원래 글과 비교해 가며 "실수를 찾아내 고쳐 쓰기를 반복"했다.

프랭클린이 발견한 자신의 약점 중 하나는 빈약한 어휘력이었다. 이 약점을 발견한 뒤에는 어떻게 했을까? 그는 전하고자 하는 의미를 리듬과 운율에 맞게 다양한 방식으로 표현해야 하는 시 창작이 어휘력 향상에 큰 도움이 될 것이라고 판단했다. 그래서 그는『스펙테이터』에 실린 산문을 시로 바꿔 쓰는 연습을 시작했다. 완성된 시가 기억에서 잊힐 때쯤 되면 이번에도 다시 자기가 쓴 시와 원래 산문을 비교했다.

프랭클린은 훌륭한 글의 핵심이 글의 구성임을 깨닫고 구성 능력을 향상시킬 방법을 생각해 냈다. 우선 그는 앞서처럼 각 문장의 의미를 간단히 기록했는데, 이번에는 낱장의 종이에 따로 작성했다.

그런 다음 그 종이들을 아무렇게나 섞어 글의 내용이 생각나지 않을 때까지 몇 주 동안 한쪽에 밀쳐놓았다. 때가 됐다 싶으면 새로운 글을 쓴다는 기분으로 그 종이들을 원래대로 배열했다. 여기서도 이 작업이 끝나면 원래 글과 비교하여 "많은 실수를 찾아내 바로잡았다."

여기서 우리가 주목할 것은 프랭클린의 훈련 방식이 훌륭하게 계획된 연습 원리와 여러 면에서 부합한다는 점이다. 프랭클린에게는 그를 이끌어 주는 스승이 없었지만 대신 아버지가 그 역할을 했다. 그리고 그는 자신의 능력 범위를 넘어선 글을 찾아내 사실상 그 글들을 스승으로 삼은 것이나 다름없다. 아마 더 나은 스승을 찾기는 힘들었을 것이다. 『스펙테이터』에 실린 글들은 프랭클린이 쓰고자 하는 매력적이고 시사적이며 혁신적인 글쓰기의 전형이었기 때문이다. 더욱이 그 문예지는 첫 발행 이후 거의 200년 동안이나 사람들 사이에 큰 인기를 누렸다. 프랭클린은 자기 글에서 부족한 부분을 찾고 그 개선 방안을 모색했는데, 이것이 바로 신중하게 계획된 연습의 핵심이다.

확실히 프랭클린은 더 뛰어난 저술가가 되기 위해 편하게 앉아서 글 쓰는 방법을 택하지 않았다. 대신 최고 수준의 운동선수나 음악가처럼 반드시 향상시켜야 할 구체적인 약점을 찾아내 수없이 연습을 되풀이했다. 우선 그는 계획된 연습 원리와 정확하게 일치하는 방식으로 문장 구조를 공략했다. 『스펙테이터』에 실린 글의 문장을 하나하나 요약하고 고쳐 쓰는 일은 그가 자신의 목적을 달성하기 위해 독창적으로 설계한 방법이다. 그는 방대한 양의 문장을 가지고 이 지루한 과정을 수없이 반복했고, 원래 문장과 비교하여 곧바로 피드백을 받았다. 어휘력을 늘리겠다고 결심하고 '시로 바꿔 쓰기'라는 기발한 연습 방안도 설계했다. 그리고 그 시를 다시 산문으로 고쳐 쓰면서 문장 구조 연습도 계속했다는 점에 주목해야 한다. 그의 세 번째 과제였던 '구성' 연습 역시 끝없는 반복을 통해 구체적인 기술을 향상시킬 수 있도록 매우 정교하게 설계되었다.

더 나은 글쓰기를 위해 프랭클린이 찾은 방법 중에서 주의 깊게 살펴봐야 할 중요한 특징이 또 하나 있다. 자기가 계획한 연습을 매우 진지한 태도로 열심히 했다는 점이다. 요즘 사람들은 이런 프랭클린의 이야기에서 뛰어난 연습 방식이 아니라 그 연습을 해낸 끈기와 노력에 놀란다. 겉에서 보기에는 실로 엄청난 작업 같기 때문이다. 이론적으로는 누구라도 그 과정을 따라할 수 있다. 그리고 따라서 하기만 한다면 매우 큰 효과를 볼 것이다. 하지만 글쓰기 공부를 하는 학생을 포함해 실제로 그렇게 하는 사람은 아무도 없다. 프랭클린은 학생이 아니었다. 당시 그는 형이 운영하는 인쇄소에서 개인적인 시간을 거의 쓸 수 없을 정도로 힘들고 바쁘게 일했다. 그는 아침에 출근하기 전과 퇴근 후 저녁 시간, 그리고 일요일에 "인쇄소에 혼자 있는 짬을 이용해" 이런 연습을 했다. 청교도 집안에서 자란 그는 주일에는 교회에 가야 했지만, 그의 표현대로 하자면 "시간 낭비로 보였기 때문에 갈 수 없었다."

프랭클린의 세부적인 연습 방식은 두 가지 점에서 주목할 만하다. 첫째, 그의 방식은 신중하게 계획된 연습의 효과를 가장 확실히 보여 주는 사례다. 프랭클린은 자신이 설계한 연습을 통해 당대에 가장 감명 깊고 영향력 있는 글을 쓰는 저술가가 되었다. 둘째, 이상과는 거리가 먼 우리 현실의 삶―오늘날 대부분의 사람들이 몸담고 있는 직장이나 그 밖의 조직 생활—에 연습의 원리를 적용하고자 하는 이들에게 영감을 준다.

앞에서 우리는 대부분의 기업 환경이 구조화된 연습 원리와 얼마나 조화를 이루지 못하는지 살펴보았다. 하지만 세계 최고 수준의 많은 기업들조차 이 원리를 활용하지 않는다는 점을 생각하면 더욱더 의아하다. 우리는 스포츠 우승 팀의 경기나 세계적 수준의 오케스트라 또는 극단이 펼치는 공연에는 경외심을 품지만, 직장에서 어떤 개인의 성과를 보고 그런 경외심이 생겨 그것을 연구하고 배워서 따라잡고 싶은 마음이 드는 경우는 아주 드물다. 미국 육군은 연습의 원리를 연구하고 채택하여 훨씬 효율적인 조직으로 거듭났으며, 해당 분야에서 가장 중요한 몇 가지 연구를 지원하기 위해 기금을 마련하기도 했다. 하지만 수많은 교육기관과 비영리조직뿐 아니라 대부분의 기업들은 뛰어난 성과를 위한 기반을 만드는 일의 중요성을 제대로 인식하지 못하거나 아예 무시해 버리기 일쑤다.

물론 전부 다 그렇지는 않지만, 이것이 대다수 조직들의 현실이다. 다음 장에서는 몇몇 조직들이 어떻게 이 원리를 거꾸로 적용하면서 심하게 역효과를 내는지 살펴볼 것이다. 하지만 그에 앞서 각 개인들이 벤저민 프랭클린처럼 더 나은 성과를 얻기 위해 스스로 할 수 있는 일은 어떤 것들이 있는지 알아보기로 하자.

## 목표를 정하고 각 단계를 설정하라

가장 먼저 할 일은 자기가 원하는 것이 무엇인지 분명히 깨닫는 일이다. 여기서 핵심은 '무엇'이 아니라 '깨닫기'이다. 뛰어난 성과를 달성하기까지는 아주 오랜 시간이 걸리고 많은 희생이 따른다. 따라서 거기에 전념하지 않고 무언가 이루어지기를 바랄 수는 없다. 당신이 무엇을 원하는지 분명하게 파악하라. 두루뭉술한 추측이나 하고 싶다는 생각만으로는 소용없다. 어떤 목표에 전념하게 하는 원동력이 무엇인지는 마지막 장에서 자세히 다룰 것이다. 지금은 일단 당신이 원하는 목표를 결정했다고 가정하고 이야기를 풀어가도록 하자.

그다음 해결할 문제는 다음에 이어질 각 단계를 설정하는 것이다. 이미 그런 단계들이 꽤 분명하게 알려진 분야도 있다. 예를 들어, 피아노 연주를 하고 싶다면 수많은 피아노 교사들이 여러 세대를 거쳐 검증해 놓은 기술들을 익히고 수준에 맞는 연습곡들을 훈련하면 된다. 체계가 확실히 잡혀 있는 전문 분야도 마찬가지다. 적어도 회계사, 변호사, 의사의 길로 가는 초기 단계는 그 기틀이 잘 닦여 있다. 물론 길잡이가 되어 줄 교사도 충분하다.

하지만 대다수 직종에는 향상 단계에 맞게 설계된 공식 교과과정이 없고, 어떤 자료를 읽고 통달해야 하는지도 정해져 있지 않다. 어떤 기술과 능력을 어떤 방식으로 개발할 것인지 결정하는 것은 전적으로 본인의 몫이다. 그러나 우리 대부분은 스스로 그것을 결정할 만한 자격이 없다. 따라서 누군가의 도움이 반드시 필요하다.

이런 관점에서 우리는 멘토를 새로운 방식으로 정의할 수 있다. 멘토는 단지 우리의 길잡이가 되어 줄 현명한 사람일 뿐 아니라, 지금 우리가 하고자 하는 분야에서 다년간 경력을 쌓은 고수들로서 다음 단계에서 익혀야 할 기술과 능력에 대해 조언하고, 현재 성과에 대해 피드백해 줄 수 있는 사람들이다. 어쨌든 이것이 이상적인 멘토의 정의다. 이런 사람을 찾기가 쉽지는 않지만, 일반적 원리를 충실히 따르는 일은 언제든 가능하다. 어떤 연습이든 타인의 관점에서 당신이 현재 어느 정도 수준이고 어떤 부분을 향상시켜야 하는지 조언을 듣는 것은 굉장히 값진 일이다.

지금보다 뛰어난 성과를 얻기 위해 선택할 수 있는 기술과 능력은 무궁무진하다. 하지만 그 기술과 능력을 연습하는 방식은 두 가지 범주로 나뉜다. 음악가가 실제 공연에 올릴 작품을 직접 연습할 때와 같은 직접적인 방식과 목표로 하는 일의 일부를 부분적으로 연습하는 간접적인 방식이다.

## 직접적인 연습 방식

연설을 제외한 대부분의 일은 직접 연습하기가 상당히 힘들다. 하지만 사실 그 가능성의 폭은 생각보다 넓다. 우리는 이 가능성을 다음 세 가지 범주로 나누어 생각해 볼 수 있다.

### 음악 모델

일반적으로 음악가는 자기가 연주하게 될 곡을 알고 있다. 곡은 이미 완성돼 있다. 결국 위대한 음악가와 그렇지 못한 사람들의 차이는 그 곡을 얼마나 멋지게 연주하는가에 달렸다. 비즈니스에도 이와 비슷한 상황이 많다. 대표적인 예가 공개석상에서의 프레젠테이션이다. 이것은 직장 생활의 일부분이자 연습이 필요한 활동이다. 하지만 어떻게 해야 잘할 수 있을까? 프레젠테이션은 사업상 매우 중요한 경우가 많다. 예를 들어, 월 스트리트의 분석가들이나 이사회, 회사의 상사, 의회, 심지어 동료 앞에서 하는 프레젠테이션은 발표자와 그가 속한 조직에 엄청난 결과를 초래할 수 있다. 그러나 대부분의 사람들은 단 몇 번의 연습으로 이런 중대사의 준비를 끝내고 만다.

　프레젠테이션을 실전에서 훨씬 성공적으로 해내려면 어떤 연습이 필요할까? 가장 먼저 할 일은 준비한 발표문을 분석하고 각 부분마다 가장 강력하게 전달해야 할 핵심 인상, 예를 들어 열정이나 논리적 필연성, 유대감, 유머 등을 결정하는 것이다. 그다음은 각 부분을 반복적으로 연습하되 조언자나 녹화 비디오를 통해 지속적으로 피드백을 받으면서 정해 놓은 핵심 인상을 더욱 효과적으로 표현할 수 있도록 노력한다. 유튜브(YouTube)가 보편화된 요즘은 자기가 구상하는 것과 비슷한 유형의 프레젠테이션 영상을 구하기가 어렵지 않다. 자료를 구했다면 자료 속 발표자가 핵심 인상을 어떻게 전달하는지에 초점을 맞추어 자료를 분석하고 부족한 부분을 따라 배운다.

　이 방법이 당신이 과거에 보았던 다른 프레젠테이션 발표자의 방법보다 효과적일까? 아마 그럴 것이다. 하지만 이것이 위대한 성과자들의 연습 과정과 정확히 일치하는 것은 아니다.

　이밖에 비즈니스에서 다른 중요한 일들도 이와 비슷한 방식으로 연습할 수 있다. 대부분의 관리자들이 가장 힘들어 하는 업무 중 하나는 직속부하에 대한 직무평가다. 이런 일도 음악 모델로 연습할 수 있다. 당신은 직속부하에게 전달할 내용을 알고 있다. 관건은 그것을 얼마나 효과적으로 전달하느냐다. 일단 전달할 내용을 몇 부분으로 나눈다. 그런 다음 각 부분에서 전달할 내용을 분석하고 조언자나 비디오를 통해 즉각적으로 피드백을 받으면서 연습을 반복한다. 면접도 같은 방식으로 연습할 수 있다. 실전에서 어떤 질문을 받을지에 상관없이 당신은 이미 상대방에게 전달하고자 하는 핵심 메시지를 알고 있기 때문이다.

여기서 우리는 프레젠테이션이나 발표문 작성법에 대해서는 다루지 않았다. 하지만 그런 글 역시 준비하는 사람이 해내야 하는 일이며, 따라서 글쓰기도 음악 모델에 포함된다고 할 수 있다. 자기 주장을 솔직하게 전달하는 글의 경우 앞에서 설명한 벤저민 프랭클린의 방식이 도움이 된다. 물론 우리는 『스펙테이터』의 글을 모방하는 대신 주주들에게 보내는 멋진 편지, 광고, 블로그 등에서 본으로 삼을 만한 적절한 글들을 선택해야 한다. 말로 설명을 곁들여야 하는 프레젠테이션을 준비할 때도 프랭클린식 접근법이 유용하다. 우선 훌륭하다고 생각하는 프레젠테이션 영상을 보고 각 부분의 요점을 기록한다. 내용을 거의 다 잊어버렸을 때쯤 요점을 기록한 노트를 보고 자기만의 방식으로 표현해 본다. 전체 내용이 완성되면 연습을 한 뒤 그 장면을 녹화해서 본으로 삼은 프레젠테이션과 비교해 보라.

## 체스 모델

체스 고수들은 고수들끼리 펼친 실전 경기를 참고하여 포지션을 연구하고 오프닝, 종반전, 공격, 수비 등 세부적인 분류 항목들을 정해 주제별로 정리한다. 시중에 체스 포지션에 관해 나와 있는 책만도 수천 권에 달한다. 이들을 참고해 먼저 체스 포지션을 연구한 다음 특정 위치에서 당신이 생각하는 적절한 말의 움직임과 체스 고수의 수를 비교한다. 당신이 선택한 수가 고수의 수와 다르면, 그 이유가 무엇이고 어느 수가 더 뛰어난지 판단한다.

다른 유형의 연습이기는 해도 여기에는 신중하게 계획된 연습에 필요한 요건이 모두 들어 있다. 이 방식은 체스에서 가장 핵심적인 능력, 이 경우 '행마법'을 연습할 수 있도록 설계되었다. 또한 수없이 반복해서 연습할 수 있고, 곧바로 피드백을 받을 수 있다. 직장에서의 다양한 업무도 이와 비슷한 접근법을 통해 성과를 향상시킬 수 있다.

사실 체스 모델은 '사례 연구법'이라는 이름으로 80년 동안 비즈니스 교육 분야에서 널리 활용되었다. 하버드 경영대학원에서 최초로 도입한 사례 연구법은 체스 연습과 거의 흡사하다. 먼저 사례를 제시하고 해결책을 찾는 연습을 하는 방식이다. 현실에서도 늘 그렇듯 당신의 선택과 사례 주인공의 선택 중 어느 쪽이 더 나은 해결책인지는 분명하지 않을 때가 많다. 하지만 문제에 초점을 맞춰 제시된 해결책을 평가하는 연습은 이루 말할 수 없이 유익하다. 세계 각지의 수백 개 대학에서 사례 연구법을 활용해 온 이유도 이 때문이다.

이 접근법의 최대 강점 중 하나는 계획된 연습의 원리에 따라 실력 향상이 필요한 특정 기술에만 집중할 수 있다는 점이다. 예를 들어, 당신이 몇 년 동안 해외 마케팅 업무를 해 오면서 중국에 상품을 내다 팔 기회를 한두 번밖에 얻지 못했다면, 그 방면에 기술이 부족한 셈이다. 이런 사례 분석은 아주 짧은 시간 동안에도 수십 건은 할 수 있다. 실제로 제품 마케팅을 하는 것과는 다르지만, 비슷한 사례를 반복적으로 집중해서 연구해 본 적 없는 사람보다는 훨씬 앞서 갈 수 있다.

이 모델을 적용하는 한 가지 방법은 사례 연구법을 활용하는 경영학 수업을 청강하는 것이다. 각 사례에 따라 최선의 대응책이 늘 분명한 것은 아니기 때문에 다른 학생들의 의견, 특히 관련 주제로 논문이나 책을 집필한 교수의 의견은 매우 소중한 자료가 된다. 보통 그런 수업에서는 학생들에게 굉장히 많은 사례를 소개한다. 하버드 경영대학원 학생들의 경우 2년 동안 500건 이상의 사례로 공부한다.

수업을 들을 여건이 안 되는 사람들에게는 다른 방법이 있다. 세계 각지의 유명 경영대학원에서 자료로 쓰는 사례집을 활용하는 것이다. 초보자라 해도 온라인으로 사례집을 구입해 혼자 공부할 수 있다. 좀 더 일반적으로 말하자면, 체스 모델의 연습을 통해 단련되는 의식은 기사를 읽는 방식이나 관련 산업 또는 직장 내의 상황을 보는 시각을 변화시킨다. 체스 모델의 핵심은 '당신이라면 어떻게 할 것인가?'라는 질문이다. 신문 기사를 읽거나 관련 산업 분야에서 신제품이 출시될 때마다 당신은 이 질문을 던져 볼 수 있다. 유가 상승, 애플(Apple)의 아이폰 출시 같은 기사를 눈으로만 읽지 말고, 관련 산업이나 진출하려는 사업 분야에 어떤 영향을 미칠지 생각해 보고 '당신이라면 어떻게 할 것인가?'라는 질문에 답해 보라. 이 답을 기억하지 못하면 비슷한 상황이 발생했을 때 적절한 피드백을 받을 수 없다. 알다시피 피드백은 효과적인 연습에 매우 중요한 요소다. 사람들은 과거에 자기가 했던 생각을 잘못 기억하는 경향이 있다. 실제 결론에 비추어 과거의 기억을 입맛에 맞게 조정하는 것이다. 하지만 기록에서 도망칠 방법은 없다. 자신의 선택을 실제 사례 주인공의 선택과 비교하는 것만이 이 연습을 통해 참된 교훈을 얻을 수 있는 유일한 방법이다. 그렇게 얻은 교훈이 나중에 어떤 결정적인 역할을 할지 누가 알겠는가.

### 스포츠 모델

최고 운동선수들의 연습 방식은 크게 두 가지로 구분할 수 있다. 하나는 해당 스포츠에서 가장 유용한 능력과 힘을 키우는 컨디셔닝 운동이다. 미식축구의 라인맨들은 폭발적인 힘을 발휘하기 위해 다리 근육을 단련시킨다. 테니스 선수들은 한 번에 세 시간가량의 경기를 소화해야 하기 때문에 지구력 훈련을 한다. 또 하나의 연습 방식은 야구의 타격, 미식축구의 공 던지기, 모래 밖으로 골프공 쳐 내기 등 해당 스포츠에서 결정적 역할을 하는 특정 기술을 익히는 것이다. 이런 기술들의 공통점은 실전에서 써먹는 상황이 매번 달라진다는 점이다. 바로 이 특징 때문에 스포츠 모델이 음악 모델과 구분된다. 피아노 연주자가 연주하려고 하는 베토벤의 〈월광 소나타〉는 항상 그대로지만, 쿼터백이 동일한 상황에서 패스를 하는 경우는 없다.

스포츠 모델을 비즈니스에 적용하는 방법은 무엇일까? 비즈니스를 컨디셔닝 운동과 연관시켜 생각해 보기 전에, 우선 당신의 업무에서 신체적으로 힘을 써야 하는 부분이 전혀 없다고 가정하자. 정보와 서비스를 기반으로 하는 업무에서 컨디셔닝 운동이란 당신이 이미 갖추고 있을 가능성이 높은 기본적인 인지 기술, 즉 금융업이라면 수학이나 회계에 관한 기본 지식, 공학 분야라면 과학에 관한 기본 지식, 편집 분야라면 고등학교나 대학교에서 배운 지식을 더욱 강화하는 것을 의미한다. 대개 이런 기술은 고등학교나 대학에서 가르치기 때문에 이 연습이 별로 도움이 되지 않는다고 생각하기 쉽다. 하지만 신체적 힘과 마찬가지로, 이런 기술의 힘도 가만히 방치하면 시간이 지날수록 약해진다.

이런 맥락에서 컨디셔닝 운동은 다양한 형태를 취한다. 그중 하나는 예전에 봤던 교재나 관련 분야 입문서를 통해 업무의 기본적인 기술들을 다시 살펴봄으로써, 이미 가지고 있는 기술들을 보다 쉽고 빠르고 정확하게 활용할 수 있도록 단련하는 것이다. 예를 들어, 투자업계 종사자라면 경력 기간에 상관없이 그 분야에 첫 발을 내디딜 때 분명히 읽어 봤을 벤저민 그레이엄Benjamin Graham과 데이비드 도드David Dodd의 『증권 분석Security Analysis』을 다시 읽는 것이 도움이 된다. 그러면 틀림없이 오래전에 잊어버린 중요한 내용을 되새기게 될 것이다. 작가나 편집자에게는 헨리 왓슨 파울러Henry Watson Fowler의 『근대 영어 용례Modern English Usage』와 시어도어 스트렁크Theodore Strunk와 화이트E.B. White의 『문체의 요소The Elements of Style』가 『증권 분석』과 같은 역할을 한다. 라인배커(미식축구에서 가장 뒤쪽에 자리한 수비 포지션-옮긴이)가 레그프레스(legpress) 운동으로 기초 체력을 다지듯이, 모든 분야에는 연구하는 만큼 보상이 뒤따르는 고전 입문서들이 있다. 차이점이라면 모든 라인배커가 고등학교 때부터 NFL에 진출한 이후까지 꾸준히 레그프레스 운동을 하는 반면, 놀랍게도 비즈니스에서는 모든 업무의 기본이 되는 컨디셔닝 연습을 하는 사람이 거의 없다는 사실이다.

또한 컨디셔닝 운동은 새로운 재료로도 할 수 있다. 클릭 한 번으로 끝나는 컴퓨터가 있다 해도 종이와 펜을 들고 재무제표를 분석하

라. 가치를 중심으로 주식을 분석하라. 펜을 들고 잡지 기사를 편집하라. 이것은 새로운 기술을 익히는 것이 아니다. 이미 갖춘 모든 기술을 활용하는 힘을 기르는 것이다.

두 번째 유형인 특정 기술 개발은 목표가 명확하게 정해진 모의훈련을 바탕으로 한다. 이 연습은 혼자 해야 하는 문제가 있지만 비즈니스에 광범위하게 적용할 수 있다. 운동선수들은 특정 기술 연습으로 많은 시간을 보낸다. 이때의 특정 기술은 완성된 곡을 연주하는 것이나 야구공 던지기, 또는 테니스에서 서브 넣기처럼 어디까지나 본인이 하기 나름인 기술과는 다르다. 특정 기술들은 다음과 같은 두 가지 특성 중 하나 또는 두 가지 모두를 나타내기 때문에 약간 어렵다.

첫 번째 특성은 예기치 못한 상대방의 행동에 빠르게 대처해야 한다는 점이다. 예를 들어, 야구에서 투수가 던진 공을 받아치거나 테니스에서 상대가 서브 넣은 공을 받아치는 것이 여기에 해당한다. 두 번째 특성은 이런 기술들이 유동적이면서 역동적이라는 점이다. 예를 들어, 미식축구에서 패스를 받는 선수는 쿼터백이 공을 던지는 순간 팔을 벌리지 않고 공이 도착하는 순간에 벌린다.

상대의 돌발 행동, 빠른 대응, 역동적 상황. 이 얼마나 비즈니스의 생리와 흡사한가. 이런 상황을 혼자 연습하는 데는 어려움이 따른다. 상황의 특성상 언제나 다른 사람들이 개입되어 있기 때문이다. 예를 들어, 주위에 판매 전화나 협상 연습을 도와줄 사람이 있다면 다음의 원리를 꼭 기억하기 바란다. '당신의 성과에서 특정한 면을 향상시키고자 한다면, 수없이 반복하여 연습하고 곧바로 피드백을 받아라.' 하지만 도와줄 사람이 없다면 요즘 빠르게 성장하는 경영

모의 체험 시장을 적극 활용하라. 이것으로 얼마나 많은 체험을 할 수 있는지 알면 꽤 놀랄 것이다. 인터넷 상에서 마케팅, 주식 거래, 협상, 기업 전략 수립, 그 밖에 수준별로 정교하게 세분화된 다양한 훈련에 관한 모의 게임을 다운로드 받거나 직접 해볼 수도 있다.

## 직장에서 연습하기

비즈니스 기술을 직접 연습할 기회는 생각보다 훨씬 많다. 하지만 이런 직접적인 기회만 기회는 아니다. 각자가 비즈니스 기술을 연습하는 방법은 다를 것이며, 업무 자체에서 그 방법을 찾을 수 있다. 상사와 당신의 성과급 목표에 관해 대화를 하면서 "잠깐만요. 그 점에 대해서는 다섯 번만 더 논의해 보죠."라고 말할 수는 없다. 하지만 이런 상황에서도 성과 향상을 위한 다른 시도는 할 수 있다. 그리고 그 시도는 모두 당신의 머릿속에서 이루어진다.

 학자들은 이것을 자기 조절(self-regulation)이라고 부른다. 여기에는 수많은 행위들이 포함된다. 그중 몇 가지가 우리의 논의 주제와 밀접한 관련이 있다. 뉴욕 시립대학 교수 배리 짐머맨Barry J. Zimmerman과 그의 동료들이 자기 조절 행위에 대해 광범위하게 연구한 결과 "신중하게 계획된 연습의 특성들이……자기 조절의 핵심 구성요소인 것으로 밝혀졌다." 효과적인 자기 조절은 당신이 어떤 일을 하기 전, 하는 도중, 그리고 끝난 후에 하는 것이다.

## 사전 작업

자기 조절의 시작은 목표 설정이다. 목표라고 해서 거창한 인생 목표를 말하는 것이 아니라 단지 그날 할 일을 정하는 식의 당면 과제를 말한다. 연구 결과 실적이 가장 저조한 사람들은 전혀 목표를 세우지 않고 하던 일을 그대로 답습하는 것으로 나타났다. 중간 정도의 사람들은 '주문을 따 내자' '수익을 내자' '새 프로젝트를 제안하자' 같은 일반적이고 단순한 목표를 세웠다. 최고의 성과자들은 결과에 초점을 맞춘 목표가 아니라 과정에 초점을 맞춘 목표를 세운다. 예를 들어, 단순히 주문을 따 내겠다는 목표 대신 고객들이 겉으로 드러내지 않는 필요(needs)를 알아내는 어려운 과업을 목표로 삼았다.

이것은 신중하게 계획된 연습의 첫 단계와 아주 흡사하다. 하지만 정확하게 일치하지는 않는다. 일단 여기서는 연습을 설계하지 않는 대신 그날 할 일을 정한다. 하지만 최고의 성과자들은 그런 목표를 실행할 때 마치 피아노 연주자가 특정 소절을 집중해서 연습하듯이 어떤 특정 요소를 향상시키는 데 집중한다.

목표 설정 다음에는 목표 달성 방법을 구상한다. 이 단계에서도 최고의 성과자들은 기술에 초점을 맞춰 가장 명확한 계획을 세웠다. 어느 하나 대충 넘어가지 않고 모든 세부 사항을 계획했다. 따라서 이들의 목표가 소비자들이 드러내지 않는 필요를 알아내는 것이었다면, 당면 계획은 소비자들의 목소리에 귀를 기울여 단서가 될 만한 단어를 찾아내거나 적절한 질문을 통해 소비자가 자연스럽게 이야기하도록 유도하는 것이 될 수 있다.

사전 작업에서 중요한 것은 태도와 신념이다. 뚜렷한 목표 달성을 위해 하루하루 해야 할 일을 계획하기는 힘들다고 생각할지 모른다. 사실 그렇다. 그리고 이것을 꾸준히 해내려면 강력한 동기부여가 뒷받침되어야 한다. 그런 동기부여는 어디서 오는 것일까? 최고의 성과자들은 자기 실행 능력에 대한 자신감, 즉 학자들이 자아 효능감(SELF-EFFICACY)이라고 부르는 강한 신념을 바탕으로 그런 일을 해낸다. 또한 자기가 한 일에 반드시 보상이 따를 것이라고 확신한다.

## 일하는 도중

최고의 성과자들이 업무를 보는 동안 사용하는 가장 핵심적인 자기 조절 기술은 자기 관찰(self-observation)이다. 예를 들어, 평범한 마라톤 선수들은 경기 중에 달리기가 아닌 다른 일을 생각하는 경향이 있다. 너무 고통스러워서 생각을 다른 데로 돌리려고 하기 때문이다. 반대로 최상위 선수들은 무시무시할 정도로 자기 자신에게 집중한다. 특히 호흡과 발걸음을 세면서 일정 비율을 유지한다.

정신노동에도 같은 원리가 적용된다. 최고의 성과자들은 최고의 마라톤 선수들처럼 자기 자신을 치밀하게 관찰한다. 그들은 사실상 외부 관찰자처럼 자기 마음속에서 일어나는 일들을 감시하고 그 안에서 일어나는 일들에 대해 스스로에게 질문을 던진다. 즉 학자들이 상위인지(metacognition)라고 부르는 이 능력은 자신이 무엇을 아는지 파악하고 자기 생각에 대해서 말한다. 이들은 다른 사람들보다 훨씬 더 체계적으로, 그리고 일상적으로 상위인지를 한다.

상위인지가 중요한 이유는 그것이 끝까지 유지될 때 상황을 변화시키기도 하기 때문이다. 즉 상위인지는 변화무쌍한 환경에 적응하는 데 상당히 중요한 역할을 한다. 어떤 거래 협상에서 소비자가 예상치 못한 문제를 제기했을 때, 뛰어난 사업가라면 잠깐 생각을 멈추고 마치 몸에서 분리된 것처럼 자신의 정신 과정을 객관적으로 관찰하면서 이런 질문을 던질 것이다. '내가 저 사람의 의도를 제대로 파악하고 있나?' '화가 나는가?' '감정적으로 대처하고 있지는 않은가?' '전략을 바꿔야 할까?' '그렇다면 어떤 전략을 세워야 할까?'

또한 상위인지는 그것을 발휘하는 사람으로 하여금 서서히 전개되는 상황에서 연습 기회를 발견하게 해 준다. 이들은 아마 자기 생각을 관찰하면서 이렇게 자문할 것이다. '이런 상황에는 어떤 능력이 필요한가?' '그 능력은 어떤 식으로 도움이 되는가?' '나 자신을 좀 더 밀어붙일 수 있는가?' '그러려면 어떻게 해야 하는가?' 이처럼 상위인지 능력은 어떤 일을 하는 동시에 그 일을 연습할 수 있게 해 준다.

### 사후 작업

결과에 대한 피드백이 없으면 연습은 헛일이 된다. 마찬가지로 사후 평가를 하지 않으면 업무에서 발견한 연습 기회는 아무 소용없다. 그리고 이 사후 평가는 자기평가(self-evaluation) 형태일 수밖에 없다. 연습 자체가 머리로 하는 일이어서 어떤 시도를 했고 그 결과가 어땠는지는 자기밖에 모르기 때문이다.

뛰어난 성과자들이 스스로를 판단하는 방식은 보통 사람들과 다르다. 이들은 목표를 정하고 전략을 세울 때처럼 다른 사람들보다 더 구체적으로 판단한다. 평범한 사람들은 '아주 잘했어' 또는 '그 정도면 괜찮아' '엉망이잖아' 정도의 평가에 그치는 반면, 최고의 성과자들은 목표와 관련된 기준을 정해서 그에 따라 평가한다. 예를 들어, 자신의 최고 성과와 비교할 수도 있고, 현재 혹은 미래 경쟁자의 성과와 비교할 수도 있다. 아니면 해당 분야의 최고 성과와 비교할 수도 있다. 어떤 식이라도 상관없다. 신중하게 계획된 연습에서와 마찬가지로 핵심은 현재 자기 한계를 뛰어넘는 데 도움이 될 만한 비교 대상을 선택하는 것이다. 이때 너무 기준이 높으면 의지가 꺾이고 너무 낮으면 진전을 보지 못한다. 이 점을 기억하기 바란다.

스스로 충분히 분발하고 그 결과를 냉정하게 평가했다면 자기가 저지른 실수를 스스로 찾아낼 수 있다. 자기평가에서 가장 중요한 부분은 실수의 원인을 찾는 것이다. 평범한 사람들은 '상대가 운이 좋았어' '나한테는 무리였어' '난 재능이 없나 봐'라는 식으로 그 원인을 외부에서 찾는다. 반대로 최고의 성과자들은 자기 자신에게 책임을 묻는다. 이것은 결코 성격이나 태도의 차이가 아니다. 이들이 기술 향상에 초점을 맞춘 구체적인 목표와 전략을 세우고 그 방법에 대해 철저히 고민한다는 사실을 기억해 보라. 따라서 이들은 자기가 시도한 일에 실패하면 그 원인을 자기가 했던 행동에서 찾는다. 가령 한 연구 결과 골프 챔피언들이 정확히 이런 패턴을 보이는 것으로 나타났다. 이들이 자기 실수에 대해서 날씨나 골프 코스, 우연적 요소 등을 탓할 가능성은 평범한 선수들에 비해 훨씬 낮다. 대신 이들은 본인의 성과를 집요하게 물고 늘어진다.

사후 작업의 마지막 요소는 나머지 다른 요소들과 상호작용한다. 당신은 이미 팀 미팅이나 증권 거래소 업무, 분기별 예산 검토, 고객

방문 등 다양한 업무 경험을 했다. 또 어떤 목표를 달성하고 무엇을 향상시켜야 할지에 대해서도 고민했다. 하지만 업무는 평상시와 다를 바 없다. 자, 이제 당신은 어떻게 할 것인가? 당신의 경험은 완벽하지 않다. 분명 그 점이 마음에 걸릴 것이다. 이럴 때 뛰어난 성과자들은 상황에 맞게 행동 방식을 재조정한다. 반면 평범한 사람들은 그 상황을 회피한다. 당연한 반응이다. 이들은 자기가 어떤 상황에 대처하는 행동이나 그 행동이 목적 달성에 미칠 영향에 대해 명확하게 생각해 보지 않았기 때문이다. 따라서 이들은 문제가 생기면 스스로 통제할 수 없는 불확실한 외부의 힘을 탓한다. 그 결과 다음번에는 어떤 방식으로 더 잘 적응하고 대처할지에 대한 단서를 전혀 찾을 수 없다. 비슷한 상황이 반복된다 해도 이들은 또다시 그 상황을 회피할 것이다. 즉 이들에게는 성과를 향상시킬 기회가 전혀 없다는 의미다.

탁월한 성과자들은 이제 처음과 전혀 다른 과정을 거치고 있기 때문에 어떻게 그 상황에 적응할지 올바른 판단을 내릴 수 있다. 즉 이번 경험을 통해 다음번에 더 나은 성과를 올릴 수 있는 유용한 교훈을 얻었다면, 실제로 다음번에는 정말 잘 해낼 가능성이 크다. 이처럼 탁월한 성과자들이 특정 상황을 피하기보다 오히려 그것을 적극 활용해 반복 연습의 기회로 삼는다는 사실은 예상하기 어렵지 않다. 그리고 왜 그들이 사전 작업 단계에서 살펴본 특성과 태도로 업무에 임하는지 이해할 수 있다. 본질적으로 그들의 과거 경험은 명확한 목표와 전략의 시험대나 마찬가지다. 따라서 그들의 업무 접근 방식은 보다 명확하고 전략적이다. 또한 자기 성과에 대한 분석도 기준이 없고 애매한 평범한 성과자들보다 훨씬 효과적으로 이루어지기 때문에 그만큼 자기 방식의 효율성에 대한 믿음도 크다. 따라서 이런 확신은 자기강화 주기(self-reinforcing cycle)에 가속도를 붙이는 데 결정적인 동기를 제공한다.

## 지식을 넓혀라

실전에서 연습 기회를 찾는 것 이외에도 비즈니스에 종사하는 사람들이 계획된 연습의 원리를 이용해 할 수 있는 일이 한 가지 더 있다. 앞에서 우리는 관련 분야에 대한 지식이 최고의 성과를 내는 데 얼마나 중요한 역할을 하는지 확인했다. 세월이 지나 그런 지식이 저절로 쌓일 때까지 마냥 기다릴 필요는 없다. 스스로 쌓아 나가면 된다.

대부분의 직장이나 조직에서 관련 분야 특성에 관한 교육이 거의 전무하다는 사실은 참으로 믿기 힘든 현실이다. 기술자나 변호사, 회계사 등 전문 직종에 종사하는 사람들은 대개 학교에서 필요한 기술들을 배우지만, 기업, 산업, 금융, 그리고 비즈니스 관련 기술의 경우 대부분의 사람들이 시간이 지나면 언젠가 필요한 지식을 얻게 된다고 생각한다. 그리고 조직들도 대개 여기에 동의한다. 하지만 실제로는 그런 지식을 얻을 수도 있고 아닐 수도 있다. 지식의 중요성에 비추어 이런 될 대로 되라는 식의 태도로는 필요한 만큼의 지식을 절대로 쌓을 수 없다.

전문적인 지식 쌓기를 직접적인 목표로 삼는 것과 업무 경험의 부산물 정도로 여기는 것의 차이를 상상해 보라. 전문가가 되기로 결심한 사람이라면 관련 분야의 역사를 훑어보고, 현재 잘나가는 전문가들을 파악하고, 찾을 수 있는 모든 자료를 섭렵하고, 새로운 관점을 제공해 줄 만한 조직 안팎의 사람들을 만나고, 중요한 통계와 트렌드를 추적해 나가면서 지금까지 하지 않았던 모든 일들을 당장 시작할 것이다. 직업에 따라 각 단계는 달라지겠지만, 이런 사람이 머지않아 혼자 힘으로 지금보다 훨씬 많은 지식을 쌓을 수 있다는 것은 분명하다. 그리고 그렇게 쌓은 지식이 다른 이들에 비해 훨씬 커다란 이득을 안겨 주리라는 것도 확실하다.

생각보다 기회는 많다. 하버드 경영대학원 교수이자 뛰어난 기업 전략가인 마이클 포터 Michael Porter는 기업에 자문을 할 때 해당 기업과 그 관련 산업을 철저히 연구하면서 준비한다. 그는 도서관에서 20시간 정도 집중해서 자료를 파고들면 그 분야에 대해 CEO보다 훨씬 많은 것을 알게 된다고 말했다. 물론 그는 다년간의 경력을 통해 찾아야 할 자료에 대한 안목을 키워 왔기 때문에, 우리 같은 평범한 사람들이 똑같이 하려면 훨씬 오래 걸릴 수도 있다. 그렇다 하더라도 투자한 시간에 대한 보상은 충분할 것이다. 특히 고용주가 관련 산업에 대한 가장 중요한 정보를 직원들에게 교육한다면, 그런 지식을 얻음으로써 어떤 이득이 생길지 상상해 보라.

이때 기억할 것은 지식의 양을 늘리는 것이 목표가 아니라는 점이다. 지식을 쌓을 때는 관련 분야가 하나의 시스템으로서 어떻게 작동하는지 큰 그림을 그리면서 '사고 모형(mental model)'을 구축해야 한다. 이는 뛰어난 성과자들의 특성 중 하나다. 뛰어난 성과자들은 누구나 자기 분야에 대해 상당히 진보적이고 복잡하고 거대한 사고 모형을 활용한다.

이 원리는 기업 전략, 의학 기술, 정치 등 복잡하고 까다로운 모든 분야에 적용된다. 운전을 예로 들어 보자. 운전에 관한 당신의 사고 모형은 운전하는 데 불편할 정도는 아니겠지만 아마 거의 없다고 보는 것이 옳을 것이다. 보통 사람들이라도 일반적인 자동차 작동법은 파악하고 있으며, 자주 다니는 길에 대해서도 잘 안다. 유가에 대해서도 어느 정도 관심은 있다. 하지만 노련한 트럭 운전사는 그보다 훨씬 풍부한 사고 모형을 사용한다. 즉 자기가 운전하는 트럭의 모든 하위 시스템을 기계적, 수압적, 전기적 측면에서 세세하게 파악하고, 그들이 어떻게 상호작용하는지도 안다. 또한 수백 가지 경로와 특징, 가령 제한 속도, 도로 상황, 편의 시설, 제한 하중, 적재 하중 측정소, 경찰, 기름 가격 등 수많은 정보를 꿰고 있다. 무엇보다 중요한 것은 그가 이런 가변적인 정보들을 취합하여 자기에게 유리하도록 정교하게 운용하는 법을 안다는 점이다.

풍부한 사고 모형은 다음과 같은 세 가지 방식으로 위대한 성과에 기여한다.

## 지식 축적의 틀을 제공한다

앞에서 우리는 최고의 성과자들이 장기 기억력을 개발하는 방식을 보았고, 그것이 타고난 재능이 아니라 관련 분야에 대한 폭넓은 지식 덕분임을 확인했다. 사고 모형 안에 체계적으로 취합된 방대한 양의 지식은 장기 기억력의 힘을 폭발적으로 증가시킨다. 그뿐만 아니라 새로운 정보를 더 빨리 습득하고 더 깊게 파악하는 능력의 토대가 된다. 하나의 작은 정보라도 큰 그림에 포함시켜 생각할 수 있기 때문이다. 예를 들어, 평범한 회계사는 최근에 바뀐 회계 규칙에 따라 기업들이 새로운 방식으로 자산의 위험도를 산정해야 하는 상황을 47개에 이르는 항목의 일부를 수정하거나 삭제해야 하는 복잡하고 성가신 일 정도로 받아들인다. 하지만 뛰어난 회계사는 이러한 변화를 엔론(Enron) 사태 이후 보다 치밀한 위해성 평가로 향하는 거대한 흐름의 일부로 파악하고, 이로 인해 누가 이득을 보고 누가 손해를 볼지, 왜 이런 변화가 생겼는지 등을 이해한다.

## 정보를 가려내는 안목을 키워 준다

이 능력은 어떤 상황에서 새로운 요인을 만났을 때 특히 빛을 발한다. 불필요한 작업을 없애서 정신적 자원이 정말 중요한 일에 전념할 수 있게 해 주기 때문이다. 한 연구에서 기량이 가장 뛰어난 비행기 조종사들과 수습생들에게 항공관제탑 무선 통신을 들려준 뒤 기억하는 대로 그 내용을 말해 달라고 요청했다. 수습생들은 사실상 전혀 중요하지 않은 군더더기 표현들을 더 많이 기억했다. 하지만 뛰어난 조종사들은 중요한 개념어들을 더 많이 기억했다. 이들은 무선 통신 내용을 풍부한 사고 모형의 일부로서 받아들였기 때문에 중요한 부분에 더 잘 집중할 수 있었다.

## 앞을 내다보는 안목을 키워 준다

사고 모형은 어떤 분야가 하나의 시스템으로서 어떻게 작용하는가에 대한 이해라고 할 수 있다. 따라서 투입(input)의 변화가 산출

(output)에 어떤 영향을 미칠지, 즉 방금 일어난 사건이 이제 곧 일어날 사건에 어떤 영향을 미칠지 예측할 수 있다. 전문 소방관들과 초보 소방관들에게 화재 장면을 보여주고 자신이 본 것을 설명해 달라고 요청했다. 초보자들은 불꽃의 세기와 색깔 등 단편적인 사실들을 언급한 반면, 전문가들은 하나의 이야기를 재구성했다. 이들은 자신의 사고 모형을 활용해 불이 현재 상태로 번진 요인을 추론하고 앞으로 어떤 일이 일어날지 예상했다. 이런 능력은 전문가가 초보자보다 화재 진압에 더욱 철저히 준비되어 있다는 증거다.

사고 모형에는 한계가 없다. 뛰어난 성과자들은 고도의 사고 모형을 갖추고 있을 뿐 아니라 이를 끊임없이 확장하고 수정한다. 탐구만으로 모든 일을 해결할 수는 없다. 앞에서 논의했던 것처럼 사고 모형을 확장하고 수정하는 과정은 계획된 연습이나 업무 활동 와중에 일어나는 상위인지를 통해 이루어진다. 더불어 중요한 사고 모형의 형성과 확장은 끊임없는 연구와 지식 추구를 통해서도 가능하다. 이렇듯 유용한 도구를 활용하지 않는 것은 정말 어리석은 일이다.

일상생활과 업무에서 뛰어난 성과의 원리를 적용할 방법은 무수히 많다. 그리고 그것은 언제나 당신에게 이로운 결과를 안겨 줄 것이다. 목표에 도달하기까지 얼마나 많은 단계를 거치든지 그렇게 하지 않는 것보다 훨씬 좋은 성과를 거둘 수 있다. 그 이후에는 이득을 쌓아 가기만 하면 된다. 이것이 기회가 아니면 무엇이겠는가.

이 기회는 오로지 당신만을 위한 것이다. 조직에 몸담고 있는 당신의 것이다. 신중하게 계획된 연습으로 얻을 수 있는 이익을 증폭시키려면 개인뿐만 아니라 조직에도 적용해야 한다. 물론 가능한 일이다. 그리고 계획된 연습의 원리가 널리 적용되지 못하고 있다는 현실이 우리가 거머쥔 기회의 가치를 더욱 높여 준다. 여기에 대해서는 다음 장에서 논의를 이어가기로 하자.

**8장**
조직에 적용하기

Talent is Overrated

**잘하는 조직은 드물다. 따라서 빨리 시작할수록 이득이다.**

최고 기업들은 위대한 성과의 원리를
어떻게 적용했을까?

## 최고의 인재가 기업의 셀링 포인트

모든 기업이 일류가 되기를 바라는 것은 아니다. 이것이 우리의 냉엄한 현실이다. 진정으로 위대한 성과의 원리를 실천하는 기업들은 일류가 되기 위한 필수조건들이 무엇인지 단적으로 보여 준다. 단지 명맥을 유지하기 위해 발버둥치는 기업이나 위대함 같은 거창한 주제는 사치일 뿐이라고 느끼는 기업의 CEO 또는 관리자들에게, 위대한 성과의 원리는 그들이 감히 생각지도 못했던 수준으로 기업을 성장시키는 데 도움을 줄 것이다. 단, 그들이 이 원리를 적용했을 때 이야기다.

하지만 대다수의 기업은 그렇게 하지 않는다. 오늘날 경제 환경에 비추어 보았을 때 이 사실은 단순한 기회 그 이상을 의미한다. 치열한 경쟁에서 살아남고자 하는 모든 기업에 위대한 성과의 원리를 적용하는 것은 더 이상 피할 수 없는 과제가 되었다. 1장에서 우리는 오늘날의 경제가 금융자본이 아닌 인적자본을 근간으로 하는 구조로 바뀌고 있으며, 규모의 경제나 특허권 보호 같이 전통적으로 중요하게 여겨졌던 요인들보다는 조직 내부 인력의 능력이 기업의 성패를 판가름하는 결정적인 요소임을 지적했다. 그뿐만 아니라 전 세계적으로 성과의 기준이 과거 그 어느 때보다 빠르게 높아지고 있으며, 이런 현상이 점점 광범위하게 자리 잡고 있다. 더 이상 실적이 저조한 기업들이 숨을 만한 곳은 없다. 이처럼 한시바삐 기업에서 위대한 성과의 원리를 대대적으로 적용해야 할 이유는 충분하다. 그리고 그 외에도 이유는 더 있다.

바로 장래 기업의 성공 여부를 판가름할 열쇠를 쥔 새내기 직원들이다. 고용주들은 이들의 능력을 키우기 위해 적극 지원해야 한다. 이런 젊은이들은 급변하는 경제의 새로운 속성을 대다수 CEO들보다 더 빨리 이해하고 흡수하는 것처럼 보인다. 그래서인지 고용주들에게 자신들이 계속 성장할 수 있도록 지원할 것을 당당히 요구한다. 위대한 성과의 원리를 훌륭하게 적용하고 있는 캐피털 원 파이낸셜(Capital One Financial)의 선임 부회장 주디 파렌Judy Pahren은 신입 사원들이 고용주를 선택할 때 그 회사에서 지속적으로 자신의 전문성을 개발할 수 있는지의 여부를 가장 중요한 기준으로 삼는다고 말한다. 수많은 인사부서 담당자들 역시 같은 의견이다.(중요도 기준에서 급여는 3위 안에 못 든다.) 위대한 성과의 원리를 조직적으로 가장 훌륭하게 적용하고 있는 GE는 크로톤빌 연수원을 통해 장래가 촉망되는 직원들을 뛰어난 인재로 양성함으로써 새로운 환경에 대처하고 있다. GE의 CEO 제프리 이멜트는 최고의 인재들을 끌어들이는 것, 그것이야말로 강력한 '셀링 포인트(selling point)'라고 말한다.

# 위대한 성과의 원리를 적용한 기업들

기업들은 인재를 잘 키운다는 평판을 얻었을 때 오는 긍정적인 효과가 예상보다 훨씬 크다는 사실을 인식하고 있다. 그런 평판은 대학과 경영대학원에서 가장 우수한 학생들을 끌어들이는 데 있어서, 컨설팅 기업인 RBL 그룹에서 쓰는 말처럼, 이른바 '선점 이득(first-pick advantage)'을 보장해 준다. 이들 기업은 장래가 촉망되는 졸업생들을 지속적으로 끌어들여 더욱 훌륭한 인재로 키움으로써 기업의 가치를 높이고, 그로 인해 최고 인재들에게 더욱 매력적인 기업으로 거듭난다. 말하자면 해가 바뀔 때마다 그 기업을 점점 더 높은 고지에 올라서게 해 주는 선순환 구조인 것이다.

위대한 성과의 원리를 적용하는 우수한 기업군은 다음과 같은 몇 가지 주요 규칙을 따른다.

## 직원은 일만 하는 것이 아니라 능력을 키우고 성장한다는 사실을 이해한다

최고의 기업이 직원들에게 업무를 배분하는 방식은 운동 코치가 선수에게, 또는 음악 교사가 제자에게 연습할 내용을 정해 주는 방식과 매우 흡사하다. 즉 현재 능력의 범위를 넘어설 수 있도록 격려하고 가장 중요한 기술들을 단련시킨다. 제약회사 엘리릴리(Eli Lilly)의 대표 이사 존 레흐라이터 John Lechleiter는 업무 배분 방식의 기본 골격을 다음과 같이 설명했다. "인재 개발의 3분의 2는 신중한 업무 배분을 통해 이루어지고, 3분의 1은 멘토링과 코칭, 그리고 나머지 아주 작은 부분을 교육이 차지한다."

 업무 배분을 통한 인재 개발은 이론적으로 당연하게 들리지만 실제로는 그리 만만한 일이 아니다. 기업은 보통 직원들에게 연습이 필요한 업무가 아니라 이미 잘하는 업무를 맡긴다. 기업이 직원들에게 부족한 부분을 훈련할 기회를 주기 위해 과감한 재배치를 단행하지 못하는 이유는 어느 기업도 벗어날 수 없는 무자비한 경쟁 압력 때문이다. 이것이야말로 모든 기업이 더 큰 성공을 위해서 반드시 풀어야 할 숙제다.

 직원들의 경력에 위대한 성과의 원리를 성공적으로 결합시킨 기업으로는 GE가 단연 최고다. GE는 사업 분야가 광범위한 만큼 직원들에게 어느 기업보다 다양한 경험을 제공할 수 있다는 장점이 있다. GE는 세상에서 가장 완벽하고 사람들이 가장 필요로 하는 임원들을 육성하고자 그 장점의 모든 가치를 활용한다.

 GE에서 직원들에게 맡기는 유용한 업무 사례 중 하나는 펜실베이니아 주 이리(Erie)에 위치한 기관차 제조업체 GE 트랜스포테이션(GE Transportation)을 운영하는 일이다. 관리자가 그곳에서 배울 수 있는 모든 것을 생각해 보자. 고객의 입장에서 기관차 구매는 매우 큰 결정이다. 따라서 운영자─최근에는 21년 경력의 GE 직원 존 디넌John Dineen─는 고객 기업의 CEO들을 상대로 직접 거래 경험을 쌓는다. 또 이곳에는 노동조합이 결성되어 있기 때문에 노사협상에 대해서도 배운다. 이곳에서 만드는 제품은 그 공급 사슬만큼이나 복잡해서 광범위하게 적용할 수 있는 많은 지식을 배울 수 있다. 이리는 경영자가 전국 매체의 감시 없이 기업을 성장시킬 수 있을 만큼 평범하고 거리도 멀리 떨어져 있다. 만에 하나 이곳의 경영자가 실패하더라도 GE는 핵심 영역에 큰 충격 없이 문제를 처리할 수 있을 만큼 충분히 거대한 기업이다.

디넌에게 기관차 제조업체의 운영 기회를 주는 것은 GE이기에 가능한 일이다. 다른 많은 기업들은 GE의 이런 시스템을 무척 부러워한다. 디넌은 전자제품과 플라스틱 사업부 관리자였다. 두 곳 모두 훌륭한 평가를 받는 개발부서로서 한 곳은 소비재를, 다른 한 곳은 산업재를 생산한다. 그는 금융 분야에서도 2년 동안 업무 경험을 쌓은 덕택에 GE에서 아주 중요한 기술들을 익혔다. 또한 아시아에서 일선 관리자와 참모로 큰 업무를 맡았던 경험도 있다. 이보다 더 많은 경험을 하기는 힘들 것이다.

직원들이 스스로 배우고 성장할 수 있도록 다양한 업무에 배치하는 일은 최고 기업들이 인재를 키우는 핵심 방법이다. 그렇다고 이런 방식이 저절로 잘 돌아가지는 않는다. 여기에는 위에서 설명한 효과적인 연습이 뒷받침되어야 한다. 최고 기업들은 직원들이 실전에서 스스로 결정을 내리고 성과를 향상시키고자 애쓰는 경험이 그들을 성장시키는 가장 훌륭한 연습이라는 사실을 이해하고 있다. 일부 기업들은 세부적인 규칙에 따라 직원들에게 필요한 경험을 정한다. 경영진이라면 적어도 두 가지 분야 또는 두 계열사의 업무 경험이 있어야 한다는 식이다. 좀 더 비공식적이기는 하지만 그 밖의 기업들도 비슷한 원칙을 갖고 있다.

가장 힘들었던 경험이나 가장 도전적이었던 분야가 제일 유익했다고 말하는 경영인들이 많다. 프록터앤드갬블(P&G)의 CEO 래플리A.G. Lafley는 일본에 대지진이 일어나고 아시아 경제가 무너졌던 시기에 기업 내 아시아 지역의 영업을 담당했다. 그는 그때의 경험으로

'보통 때보다 위기 시에 열 배 더 많이 배운다'는 사실을 깨달았다고 말한다.

그가 위기를 경험한 것은 우연이었다. 위기는 일부러 만들어 낼 수는 없지만 위기 경험은 만들어진다. 1988년 GE에서 생산한 수백만 대의 냉장고 압축기에서 결함이 발견되어 모두 교체해야 하는 상황이 벌어졌다. 당시 CEO였던 잭 웰치는 인재 개발 담당 부사장 빌 코너티Bill Conaty와 논의 끝에 최악의 리콜 사태를 수습할 인물로 전자제품이나 리콜 경험이 전혀 없는 제프리 이멜트를 지목했다. 이멜트는 이렇게 말한다. "당시 리콜 사태는 대형 허리케인이었습니다. 하지만 웰치와 코너티는 그들이 내린 결정이 어떤 것인지 정확히 알고 있었죠. 그리고 그때 내가 그 일을 하지 않았더라면 지금 CEO 자리에 있지 못했을 것입니다."

## 업무 내에서 리더를 양성할 방법을 찾는다

우리는 어떤 분야에서든 관련 분야의 전문성이 얼마나 중요한지 보았다. 이 전문성의 가치가 비즈니스 분야에서는 더욱 높아지고 있다. 여러 일류 기업들은 직원들에게 다양한 업무 경험을 제공해야 할 필요성과 한 가지 업무에 집중하여 전문성을 높이도록 해야 할 필요성이 팽팽히 맞서는 새로운 상황에 처해 있다고 말한다. 이것은 아마 세계 경제의 글로벌화로 인해 더욱 치열해진 경쟁에서 그 원인을 찾을 수 있을 것이다. 기업들을 살펴보면 각 부서의 책임자들이 18개월에서 24개월마다 부서를 이동하는 경우가 많다. 반면 그들이 옮겨 다니는 각 부서는 언제나 경쟁으로 힘든 시간을 보낸다. 따라서 업무 이동은 자주 일어나지 않되, 새로운 과업을 부여하는 방식으로 직원들에게 성장의 기회를 주는 것이 앞으로 기업들이 풀어야 할 숙제다.

적극적으로 그 방법을 모색한 기업의 대표적인 예가 엘리릴리다. 이 기업이 생각해 낸 한 가지 해결책은 단기 과업 방식(short-term work assignment)이다. 즉 관리자에게 원래 업무를 그대로 유지하도록 하되, 이미 경험했거나 관심이 있는 분야를 제외한 다른 분야 관련 업무를 주는 것이다. 이 방식은 업무 내용이 달라지는 것이 아니라 양이 늘어나는 것이기 때문에 관리자의 부담은 커진다. 하지만 그들은 자기에게 발전의 기회가 주어졌다는 사실을 알기 때문에 크게 거부 반응을 보이지는 않는다. 엘리릴리는 이 방식이 큰 인기를 모았다고 말한다. 노키아(Nokia)에서도 같은 방식을 시도하고 있으며 비슷한 결과를 보였다.

## 리더들에게 사회 활동을 장려한다

기업 리더들의 사회 활동은 기업에도 이득이 많다. 대부분의 기업은 개인성, 올바른 시민의식, 도덕성과 같은 가치를 존중한다고 표방한다. 기업의 리더가 자선단체나 학교, 비영리조직을 이끄는 것은 위의 가치에 대한 존중을 몸소 실천하는 것이며, 이는 직원들에게도 긍정적인 영향을 미친다.

게다가 좀 더 실용적인 장점도 있다. 사회 활동에서의 리더 역할은 직원들의 업무 활동에도 큰 도움이 된다. 예를 들어, 대부분의 직원들은 기업 이사회나 주요 위원회에서 일할 기회가 거의 없다. 하지만 지역 내 비영리단체 위원회에서는 충분히 활동할 수 있다. 한편 이런 경험은 전략적 사고, 재무 분석 등 다양한 능력을 키울 멋진 기회이기도 하다. 미국 식료품 회사 제너럴밀스(General Mills)의 직원 능력 개발 계획에는 비영리단체 위원회 활동이 포함되어 있다.

### 멘토와 피드백의 중요성을 이해한다

앞에서 우리는 특정 기술 능력의 향상을 목적으로 특별히 고안된 연습을 통해 뛰어난 성과가 나오며, 그런 연습의 설계에 교사와 코치가 중요한 역할을 한다는 사실을 확인했다. 대부분의 조직에는 그런 역할을 하는 사람이 전혀 없다. 직원들은 어디에서도 현재 자신에게 가장 필요한 기술이 무엇이며, 성과를 향상시키는 최선의 방법이 무엇인지에 대한 조언을 들을 수 없다. 그러나 최고 기업들은 공식적으로 코칭 프로그램이나 멘토링 프로그램을 운영한다. 이런 기업에서는 신중한 업무 배분과 기타 대규모 프로그램들이 전반적인 인재 개발의 방향을 결정한다. 멘토는 자기가 지도를 맡은 직원에게 당장 신경 써야 할 기술에 대해 자세히 설명한다. 이런 기업들의 CEO들은 그 자리에 오른 비결을 묻는 질문에 자신을 이끌어 주고 도와준 멘토의 중요성을 언급한다. 대표적인 예로 월풀(Whirlpool)의 CEO 제프 페티그Jeff Fettig의 대답을 들어 보자. "오늘날 제가 이 자리에 있는 것은 코칭과 멘토링이 지금만큼 유행하기 전 제 사회생활 초반에 저를 도와준 몇몇 사람들의 힘이 큽니다. 그들의 조언 덕분에 발전할 수 있었으니까요."

멘토링과 떼려야 뗄 수 없는 중요한 요소가 바로 피드백이다. 우리는 앞에서 빠르고 정확하고 잦은 피드백이 성과 향상에 얼마나 중요한 역할을 하는지 충분히 살펴보았다. 하지만 대부분의 조직에서 솔직한 피드백을 듣기란 거의 불가능하다. 이런 조직에서 이루어지는 연례평가는 짧고 인위적이며 가식적인 경우가 대부분이다. 직원들은 본인의 성과를 제대로 평가받을 수 없고 따라서 발전할 가능성도 없다.

하지만 자연스럽게 솔직한 피드백이 이뤄지는 분위기를 형성하는 데 방해가 되는 것은 관습과 기업 문화뿐이다. 물론 기업 문화의 힘은 막강하다. 하지만 절대 바꿀 수 없는 것은 아니다. 솔직한 기업 문화를 원한다면 그렇게 바꿀 수 있다. 그렇게 하지 못할 이유가 없기 때문이다. 예를 들어, GE의 제프리 이멜트는 그에게 조언을 들으러 찾아오는 사람을 그냥 돌려보내는 일이 없다고 말한다.

솔직한 기업 문화를 형성하기 위해 시도할 만한 방법이 한 가지 더 있다. 바로 미 육군에서 실시하는 사후 강평(after-action review)이다. 웨스트포인트에 있는 미 육군 사관학교에서 리더십 개발 프로그램을 맡고 있는 토머스 콜디츠Thomas Kolditz 대령은 지난 20년 동안 "사후 강평이 말 그대로 미 육군을 완전히 바꿔 놓았다."고 전했다. 개념은 간단하다. 훈련이나 전투에서 어떤 중요한 조치가 내려진 이후에 군인들과 장교들이 한자리에 모여 그 조치에 대해서 논의하는 것이다. 참석자들은 전부 모자를 벗는데, 콜디츠의 말에 따르면 '이 방안에서 계급은 무시한다'라는 의미를 나타내는 상징적인 행동이다. 이어서 그는 "여기서 여러 가지 의견이 쏟아집니다. 상사가 나쁜 의견을 내면, 부하가 그 점을 지적하는 경우도 흔합니다."라고도 했다. 그곳은 누구를 비난하는 자리가 아니라, 직업상 토론의 자리다. 사후 강평의 강점 중 하나는 매우 완벽하게 피드백이 이루어진다는 점이다. 콜디츠는 이렇게 말했다. "계급이 낮은 군인들이 언제나 상황을 정확하게 파악하고 있다는 점이 사후 강평의 특징입니다. 그들에게 터놓고 얘기할 기회를 주면 정말 솔직하게 이야기합니다."

미 육군에서는 사후 강평의 또 다른 장점을 깨달았다. 어떤 일이 일어났는지 제대로 이해한 사람은 상황이 더 나아질 수 있도록 적극적으로 노력한다는 사실이다. 이것이 위대한 성과의 원리를 보강한다. 사후 강평이 제대로 이루어지면 어떤 일이 있었고 어떤 일이 일어나지 않았는지, 그리고 그 일이 일어난 원인이 무엇인지에 대해 모두가 이해하게 된다. 그러면 그 일을 다시 해 볼 기회를 갖고 싶어 한다.

콜디츠는 사후 강평이 '대단히 효과적'이라고 말했다. 기업이나 그 밖의 조직에서 사후 강평의 잠재적 가치는 분명하다. 많은 기업에서 상반된 결과를 놓고 사후 강평을 시도해 보았지만 기업 문화가 걸림돌이었다. 그러나 문화는 시간이 지나면 바뀔 수 있다. 또 진정으로 피드백 효과의 이득을 얻고자 하는 기업이라면 그런 문화를 바꾸기 위해 필요한 조치를 취할 것이다.

## 전도유망한 인재를 일찌감치 알아본다

자세한 내용은 뒤에서 다루겠지만, 우리는 조금이라도 빠른 출발이 큰 이득을 낳는다는 사실을 앞에서 확인할 수 있었다. 잭 웰치가 발표를 보고 그 자리에서 승진시킨 이후 날개를 활짝 편 GE의 부회장 존 라이스는 "리더십 능력은 입사 첫날 평가할 수 있다."고 말한다.

GE의 수많은 직원들에게는 입사 첫날이 실제로는 첫날이 아니기 때문이다. 입사가 확정되기 전 지원자들은 최소한 한 해 여름 동안 GE에서 인턴으로 일한다. 이때 회사는 이미 그들의 성과를 평가할 기회가 있었던 셈이다. 이 시점에서 그들의 성과를 평가하는 지표는 특별한 권한이 주어지지 않은 상황에서 동료들로 하여금 어떻게 자신과 함께 일하도록 유도하는가이다. GE에서 인턴 제도 외에 직원을 평가하는 또 다른 지표는 대학에서의 팀 스포츠 참여 여부와 팀 내에서의 역할이다.

일찌감치 인재 양성을 시작하는 것은 대부분의 기업들이 놓쳐서는 안 될 큰 기회다. 또 이런 기업에서 개발한 인재 개발 프로그램은 뛰어난 인재들이 장기적으로 활용할 수 있도록 설계되어 있다. 일류 기업 대부분은 이런 프로그램을 앞장서 추진하려고 애쓰고 있다. 그들은 다른 기업들보다 한발 앞선 인재 발굴이 이미 확보한 뛰어난 인재 층을 한층 두텁게 하여 지속적인 경쟁 우위에 있게 해 준다고 믿는다.

## 권위가 아닌 영감을 통한 인재 양성이 가장 효과적임을 이해한다

신중하게 계획된 연습은 굉장히 힘든 과정이기 때문에 강력한 동기 부여 없이는 누구도 오래 버티지 못한다. 그렇다면 기업은 그런 동기 부여에 어떤 역할을 할 수 있을까? 전통적인 방식은 회사 뜻에 따르지 않는 직원을 해고, 강등, 기타 처벌 등의 부정적 유인으로 관리해야 한다는 것이다. 하지만 이 방식은 결코 효과적이지 않다. 특히 정보를 기반으로 한 오늘날의 경제에서는 더욱 그렇다. 오늘날 대부분의 직장인들은 도구가 아니라 지식과 일상적으로 쉽게 관찰되지 않는 결과들과의 관계를 이용해 일한다. 그들에게 정확히 할 일을 정해 주거나 그들을 당신 뜻대로 따르게 해 보라. P&G의 CEO 래플리는 "명령과 통제의 리더십 모델은 99퍼센트 효과가 없다."고 말한다.

오늘날 수많은 일류 기업이 가장 선호하는 단어가 '영감'인 이유도 바로 이 때문이다. P&G는 영감적 리더십(inspirational leadership)이라는 인재 개발 프로그램을 운영한다. 영감적 리더십은 동료들에게 영감을 불어넣는 방법을 리더들에게 가르친다. 아메리칸익스프레스(American Express)의 전 직원, 또는 부사장급 이하 직원들은 직원 성과 몰입 동기부여 리더십(Leadership Inspiring Employee Engagement)이라는 프로그램에 참여한다. 이런 기업들은 사명감이 직원들에게 가장 큰 동기를 부여한다는 사실을 알고 있다. 메드트로닉(Medtronic)이나 엘리릴리처럼 최고의 성과를 올리는 몇몇 기업들은 그런 사명감이 사람의 생명을 구하고 질병을 치료하는 그들의 기업 역사에 깊이 뿌리내리고 있다. 다른 기업들의 경우, 기업 정신 속으로 깊이 파고 들어가 사명감을 발굴하거나 아예 새로 창조할 필요가 있다. 이것은 용기 없는 자들을 위한 여정이 아니다. 직원들에게 세계적 수준의 인재로 발돋움하도록 충분한 동기부여를 해 주는 일은 어떤 기업에나 의무 사항이다.

### 인재 개발에 상당한 양의 시간, 돈, 에너지를 투자한다

돈을 적게 들여 인재를 양성하는 것은 불가능하다. 그리고 기존

HR(인적자원) 관리 절차에 간단히 인재 개발 프로그램을 가져다 붙일 수는 없다. 일류 기업의 CEO들은 하나같이 인재 개발이 그들의 핵심 업무라는 데 동의한다. 더욱이 인재 개발에 관련한 가장 큰 투자는 아마 CEO와 주요 임원들의 시간일 것이다. 예를 들어, 맥도날드(McDonald)의 CEO 짐 스키너Jim Skinner는 개인적으로 기업 내 상위 200명 관리자들의 성과 향상 정도를 검토한다. GE의 제프리 이멜트는 상위 600명의 성과 향상을 주시한다. 메드트로닉의 CEO 빌 호킨스Bill Hawkins는 업무 시간의 절반을 인적자원의 문제에 할애하고, 다른 최고 CEO들도 대개 비슷하다. 수많은 기업들이 리더 양성을 중요하게 생각한다고 주장하기는 하지만, 이 분야의 최고 권위자인 미시건 대학의 노엘 티치 교수는 기업들이 인재 개발에 얼마나 애쓰는지 확인하는 간단한 방법이 있다고 말한다. "그 CEO의 일정표만 가져와 보세요."

CEO의 시간 투자는 시작에 불과하다. 많은 기업의 수장들이 시간 투자의 '폭포 효과'에 주목한다. 즉 CEO의 직속 부하가 상사의 관심사를 깨닫고 나면, 그들 역시 인재 양성에 주력한다는 것이다. 이런 상황이 아래로 내려가면서 계속 반복된다. 이런 기업들은 부하 직원에게 본을 보이는 것만으로 만족하지 않는다. 사실 이런 기업의 임원들은 본인을 비롯한 인재 개발 능력으로 부분적인 업무 평가를 받는다. 예를 들어, 아메리칸익스프레스는 임원들에게 주어질 변동 급여의 25퍼센트가 인재 개발에 달려 있을 만큼 엄격한 인적 관리 시스템을 운영하고 있다.

인재 개발에는 고위급 관리자들의 시간 이외에도 많은 비용이 들지만 그 비용의 가치를 의심하는 CEO는 아무도 없다. GE가 인재

사관학교라고도 불리는 크로톤빌 연수원을 운영하는 데는 분명 많은 비용이 들 것이다. 또 해마다 그곳에서 수천 명의 관리자들을 교육하는 비용은 그보다 더 클 것이다. 하지만 이멜트는 다음과 같이 말했다. "우리는 상황이 좋든 나쁘든 그곳에 꾸준히 투자합니다. 잭 웰치에게서 배운 걸 이제 제가 실천하고 있는 거죠." 월풀은 몇 해 전 자체 인재 개발 커리큘럼을 개발해 기존 프로그램을 업그레이드하기로 결정했다. 이 계획은 그 어느 때보다 규모가 크다. 하지만 그만한 가치가 있다. CEO 제프 페티그는 "단독 프로젝트로는 우리 회사에서 가장 큰 규모의 투자입니다."라고 했다.

## 리더십 개발을 문화의 일부로 정착시킨다

최고 기업의 경영자들은 한결같이 리더십 개발 프로그램을 이야기하지만, 그 용어가 다소 잘못되었다는 점을 깨닫고 있다. 리더 양성은 어떤 계획이 아니라 생활 방식이다. 예를 들어, 관리자와 직원이 솔직하게 피드백을 주고받으려면 문화적으로 그것이 허용되어야 한다. 하지만 대부분의 기업이 그렇지 못하다. 멘토링에 상당한 시간을 할애하는 것도 받아들여야 한다. 비영리조직 활동을 그저 묵인하는 수준에 그치지 말고 더욱 장려해야 한다. 이런 문화적 규범은 짧은 시간 내에 형성되지 않는다. 시간이 흐르면서 서서히 문화로 정착된다. GE가 인재 양성의 최고 기업으로 널리 인정받는 핵심 이유가 바로 이 때문이다. 1892~1912년에 GE의 CEO를 역임한 찰스 코핀Charles Coffin은 GE의 진정한 상품은 전구나 전동기가 아니라 경영 리더들이라는 것을 깨달았다. 찰스 코핀 이후로 리더 양성은 GE

의 핵심 사업으로 자리 잡았다.

## 팀에 적용하기

위의 사항들을 모두 실행에 옮긴 기업이라면 관련 산업에서 엄청난 경쟁 우위를 확보할 수 있다. 직원들의 능력이 급격히 향상될 것이기 때문이다. 모든 기업이 그런 최고의 선수들로 회사가 가득차기를 바라는 것은 참으로 당연하다. 하지만 최고의 선수들만으로는 충분하지 않다.

어차피 조직 구성원 대부분은 혼자 일하지 않는다. 엄격하든 느슨하든 특정 팀의 일원으로 일한다. 그리고 확실히 팀의 성과는 구성원 개개인의 능력만으로 결정되지 않는다. 2006년 봄에 개최된 월드 베이스볼 클래식(World Baseball Classic)을 기억할 것이다. 이 대회는 세계 각국의 야구 대표팀이 참가해 토너먼트 형식으로 치르는 국가 대항전이었다. 대회 시작 전 누구도 야구 종주국인 미국을 꺾을 팀은 없다고 생각했을 것이다. 게다가 당시 미국 대표 팀에는 로저 클레멘스Roger Clemens, 데릭 지터Derek Jeter, 알렉스 로드리게스Alex Rodriguez, 자니 데이먼Johnny Damon 등 어느 누구도 부정할 수 없는 세계 최고의 선수들이 포진해 있었다. 하지만 미국 대표 팀은 멕시코, 한국, 캐나다 팀에 패했다. 마찬가지로, 2004년 아테네 올림픽에서 미국 농구팀은 선수 전원을 NBA 출신으로 구성했다. 하지만 성적은 동메달에 그쳤으며, 예선전에서는 전력이 거의 알려져 있지 않던 리투아니아 팀에 패했다.

뛰어난 개인들이 모인 집단을 위대한 팀으로 바꾸는 것은 그 자체가 하나의 훈련이다. 그리고 그 과정에도 신중하게 계획된 연습의 원리가 적용된다. 최고의 조직들이 다음과 같은 부가 규칙을 따르는 이유가 여기에 있다.

## 개별 인재 양성에서 더 나아가 팀을 양성하라

예를 들어, 제프리 이멜트는 'GE에서 받았던 훈련의 대부분이 개인적인 것이었다'고 회상한다. 하지만 개인적인 훈련에는 몇 가지 문제가 따른다. 그는 크로톤빌의 3주 프로그램에 참여했지만, 일터로 돌아왔을 때는 배운 내용의 60퍼센트밖에 써먹을 수 없었다. 나머지 40퍼센트를 적용하려면 그를 도울 다른 사람들, 즉 상사와 IT 전문가 등의 동료가 필요했기 때문이다. 현재 GE는 팀 전체가 크로톤빌 프로그램에 참가해 사업상의 문제에 대해 연습이 아닌 진짜 결정을 내린다. 결론은 이렇다. "그렇게 하지 않을 이유가 전혀 없지요."

개념상으로 위대한 성과의 원리를 팀 양성에 적용하는 것은 어렵지 않다. 개인에게 적용되는 모든 요소들, 즉 치밀하게 설계된 연습, 코칭, 반복, 피드백, 자기 조절, 지식 쌓기, 사고 모형은 팀에도 모두 똑같이 적용된다. 하지만 실제로 적용하는 데는 몇 가지 문제가 있다. 이 문제들은 팀 내부에 깊이 자리 잡아 위대한 성과 접근법의 장점을 깨닫지 못하게 한다. 팀의 성과를 성공적으로 향상시킨 조직들은 특히 이런 문제들을 피하거나 처리하는 기술이 뛰어나다. 여기서 말하는 문제란 다음과 같은 것들이다.

## 문제점1: 잘못된 구성원 선택

어떤 팀이든지 뛰어난 구성원을 원하는 것은 당연하다. 하지만 그들이 한 팀을 이뤄 조직력을 발휘할 수 있게 만드는 것은 비즈니스를 비롯한 모든 영역에서 그 자체로 하나의 기술이다. 컨설팅 기업 올리버와이먼(Oliver Wyman)의 회장 데이비드 내들러David Nadler는 "내가 본 몇몇 최악의 팀은 구성원 모두가 미래의 CEO감이었다."고 말한다. 내들러는 최고 글로벌 기업들의 관리자들과 30년 이상 함께 일했다. "제로섬 게임이 계속된다면 유능한 팀을 갖추기는 힘들다."

이 문제 해결의 핵심은 교감과 문화다. 헨리 포드Henry Ford 2세는 2차 대전 후 포드 자동차의 개혁 필요성을 감지하고 한때 미 공군의 뛰어난 시스템 분석 기관에서 활동했던 유능한 인재들을 포드로 데려오는 데 성공했다. 이 팀의 구성원 중에는 훗날 리턴 인더스트리스(Litton Industries)를 설립한 텍스 손턴Tex Thornton과 포드 사장을 지내고 미 국방부 장관을 역임한 로버트 맥나마라Robert McNamara도 있었다. 이들은 군인 시절 한 팀으로 일하면서 뛰어난 성과를 올린 전력이 있었다. 하지만 50년 뒤, 포드에 다시 한 번 개혁이 필요해진 시점에서 CEO 자크 내서Jacques Nasser는 불행하게도 이미 조직에 안착한 창단 멤버들을 호출했다. 그들은 진정으로 개혁할 준비가 되어 있지 않았다. 더 이상 선택의 여지가 없자 회사는 내서를 내쫓았다. 이보다 포드에 더 심각한 문제는 개혁이 일어나지 않았다는 사실이다.

성공적인 팀 구성원 선택과 관련하여, 오하이오에 있는 강판 가공 업체 워딩턴 인더스트리스(Worthington Industries)의 경우를 살펴보자. 이 기업에서는 새 직원이 생산 팀에 합류하면 90일 동안 수습사원으로 팀원들과 일하고, 그 기간이 끝나면 팀원들의 투표로 신입사원의 운명을 결정한다. 이 회사 직원들의 급료는 상당 부분이 성과에 달려 있다. 따라서 이들에게는 무엇보다 팀워크가 중요하다. 그만큼 새로 들어온 구성원의 기여도 평가도 현실적이고 냉혹하다. 덕분에 워딩턴 인더스트리스는 이런 채용 방식의 효과를 톡톡히 보고 있다. CEO 존 맥코넬 Jonh McConnell 은 이렇게 자신했다. "팀워크를 위해 헌신하는 사람들을 우리에게 주고, 아주 이기적인 한 무리의 인재들과 맞서게 하면 우리가 매번 이길 것이다."

1980년 미국 레이크플레시드 동계 올림픽에서 소련 팀을 꺾고 금메달을 획득한 미국 아이스하키 팀이 바로 그런 식으로 구성되었다. 당시에 프로 선수들은 출전할 수 없었다. 미국 팀 감독 허브 브룩스 Herb Brooks 는 근본적으로 아주 강도 높은 훈련을 거쳐 개개인이 완벽하게 조화를 이루는 팀을 만들고자 했다. 이 이야기를 소재로 한 영화 〈미러클(Miracle)〉에서 코치가 미국 최고의 대학 선수들이 빠진 대표선수 명단을 보고 놀랍다는 반응을 보이자 브룩스는 이렇게 말한다. "난 최고의 선수들을 찾는 게 아니야. 우리 팀에 맞는 선수들을 찾는 거지."

## 문제점2: 낮은 신뢰

효율적인 팀 운영에 관한 책을 두루 살펴보든, 스포츠나 비즈니스, 기타 여러 분야에서 이루어지는 팀 운영에 관해 사람들과 대화를 나누든, 언제나 결론은 같다. '승리하는 팀의 가장 밑바탕에 자리한 것은 바로 신뢰다.' 팀 동료가 자기 혼자 중요한 정보를 알고 있다거나 어떤 음모를 품고 팀원들에게 거짓말을 한다는 생각이 든다면, 그를 팀에서 제외시키는 것 말고는 다른 수가 없다. 팀 구성원들이 서로의 실력을 믿지 못할 수도 있다. 이런 팀은 절대로 시너지 효과를 낼 수 없다. 운이 좋아야 2 더하기 2가 3이 되는 마이너스 효과를 낼 뿐이다.

소위 '드림팀'은 처음부터 문제를 안고 있기가 쉽다. 팀 구성원들이 서로를 믿지 못할 특별한 이유가 있는 경우가 많기 때문이다. 스포츠에서 올스타팀 선수들은 거의 일년 내내 서로 경쟁하며 보낸다. 그러다 올스타전을 치르기 위해 잠깐 한 팀에서 뛰는 것뿐이다. 이런 경우 적개심이야 잠시 제쳐둘 수 있다 해도, 같은 팀원들끼리 서로의 행동이나 실력에 대해 믿음을 쌓을 만한 시간이 거의 없다. 기업에서도 마찬가지다. 같은 팀 구성원들이 다음 승진을 위해 경쟁하고 있지는 않더라도, 언제나 승진하는 사람과 그렇지 못한 사람은 생기기 마련이다. 잭 웰치의 스승으로 알려진 컨설턴트 램 차란$^{Ram}$ $^{Charan}$은 다음과 같이 말했다. "가장 큰 문제는 사람들이 잠깐 머물렀다 떠난다는 겁니다. 특히 스타들이 즐비한 팀에는 언제나 스카우트 경쟁이 치열하고, 선수를 빼가려는 줄다리기가 끊이지 않지요. 그런 불안정성이 가장 큰 문제입니다." 불안정성은 정말 큰 문제다. 신뢰는 본래 아주 천천히 쌓이기 때문이다.

수많은 기업들이 신뢰 형성에 박차를 가하고 있다. 1980년대에는 신뢰를 배우는 한 방법으로서 동료끼리 서로 안아주기가 유행이었다. 이런 방법도 도움이 되기는 했을 것이다. 오늘날 경영 컨설턴트들은 서로가 지닌 취약점이 신뢰 쌓기의 출발점이라는 관점에서 다양한 신뢰 쌓기 훈련법을 개발했다. 여기에는 서로 개인적인 이야기를 들려주거나 자기 성격을 있는 그대로 보여 주는 것 등이 포함된다. 하지만 이런 훈련은 혼란만 초래할 수도 있다.

사실 신뢰는 너무 깨지기 쉽다. 최고 수준의 팀에서는 두터운 신뢰를 쌓기가 거의 불가능할 정도다. 익명을 요구한 어느 유명한 컨설턴트는 다음과 같이 말했다. "최고 수준에서 높은 성과를 내는 임원진을 구성한다는 것은 신기루나 마찬가집니다. 그런 팀이 있다 해도 대개는 둘 아니면 세 사람으로 이루어진 팀이지요." 누구나 스타 대접을 받는 최상위 집단에서 신뢰를 구축하기란 훨씬 더 어렵다.

확실히 전설적인 경영 팀들은 거의 두 명이 짝을 이루었다. 1980~1990년대에 코카콜라(Coca-Cola)를 이끈 로베르토 고이수에타Roberto Goizueta와 도널드 키오Donald Keough, 1960년대부터 1990년대까지 캐피털시티스/ABC(Capital Cities/ABC)를 이끈 톰 머피Tom Murphy와 댄 버크Dan Burke, 2005년까지 20년 동안 콜게이트-팜올리브(Colgate-Palmolive)를 이끈 루벤 마크Reuben Mark와 빌 샤나한Bill Shanahan, 1960년대부터 지금까지 버크셔 해서웨이(Berkshire Hathaway)를 이끌고 있는 워런 버핏과 찰리 멍거Charlie Munger. 처음 짝을 이룰 당시에는 아무도 그들을 드림팀이라고 부르지 않았다. 대부분의 사람들은 그들에 관해 들어 본 적도 없었다. 하지만 그들은 오랜 세월 함께 일하며 깊은 신뢰를 쌓고 엄청난 성과를 거두었다.

이 팀들의 공통점을 눈치 챘는가? 이 팀들은 아주 유명해진 1인자와 그에 비해 덜 유명하지만 기업의 성공에 자기 인생을 바친 2인자로 이루어져 있다. 이런 헌신은 매우 보기 드물다. 여기서 우리는 흔히 팀 실패의 원인이 되는 또 한 가지 병폐를 떠올릴 수 있다.

## 문제점3: 의제 대립

대개 동일 인물이 최고의 경영진과 최악의 경영진 사례에 모두 드는 일은 드물지만, 마이클 아이스너Michael Eisner의 경우를 한번 생각해 보자. 월트 디즈니를 이끈 첫 10년 동안 마이클 아이스너와 COO(최고운영책임자) 프랭크 웰스Frank Wells는 회사를 적대적 인수합병 위기에서 구하고 주주들에게 엄청난 이익을 안기면서 가장 위대한 경영팀 중 하나가 되었다. 이들은 1인자와 2인자의 구별이 명확했고, 두 사람이 처음 경영을 맡을 당시만 해도 관련 업계 밖에서는 거의 알려져 있지 않던 최고의 콤비였다. 하지만 1994년 웰스가 헬리콥터 사고로 갑자기 세상을 떠나면서 그토록 생산적이던 둘의 파트너십은 돌연 끝나 버렸다.

웰스가 죽은 후 아이스너는 절친한 친구 마이클 오비츠Michael Ovitz를 사장 자리에 앉힘으로써, 최악의 팀을 만들었다. 오비츠는 14개월 만에 그 자리에서 쫓겨났다. 사후 평가 결과, 팀 분열의 결정적인 원인은 경영 및 사업적, 개인적 의제가 서로 충돌한 데 있었다. 오비츠는 야후(Yahoo!)의 지분을 대량으로 사들여 디즈니의 출판 및 음반 사업을 확장하고 NFL 공식 후원사로 들어가고 싶어 했다. 하지만 아이스너는 이런 안건들을 모두 폐기했다. 게다가 오비츠는 아이스너를 배제한 자기만의 미래를 구상했던 듯하다. 적어도 겉으로는 그렇게 보였다.(오비츠는 2만 달러나 들여 자기 사무실을 새로 꾸몄다.) 결과적으로 이 팀은 실패였다.

의제의 대립은 흔한 문제다. 뛰어난 성과자들이 저마다 자기 분야에 관한 수준 높은 사고 모형을 갖추고 있듯이, 최고의 팀을 이룬 구성원들도 그 분야에 관한, 그리고 효과적인 팀 운영에 관한 하나의 사고 모형을 공유하기 마련이다. 디즈니의 사업 영역과 공동 경영에 관하여 아이스너와 오비츠가 갖춘 사고 모형은 극단적으로 대립하는 것이었다. 이미 언급했듯이 일반적으로 기업의 모든 구성원은 CEO가 되기를 바란다. 그리고 그 꿈이 실현 가능하다고 생각할 만한 타당한 근거가 있을 때 갈등은 극으로 치닫는다. 그 결과를 비웃거나 비난하기는 쉽지만 섣불리 판단하면 안 된다. 어쨌든 당신이 보이지 않는 곳에서 열심히 일하는 동안 상사가 해고되었다고 생각해 보라. 당신의 경력은 어떻게 되겠는가? 몇몇 기업들은 사업에 득이 된다는 이유로 떠오르는 스타들에게 주목한다. 이런 스타 관리자들이 승진하면 직원들도 그들처럼 되고 싶어 한다.

관건은 필연적으로 생기기 마련인 개인적인 의제들 때문에 파국으로 치닫지는 않게 하는 것이다. 이것 역시 리더의 임무다. 예를 들어, 1990년대 아메리테크(Ameritech)는 올스타급 최고 임원진을 갖추고 있었다. 이 팀에는 장차 텔랩스(Tellabs), 퀘스트(Qwest), 아메리테크의 CEO가 될 리처드 노트배어트Richard Notebaert, 그리고 케이블앤드와이어리스(Cable&Wireless)와 EDS의 CEO가 될 리처드 브라운Richard Brown도 있었다. 당시 아메리테크에 리더십 개발에 관한 조언을 해 주던 미시간 경영대학원의 노엘 티치 교수에 따르면 아메리테크의 CEO 빌 웨이스Bill Weiss는 매주 임원진을 모아놓고 다른 사람에게 해를 입히려는 사람이 있으면 잘못이 있는 쪽을 해고하겠다고 말했다.

잭 웰치는 GE의 잠재적 갈등을 다룰 때 다른 식의 접근 방법을 사용했다. 그는 20년 전 CEO 최종 후보자들 중 한 명으로서 겪은 자신의 끔찍한 경험을 떠올렸다. 당시 GE는 그와 다른 후보들에게 본사 업무를 맡겼는데, 그 바람에 회사는 진흙탕 싸움으로 휘말려 들었다. 20년이 지난 지금 웰치는 경영진에 새로 들어올 최종 후보자들을 서로 수백 마일 떨어진 곳으로 보내 경력을 쌓도록 하고 있다.

자아가 강한 잘난 인재들이 같은 자리를 놓고 다투는 상황이 아니더라도, 팀은 다른 저주에 의해 산산조각 날 수 있다.

### 문제점4: 해결되지 않는 갈등

몇 해 전, 웨스트포인트의 육군 조정 팀 감독 스태스 프레추스키<sup>Stas Preczewski</sup> 대령은 당혹스러운 문제에 직면했다. 그는 다양한 시험을 거쳐 팀원들의 강점과 실력을 평가했다. 에르고미터(ergometer, 사람의 근육을 써서 내는 여러 가지 힘을 측정하는 장치-옮긴이)로 모든 선수의 힘을 측정한 다음, 적절히 안배하여 두 개의 팀을 구성했다. 그는 우선 노를 젓는 능력에 따라 객관적이고 정확하게 순위를 매겼다. 그런 다음 상위 여덟 명의 선수를 1군, 하위 여덟 명의 선수를 2군 팀으로 묶었다. 그러다 두 팀이 시합을 하게 됐는데 여기서 문제가 생겼다. 2군 팀의 보트가 1군 팀을 이겨 버린 것이다.

하버드 경영대학원이라면 이 상황을 이렇게 설명할 것이다. '1군 보트는 구성원들이 서로 자기가 제일 잘났다고 우기다가 반목이 극에 달한 반면, 2군 보트 선수들은 잃을 것이 없다고 생각해 기꺼이 서로를 도왔다.' 그런데 프레추스키 코치는 전혀 다른 관점에서 해결책을 찾았다.

어느 날 코치는 1군 선수들을 불러 두 명씩 짝을 지었다. 그런 다음 90초 동안 서로 싸우라고 했다. 규칙은 하나였다. 주먹질 금지. 그는 그 장면을 이렇게 설명했다. "마치 프로레슬링 경기 같았어요." 1회전 종료를 알렸을 때 아직 승자는 없었다. 선수들 모두 상대가 자기만큼 강하다는 사실을 깨달았다. 2회전을 시작하기 전 코치는 선수들에게 상대를 바꿔 싸우게 했다. 3회전에는 선수들이 직접 상대를 골랐다. 5회전을 치를 때 누군가 웃음을 터트렸다. 그러자 여덟 명이 한데 뒤엉켜 바닥에 뒹굴었다. 마침내 누군가 말했다. "코치님, 지금 연습하면 안 될까요?" 그때부터 1군 팀 보트는 거의 날듯이 나아갔고, 국제 대회에서 준결승까지 올랐다.

임원진에게 서로 싸우라고 명령하지는 못할 것이다. 하지만 팀을 조금씩 무너뜨리는 내부의 긴장관계를 해소할 다른 방법이 있다. 이런 갈등은 의제를 두고 벌이는 다툼의 다른 면이다. 즉 이들은 미래에 집중하는 대신 과거를 맴돈다. 따라서 이들을 과거로부터 끌어내 변화시키는 것이 팀 리더의 가장 중요한 임무다. 그리고 그것이 팀 활동에 끼치는 가장 일반적인 위협을 처리하는 중요한 요소다.

### 문제점5: 문제 회피

흔히 이것은 비유적으로 '방 안의 코끼리'라고 표현한다. 엘리릴리의 전 CEO 랜들 토비아스Randall Tobias는 이를 '탁자 위의 큰 사슴'이라고 불렀다. 그리고 스위스 국제경영개발원 조지 콜라이저George Kohlrieser 교수가 말한 '식탁에 생선 올리기'라는 비유는 아주 인상적이다. 생선은 냄새가 심하고 치우기도 성가시지만 어쨌든 식사는 맛있게 할 수 있다.

대부분의 사람들은 식탁에 생선을 올리는 사람이 되려고 하지 않는다. 특히 그런 행동이 문화적으로 받아들여지지 않는 팀에서는 더욱 그렇다. 데이비드 내들러는 이렇게 말했다. "그런 자리에는 겉만 번지르르한 예의 혹은 암묵적인 상호주의가 있지요. 사람들은 상사 앞에서 서로 간의 차이를 드러내지 않습니다." 컨설턴트 램 차란은 파산 위기에 처했던 스위스 발전설비업체 ABB의 120억 달러 규모의 사업부를 이렇게 설명했다. "한 가지 원인은 예의를 중시하는 기업 문화였습니다. 사람들은 가장 중요한 문제에 대해서 감정을 솔직하게 표현하지 않더군요." 비록 처음에는 힘들었지만 ABB 사장은 결국 팀 구성원들이 마음속의 말을 털어 놓을 수 있는 분위기로 기업 문화를 바꾸었다.

 잭 웰치는 그야말로 식탁에 생선 올려놓기, 즉 현실의 문제에 정면으로 대처하기의 달인이다. 그런데 우리가 흔히 간과하는 것은 그가 최고의 팀에게 현실을 직시하도록 하기 위해 어떤 노력을 기울였는가이다. 예나 지금이나 GE의 드림팀은 최고임원회의(Corporate Executive Council)다. 과거에 이 회의는 본사에 모여 딱딱한 분위기에서 미리 준비한 프레젠테이션을 보는 것이 다였다. 토론이라고 할 만한 것도 전혀 없었다. 웰치는 회의 장소를 회사가 아닌 다른 곳으로 옮기고 프레젠테이션을 미리 준비하지 못하게 했을 뿐 아니라 양복에 넥타이 차림도 금지했다. 그리고 무엇보다 비공식 토론의 장을 마련하기 위해 커피를 마시며 편하게 이야기를 나누는 휴식 시간을 늘렸다. GE에서는 이를 '소셜 아키텍처(social architecture)'라고 부른다. 경영학자들은 잭 웰치가 기업 개혁을 성공적으로 이끈 비결이 바로 여기에 있다고 믿는다.

위대한 성과의 원리를 조직에 적용하는 것은 조직 내 다른 어떤 일보다 어렵다. 하지만 글로벌 시장에서 살아남아 번창하기를 바라는 기업이라면 선택의 여지가 없다. 조만간 모든 조직이 이 원리를 적용할 수밖에 없다고 본다면, 조금이라도 빨리 시작하는 것이 확실히 이득이다. 신중하게 계획된 연습의 효과는 시간이 갈수록 축적된다. 당신의 조직이 한시라도 빨리 개별 인재를 양성하고 동시에 팀의 성과를 높이는 작업에 착수한다면, 경쟁자들이 당신을 따라잡기는 더욱 힘들어질 것이다.

9장
혁신에도 연습이 필요하다

Talent is Overrated

### 연습의 원리 VS 창조의 신화
링컨을 정말 게티즈버그로 가는 열차에서
영감을 받아 미국 최고의 명연설문을 썼을까?

## 기업의 미래를 여는 창의성과 혁신

모든 것을 상품화할 수 있다는 말은 사실이 아니다. 그렇게 보일 뿐이다.

  온 세상이 네트워크를 통해 하나로 연결된 지금 이 시대에 가장 놀라운 일 중 하나는 구매자가 자신이 사는 상품에 대해 전보다 훨씬 많이 안다는 점이다. 소비자의 무지를 이용해 이익을 챙겼던 많은 판매자들에게는 커다란 문제다. 대다수의 사람들이 아직 온라인에서 자동차를 사지는 않지만, 자동차 구매자 대부분이 매장에 가기 전에 인터넷을 통해 정보를 수집한다. 어떤 사람들은 온라인에서 찾은 자동차 판매자의 상품 명세서를 인쇄해 가져가기도 한다. 인터넷이 힘의 균형을 바꿔 놓았다. 캐나다에서는 미국에서보다 의사의 처방전이 필요한 약값이 더 싸다. 이런 사실은 인터넷 시대 이전까지만 해도 제약업계에 아무런 영향을 미치지 않았다. 지금은 이야기가 다르다. 대학생 자녀를 둔 부모들은 대학 서점의 엄청난 교재 값에 몇 년씩이나 시달려야 했다. 하지만 달리 어쩌겠는가? 하지만 지금은 그들도 똑같은 책을 영국에서 훨씬 저렴한 가격에 수시로 주문할 수 있다는 사실을 안다.

따라서 지금 같은 디지털 시대에는 비교될 수 있는 제품은 비교되고, 비교우위에 있는 제품이 곧장 팔릴 것이다. 잔인한 현실은 이런 현상이 역경매(reverse auction, 보통 경매와 반대로 상품을 팔려는 다수의 공급자 중 가장 낮은 가격을 제시하는 업체의 물건을 매입하는 것-옮긴이) 형태를 취한다는 점이다. 예를 들어, 차 부품 가운데 연료 분사장치가 필요한 자동차 제조업자가 있다고 가정해 보자. 그는 경쟁력 있는 공급업자 여덟 명을 지명하여 해당 제품이 필요한 날짜, 장소, 대금 지급 기간 등의 세부 사항을 알려준다. 그런 다음 화요일 오전 8시에 온라인에 접속하라고 전달하고 지정한 시간으로부터 한 시간 내에 공급업자들이 가격을 제시하도록 한다. 종료 시간을 알리는 벨이 울리면 가장 낮은 가격을 제시한 공급업자에게 사업권이 주어진다.

가치가 낮은 상품만 이런 식으로 거래된다고 생각하기 쉽다. 하지만 사실 구매자들은 고부가가치 서비스를 포함하여 온갖 종류의 상품을 구매하는 데-즉 상품화하는 데-이런 방식을 활용하려 한다. 엄청난 분식회계 사건이 터지기 전 타이코인터내셔널(Tyco International)은 제조물 책임제 관련 소송을 처리할 법률회사를 역경매 방식으로 선정했다. 캔자스시티 소재의 법률회사 하디앤드베이컨(Hardy & Bacon)이 18개월 고정 수수료 가격을 제시해 이 소송을 따 냈다.

왜 혁신이 비즈니스에서 가장 뜨거운 주제 중 하나로 거론되는 것일까? 왜 주요 잡지마다 혁신에 관한 기사가 빠지지 않는 것일까? 왜 혁신을 주제로 한 컨퍼런스 티켓은 한 장에 2,700달러나 하는 것일까? 왜 최상위 경영 컨설팅 기업들은 혁신에 중점을 두고 실행 방안을 설계하는 것일까? 거의 모든 것을 상품화하는 오늘날 같은 환경에서 살아남는 유일한 방법은 새롭고 차별화된 제품을 개발하는 것뿐이다. 무엇과도 비교되지 않는 제품은 상품화될 수 없다. 구매자의 마음 깊은 곳에 울림을 주는 서비스는 대가를 준다고 해서 살 수 있는 것이 아니다. 그런 제품과 서비스 개발은 언제나 가치 있는 일이다. 그리고 이제는 필수적이다.

하지만 상품화 경쟁은 지속적으로 하지 않으면 별 도움이 되지 않는다. 제품의 수명이 급격히 짧아졌기 때문에 새로운 상품 개발을 절대 멈출 수 없다. 한때 좋았던 시절, 리글리(Wrigley)는 세 가지 향(스피어민트, 더블민트, 과일 향) 추잉검을 50년 동안 생산했다. 이 기업의 회장 윌리엄 리글리William Wrigley는 시카고에서 가장 훌륭한 빌딩을 짓고 카타리나 섬을 통째로 살 정도로 엄청난 돈을 벌었다. 이와 대조적으로, 리글리와 이웃해 있는 21세기의 전설 모토롤라(Motorola)는 최초로 휴대전화를 개발한 혁신적인 선구자였다. 하지만 디지털 전화 사업에 신속하게 진입하지 않아 치욕적인 실패를 맛봐야 했다. 나중에 모토롤라는 날씬한 자태를 뽐내는 휴대전화 'RAZR' 출시로 예전의 명성을 되찾았지만, 후속 모델을 내놓지 않아 또다시 조롱의 대상이 되었고 경쟁에서 밀려났다. 모토롤라는 휴대전화에 엄청난 기술 혁신을 일으켰다. 다만 그것으로 충분하지 않았을 뿐이다.

제품과 서비스의 수명이 줄어들면서 그런 제품과 서비스를 파는 기업의 비즈니스 모델도 수명이 짧아졌다. 한때는 훌륭한 비즈니스 모델이 만들어지면 그것으로 30년에서 40년, 때로는 그보다 더 오랜 시간을 버티던 시절이 있었다. AT&T와 전기 회사들의 유틸리티 사업 모델은 거의 수백 년 동안 유지되었다. 하지만 오늘날 우리는 수많은 기업의 CEO들이 자기네 비즈니스 모델이 더 이상 통하지 않는다고 인정하는 놀라운 고백을 듣게 되었다. 제록스(Xerox)의 CEO 시절 폴 알레어Paul Allaire가 그랬고, 포드의 CEO 빌 포드Bill Ford도 그런 말을 했다. 언젠가 가장 성공적인 비즈니스 모델을 과시하던 기업들이 이제 변하지 않으면 살아남을 수 없다는 위기감을 느끼고 있다. 사우스웨스트 항공사(Southwest Airline)는 비즈니스석 승객들에게 어떤 특별 혜택도 주지 않는 저가 항공을 도입해 미국 최고의 주가를 자랑하는 항공사로 거듭났다. 그러다 약발이 떨어지자 이제 다시 비즈니스석 승객들에게 특별 대우를 해 주고 있다. 델(Dell)은 오로지 최종 소비자와의 직거래 모델로 세계 최대의 PC 제조업체가 되었다. 그때 휴렛팩커드(Hewlett-Packard)가 거세게 치고 올라왔고, 현재 델은 대형 유통업체 베스트바이(Best Buy)와 그 밖의 소매업체들을 통해 제품을 판매하고 있다. 지난 30년 동안 미국 최대 기업들을 고객으로 두었던 컨설턴트이자 작가인 에이드리언 슬라이워츠키Adrian Slywotzky는 수많은 기업들이 이제는 3~4년마다 한 번씩 혁신적이고 새로운 비즈니스 모델을 창조해야 한다고 말한다. "요즘 8년에서 10년은 이미 천당에 가 있을 시간입니다."

적어도 한 가지 사고방식에 따르면, 창의성과 혁신은 미국을 비롯한 여타 선진국들의 경제적 미래를 쥐고 있는 열쇠다. 다소 극단적이기는 하지만 이 이론은 최근의 다양한 동향들을 반영한 것이다. 극단적이라고 한 이유는 지난 300년 동안 지금의 선진국들이 경제 번영을 누린 근원에는 확실히 과학과 기술 분야에서의 리더십 덕분이었기 때문이다. 가장 진보적인 기술을 보유한 국가나 지역이 가장 큰 번영을 누렸다. 하지만 『새로운 미래가 온다A Whole New Mind』의 저자 대니얼 핑크Daniel H. Pink와 『스타일의 실체The Substance of Style』의 저자 버지니아 포스트렐Virginia Postrel을 비롯한 수많은 분석가들이 이제 그런 시대는 끝났다고 주장한다. 또한 새로운 기술은 이제 탄생하자마자 널리 전파되고 채택되어 중국과 인도에서 상품 생산에 쓰인다고 말한다. 대신 경제적 가치는 우뇌의 힘, 즉 창의력, 상상력, 공감, 미적 감각으로부터 발생한다는 것이다.

그 증거물 1호가 바로 애플의 아이팟(iPod)이다. 애플은 한참 동안 MP3 플레이어를 내놓지 않았다. 아이팟이 세상에 알려지기 전에 몇 가지 모델이 있기는 했지만 출시하지는 않았다. 애플은 기존 제품의 디자인을 멋지게 바꾸고, 사용이 편리한 사용자 인터페이스를 개발하고, 아이튠즈 뮤직 스토어(iTunes Music Store)라는 유료 온라인 서비스를 시작했다. 이 모든 것은 상당히 멋진 조합이었다. 그 결과 애플은 음악 플레이어와 유료 온라인 음악 판매, 음반 회사의 재주문 시장에서 75퍼센트의 점유율을 나타냈고, 애플의 시장 가치는 수십억 달러나 상승했다. 애플의 성공 비결은 기술이 아니었다. 창의성, 디자인, 소비자와의 깊은 공감대 형성이었다.

미국 대형 할인점 업계의 2인자인 타깃(Target)은 어떻게 규모 면에서 다섯 배나 큰 1위 업체 월마트를 상대로 선전하는 것일까? 타깃은 마이클 그레이브스Michael Graves나 이자벨 드 보슈그라브Isabelle de Borchgrave 등 세계적인 디자이너들을 섭외해 찻주전자나 빵바구니 같이 가정에서 흔히 쓰는 물건들을 디자인해 아주 싼 가격에 파는 전략을 내세우고 있다. 이것이 바로 타깃이 월마트를 상대로 선전하는 비결 중 하나다. 이런 전략을 따르는 한 타깃이 시장에 매물로 나올 일은 없다.

그동안 비즈니스 업계에서 성공하기를 원하는 젊은이들이 가장 선호하는 학위는 MBA(경영학 석사학위)였다. 하지만 지금은 MFA(예술학 석사학위)도 그에 못지않은 인기를 누린다. 심지어 뉴욕 대학에서는 MBA와 MFA를 결합시킨 학위도 도입했다.

창의성과 혁신은 언제나 중요한 가치로 인식되어 왔다. 다만 지금 새로운 점은 창의성과 혁신의 경제적 가치가 하루가 다르게 높아지고 있다는 사실이다. 여기서 문제는 개인과 조직이 어떻게 하면 이러한 현실에 최대한 잘 대응할 수 있는가이다. 이런 고민을 하는 사람들을 도울 목적으로 관련 컨설턴트, 컨퍼런스, 책, 잡지 등을 아우르는 하나의 거대한 혁신 산업이 만들어졌으며, 이를 통해 우리는 얼마든지 조언과 안내를 받을 수 있다. 우리가 할 일은 이 모두를 면밀히 검토하는 것이 아니라(그것은 불가능하기도 하거니와 이득도 없다), 위대한 성과의 원리가 창의성과 혁신의 본질에 관한 깊은 통찰을 제공할 수 있는지 알아보는 것이다. 만약 그렇다면 창의성과 혁신을 기반으로 발전해 나가고자 하는 사람들에게 큰 도움이 될 것이다. 결론부터 말하자면, 위대한 성과의 원리는 창의성과 혁신의 본질에 관한 깊은 통찰을 제공한다. 이런 통찰은 위대한 성과에 관해 많은 사람들의 마음속 깊이 자리 잡은 믿음과 상반되기 때문에 더욱 가치 있다.

## 창의성과 혁신에 대한 오해

대부분의 사람들이 혁신과 창의성에 관하여 특히 오해하고 있는 두 가지 관점이 있다.

첫 번째는 아르키메데스(Archimedes)의 경험처럼 불현듯 모든 것이 명백해지는 '유레카'의 순간에 창의적인 아이디어가 우리를 찾아온다는 믿음이다. 그렇게 믿는 것도 무리는 아니다. 학교에서 배운 역사적인 발명이나 발견의 순간들은 온통 그런 이야기로 가득하니 말이다. 그런 이야기들은 기억에 오래 남는다. 아르키메데스는 욕조에 몸을 담근 순간 욕조 밖으로 넘치는 물을 보고, 흘러내린 물의 양으로 불순물이 섞인 금의 양을 측정할 수 있다는 깨달음을 얻고 너무 흥분한 나머지 아무것도 걸치지 않은 채 거리로 뛰쳐나갔다. 이런 아르키메데스의 이미지를 쉽게 잊어버릴 학생이 어디 있겠는가. 에이브러햄 링컨Abraham Lincoln은 게티즈버그로 향하는 열차 안에서 영감을 받아 미국 최고의 명연설로 꼽히는 연설문을 작성했다. 또 새뮤얼 테일러 콜리지Samuel Taylor Coleridge는 약에 취해 잠들었다가 깨어났을 때 200~300줄이나 되는 완벽한 시 한 편이 떠올라 〈쿠빌라이 칸(Kubla Khan)〉을 썼다고 한다. 거듭 말하지만, 위대한 창조자들은 다른 누구도 보거나 생각하거나 상상하지 못했던 것을 떠올릴 때 섬광 같은 영감의 불꽃의 인도를 받는 듯 보인다.

두 번째 관점은 아는 것이 너무 많으면 창의성을 발휘하기 힘들다는 믿음이다. 사람들은 흔히 "어떤 문제에 대해 너무 잘 알면 오히려 해법을 보지 못한다."고 말한다. 말하자면 특정 상황, 비즈니스, 연구 분야 등에 관한 지식이 너무 많으면 섬광 같은 통찰을 얻을 수 없다는 것이다. 그런 통찰은 해당 영역에 많은 시간과 노력을 들이지 않는 사람들의 전유물이다. 창의적인 사고에 관하여 기업에 자문을 해 주는 유명한 경영 컨설턴트 에드워드 드 보노Edward de Bono는 이에 대해 다음과 같이 말했다. "해당 분야에서의 경험이 너무 많으면 창의성이 억제될 수 있습니다. 즉 일이 어떻게 돌아가야 제대로인지 너무 잘 알기 때문에 그 생각에서 벗어나 새로운 아이디어를 떠올리기가 아주 어려운 것이죠."

여기에도 그럴듯한 이유가 있다. 우리는 이미 조직적 차원에서 일어나는 이런 현상들을 무수히 보았다. 미국의 전신전화회사 웨스턴 유니언(Western Union)은 왜 전화기를 발명하지 않았을까? 철강회사 US스틸(US Steel)은 왜 미니밀(minimill, 전기로 공장)을 만들지 않았을까? IBM은 왜 일찌감치 개인용 컴퓨터를 발명하지 않았을까? 이런 식으로 관련 기술이나 산업에 대해 너무나 잘 알고 있던 수많은 기업들이 사업을 새로이 전환할 창의적인 돌파구를 마련하는 데 실패했다.

개인적인 차원에서도 상황은 마찬가지다. 캘리포니아 대학의 딘 키스 사이먼튼$^{Dean\ Keith\ Simonton}$ 교수는 1450년에서 1850년 사이에 태어난 인물 중에서 레오나르도 다빈치$^{Leonardo\ da\ Vinci}$, 갈릴레오$^{Galileo}$, 베토벤$^{Beethoven}$, 렘브란트$^{Rembrandt}$ 같이 창의력이 뛰어난 300명 이상을 대상으로 대규모 연구를 실시했다. 사이먼튼은 해당 인물들이 받은 정규 교육 기간을 조사하고 그들이 전념했던 분야에서 참고할 수 있는 성과물을 기준으로 탁월함의 수준을 측정했다. 교육받은 정도와 탁월함의 관계를 그래프로 표시했을 때 그래프 모양이 ∩형태로 꺾이는 것을 발견할 수 있었다. 이는 창의성이 가장 뛰어난 인물들 중에는 대학 교육까지 마친 경우가 가장 많았다는 의미다. 즉 교육 기간이 그보다 짧거나 길면 창의성을 발휘하는 능력도 떨어졌다.

또 다른 연구도 보노의 관점을 뒷받침한다. 심리학자인 에이브러햄 루친스$^{Abraham\ Luchins}$와 에디트 루친스$^{Edith\ Luchins}$는 실험 참가자들에게 크기가 다른 주전자를 사용하여 특정 양의 물을 측정하는 임무를 주었다. 예를 들어, 주전자 용량이 각각 127단위, 21단위, 3단위라고 가정할 때, 참가자들은 세 주전자를 이용해 물의 양을 정확히 100으로 만들어야 했다. 참가자들은 우선 몇 번의 연습을 통해 일정한 순서대로 문제를 해결하는 연습을 했다. 그런 다음 참가자들에게 새로운 문제를 주고 미리 연습해 본 순서 또는 더 간단한 다른 방법으로 문제를 풀게 했다. 그러자 참가자들은 더 간단한 해결 방법이 있는데도 미리 연습했던 방식대로 문제를 해결했다. 이번에는 참가자들에게 간단하지만 새로운 방법으로만 해결할 수 있는 문제를 내주었다. 그러자 참가자들은 새로운 방법을 알아낼 생각은 못하고 이미 알고 있는 방법에만 매달렸다. 하지만 사전에 연습을 하지 않은 참가자들은 새로운 방법을 간단히 찾아냈다.

위와 같이 두 가지 믿음이 창의성에 대한 우리의 시각에 영향을 미쳤다. 즉 영감은 언제라도 충분히 무르익으면 떠오르고, 어떤 상황에 대해서 너무 많이 알기보다는 오히려 적게 아는 것이 창의적인 문제 해결에 도움이 된다는 믿음 말이다. 하지만 이런 관념은 비록 어느 정도 근거가 있는 듯 보이더라도 우리를 잘못된 방향으로 이끌어 진정한 창의성과 혁신으로부터 멀어지게 한다. 신중하게 계획된 연습과 위대한 성과의 원리를 뒷받침하는 증거가 보여 주듯, 지식(많으면 많을수록 좋은)은 우리의 적이 아니라 창의적인 해결책을 찾도록 도와주는 친구다. 그리고 창의성은 결코 섬광처럼 번득이는 영감의 불꽃도 아니다.

## 작곡가들이 경험하는 '침묵의 10년'

비즈니스, 과학, 미술, 음악 등 모든 분야의 가장 혁신적인 사람들에게는 한 가지 공통점이 있다. 어떠한 종류의 창의적 성과든 그런 성과를 거두기까지 몇 년 이상 강도 높은 준비 기간을 거쳤다는 사실이다. 창의적 성과는 결코 어느 날 갑자기 벌어지는 일이 아니다. 트랜지스터 라디오든, 비틀스의 명반 〈서전트 페퍼스 론리 하츠 클럽 밴드(Sgt. Pepper's Lonely Hearts Club Band)〉든, 휴대전화든, 파블로 피카소Pablo Picasso의 〈아비뇽의 아가씨들(Les Demoiselles d'Avignon)〉이든 무엇이나 마찬가지다. 이들은 모두 예외없이 오래고 고된 준비 기간을 거쳤다. 위대한 혁신은 오랜 경작 기간 동안 관심을 쏟고 정성껏 돌본 후에야 피어나는 한 송이 장미와 같다.

이에 대한 여러 증거는 놀랄 만큼 일관성이 있다. 역사적으로 다양한 시기에 활동한 작곡가 76명을 대상으로 이루어진 한 연구에서는 현재 구할 수 있는 음반 수를 토대로 이 작곡가들의 대표작이나 처음 주목받은 작품 등을 조사했다. 이 연구를 진행한 카네기멜론 대학의 존 헤이스John R. Hayes 교수는 500곡 이상을 확인했다. 템플 대학의 로버트 와이스버그Robert W. Weisberg 교수는 이 연구 결과를 다음과 같이 요약했다. "이 작품들 가운데 작곡가가 경력 10년이 되기 전에 완성한 것은 단 세 곡뿐이었는데, 그것도 8년이나 9년째 되는 해에 작곡한 작품이었다." 76명의 작곡가들은 작곡을 시작한 이후 약 10년 동안 세인들이 주목할 만한 작품을 거의 내놓지 못했다. 헤이스 교수는 가치 있는 무언가를 만들어 내기 위해서는 꼭 거쳐 가야 하는 듯 보이는 이런 준비 기간을 '침묵의 10년'이라고 불렀다.

헤이스는 131명의 화가를 대상으로 한 비슷한 연구에서도 마찬가지 결과를 얻었다. 화가들이 좋은 작품을 내기까지의 준비 기간은 대략 6년으로 작곡가들보다는 조금 짧았지만, 이 역시 결코 만만한 기간은 아니다. 피카소 같은 천재들도 여기서 예외는 아니었다. 시인 66명을 대상으로 한 연구의 경우, 10년 안에 주목할 만한 작품을 내놓은 사례는 있었지만 5년 미만인 경우는 없었다. 즉 66명의 시인 중 55명이 훌륭한 작품을 내놓기까지 10년 이상 걸렸다.

이런 연구 결과들은 여러 학자들이 다양한 분야를 넘나들며 뛰어난 성과를 이룬 인물들을 연구해서 발견한 '10년 법칙'을 떠올리게 한다. 이 법칙을 증명해 보이려는 의도가 없었던 다른 학자들이 결국에는 비슷한 결론에 도달한 경우도 있다. 하버드 대학의 하워드 가드너 교수는 20세기 초 가장 위대한 혁신가 일곱 명—알베르트 아인슈타인Albert Einstein, 엘리엇T.S. Eliot, 지그문트 프로이트Sigmund Freud, 마하트마 간디Mahatma Gandhi, 마사 그레이엄Martha Graham, 피카소, 이고르 스트라빈스키Igor Stravinsky—을 다룬 『열정과 기질Creating Minds』이라는 책을 저술했다. 이보다 더 다양한 인물군을 한데 묶기도 어려울 듯싶다. 가드너는 이들의 업적을 평가하는 데 필요한 작품들을 조사하면서도 특별히 무언가를 증명하거나 반증하겠다는 목적은 없었다. 하지만 그는 연구 결과를 정리하면서 이렇게 썼다. "이 연구를 통해 나는 10년 법칙에 강한 인상을 받았다. ……피카소처럼 네 살 때쯤 자신이 장차 해 나갈 분야에서 첫걸음을 떼야만 10대에 거장이 될 수 있다. 작곡가 스트라빈스키나 무용가 그레이엄은 10대 후반까지 창의적인 작업을 시작하지 않았고, 20대 후반까지도 자신의 진정한 역량을 발휘할 준비가 되어 있지 않았다."

비틀스도 음악계에 일대 혁신을 일으키기 전 길고 고된 준비 기간을 보낸 데는 예외가 아니었다. 와이스버그 교수는 비틀스를 연구하면서 그들이 유명해지기 전까지 합주로 수천 시간을 보낸 사실을 알아냈다. 초기에 비틀스는 자작곡이 거의 없었고, 그나마 있는 곡들도 평범한 수준이었다. 그런 곡들은 비틀즈가 성공하고 한참 뒤에 사람들이 들쑤셔서 찾아내지 않았더라면 결코 세상의 빛을 보지 못했을 것이다. 비틀스 최초의 히트곡은 그들이 5년 반 동안 함께 활동했을 무렵 존 레넌John Lennon과 폴 매카트니Paul McCartney가 공동 작업하여 1963년에 발표한 〈플리즈 플리즈 미(Please Please Me)〉다. 하지만 혹자는 이 곡이 비록 인기를 끌기는 했으나 그 정도로는 대중음악에서 결코 중요한 혁신을 일으켰다고 할 수 없으며, 이 곡의 어떤 점이 창의적이냐고 따져 물을 수도 있다. 하지만 이 논쟁은 비틀스가 〈러버 소울, 리볼버(Rubber Soul, Revolver)〉와 〈서전트 페퍼스 론리 하츠 클럽 밴드〉를 발표한 활동 중기 이후로 미뤄야 한다. 자작곡으로만 이루어진 이 두 장의 음반은 대중음악계의 판도를 완전히 뒤바꿔 놓았다. 〈서전트 페퍼스〉 발표 당시 존 레넌과 폴 매카트니는 10년 동안 지치지 않고 열심히 함께 작업해 온 사이였다.

그렇다면 그토록 긴 준비 기간 동안 정확히 무슨 일이 진행되었을까? 그것은 신중하게 계획된 연습과 관련하여 언급했던 해당 분야에 관한 지식 습득과 아주 흡사하다. 이 시기는 대개 교사의 지도 아래 해당 분야를 상당히 깊이 있게 파고드는 과정이며, 교사의 지도가 없더라도 혁신가 스스로 개인적 한계를 뛰어넘어 그 분야의 한계에 도전하기 위해 최대한 많은 것을 익히려고 애쓰는 과정이다. 가드너는 일곱 명의 위대한 혁신가들의 이야기에서 많은 공통점을 찾았고, 그것들을 조합하여 '모범 창조자(Exemplary Creator, 줄여서 E.C.)'라고 이름붙인 복합적 인물의 이야기를 만들었다. 청소년이나 이제 막 성인이 되는 시점에 "E.C.는 해당 분야의 전문 지식을 쌓느라 이미 10년을 투자했고 거의 최고가 되기 직전의 수준에 이르렀다. 가족이나 지역 전문가들에게는 더 이상 배울 것이 없었으며, 같은 길을 걷는 뛰어난 인재들 사이에서 자신을 검증해 보고 싶은 강한 충동을 느낀다." 그 결과 "E.C.는 해당 분야의 활동 중심지로 향하는 모험을 감행한다."

여기서 우리는 해당 분야를 완벽히 이해하기 위해 들이는 막대한 시간과 노력, 더 수준 높은 지도자 찾기, 안전 영역을 통과하기 위한 자발적인 분발과 노력 등 신중하게 계획된 연습의 몇 가지 요소들을 확인할 수 있다. 이렇게 자발적으로 끊임없이 노력하는 시간이 이어지면서 "E.C.는 마침내 자기가 스스로 개척해 나갈 특별한 관심 분야를 찾거나 문제의식을 갖게 된다." 여기까지의 여정은 결코 순탄하지 않다. 다양한 분야의 위대한 성과자들에게서 이를 확인할 수 있다. "E.C.는 거의 매 순간 자기 일에 매진한다. 그것은 자기 자신이나 다른 사람들에게 엄청난 노력을 요구하는 일이다. 윌리엄 예이츠William Butler Yeats 안에 있는 E.C.는 인생의 완벽함을 제쳐놓고 작품의 완벽함을 선택했다." 우리는 이미 앞에서 신중하게 계획된 연습을 통해 위대한 성과를 이루는 경우를 살펴볼 때마다 사전에 이런 극단적인 노력이 있었다는 사실을 알 수 있었다.

이와 같은 미적인 분야의 사례들은 비즈니스 영역과도 밀접한 관련이 있다. 오늘날 비즈니스에서 가장 중요한 혁신의 대다수는 우뇌, 즉 미적 창의력의 결실이기 때문이다. 그 밖에 다른 중요한 혁신들은 과학의 영역에 속한다. 그리고 여기서 지식이 너무 많으면 혁신적인 아이디어를 떠올리기 힘들다는 주장은 더욱 빛을 잃는다. 예를 들어, 창의적인 문제 해결 면에서 21세기 과학 전체를 통틀어 가장 기념비적인 사건으로 꼽히는 제임스 왓슨James Watson과 프랜시스 크릭Francis Crick의 DNA 구조 발견을 생각해 보자. 와이스버그 교수는 치밀한 조사를 통해 노벨상 수상자인 라이너스 폴링Linus Pauling(항원·항체 반응 이론에 관한 업적으로 1954년에 노벨 화학상을 받은 과학자)을 비롯해 여러 저명한 과학자들도 비슷한 시기에 같은 문제를 놓고 서로 다른 각도에서 고심하고 있었다는 사실을 밝혀냈다. 만약 어떤 문제에 너무 익숙한 것이 약점이 된다면, 우리는 왓슨과 크릭이 다른 연구자들의 판단력을 흐려놓는 엄청난 양의 자료에서 자유로웠던 탓에 그런 획기적인 발견을 했다고 생각하기 쉽다. 하지만 사실은 정반대였다. 아직 인터넷이 보급되기 전인 1950년대 초에는 학자들의 연구 결과가 지금만큼 쉽고 빠르게 세상에 알려지지 않았다. 와이스버그 교수는 왓슨과 크릭이 어떻게 각종 논문과 X-레이 사진, 원본 데이터들을 구하고, X선 결정학(x-ray crystallography)과 물리학을 이해했으며, 어떻게 그 모든 것을 어느 누구도 깨닫지 못한 결정적인 지식으로 결합시켰는지 밝혀냈다. 무엇보다 왓슨과 크릭은 그들이 가진 많은 정보 덕분에 DNA가 이중나선형으로 이루어져 있으며(폴링은 세 가닥, 즉 삼중나선형이라고 생각했다), 안쪽에 네 종류(아데닌, 구아닌, 티민, 시토신)의 질소 염기가 두 개씩 짝지어 나선형 계단의 각 층을 이루었고(어떤 학자들은 염기쌍으로 이루어진 계단식 형태가 나선형을 이루고 있는 두 가닥으로부터 바깥쪽으로 투사된 것이라고 생각했다), 그것을 양쪽 바깥에서 당과 인산으로 이루어진 두 가닥이 연결하고 있다는 올바른 결론에 도달할 수 있었다. 그들은 나선의 회전각을 측정했고 각 염기쌍이 서로 연결되는 방식을 알아냈다.

왓슨과 크릭이 DNA의 퍼즐 조각들을 처음으로 발견한 것은 아니었다. DNA의 나선형이 홑 가닥이나 세 가닥이 아닌 두 가닥으로 이루어져 있다는 사실을 그들보다 먼저 안 과학자들이 있었고, 다른 두 팀은 이중으로 된 나선형의 기둥이 바깥쪽에 있다는 사실을 밝혀냈다. 하지만 왓슨과 크릭이 처음으로 DNA 구조에 관한 전반적인 문제를 해결했다. 그들만이 이 문제를 해결하는 데 필요한 모든 사실을 알고 있었기 때문이다. 와이스버그는 이렇게 결론지었다. "왓슨과 크릭이 다른 사람들과 다르거나 더 나은 사고의 소유자들이라고 생각할 필요는 없다. 그들은 단지 정확한 DNA 모델을 추론하는 데 필요한 정보들을 이용했고, 다른 이들은 그렇게 하지 못했을 뿐이다."

위의 사례에서 특정 분야의 지식이 너무 많거나 관련 문제에 너무 익숙할 경우 창의적인 성과를 내기가 어렵다는 주장을 뒷받침할 만한 증거는 찾을 수 없다. 오히려 모든 증거가 반대 방향을 가리키고 있다. 가장 탁월한 창조자들은 시종일관 자기가 선택한 분야에 완전히 몰두하고, 그 분야에 관한 방대한 지식을 쌓으며, 끊임없이 자신을 한 방향으로 내몰면서 그 일에 평생을 바친다.

이와 관련하여 정규 교육을 너무 많이 받아도 창의적인 성과를 내는 정도가 떨어진다는 주장을 뒷받침하는 증거는 어떨까? 이 경우는 아주 말이 안 되지는 않는다. 하지만 확실한 것은 정규 교육을 받은 햇수가 특정 분야, 그중에서도 한정된 영역에 관한 지식의 양을 측정하는 데 적합한 기준이 아니라는 사실이다. 예를 들어, 문학 박사는 보통 특정 형식의 문학작품 해석과 그 배경을 이루는 역사에 관하여 상당한 수준의 지식을 갖추고 있다. 하지만 이런 지식은 실제로 작품을 창작하는 일과는 전혀 다른 영역에 속하며, 거기에 필요한 지식과 기술도 다르다. 사실 창의적인 분야에 종사하면서 높은 지위를 얻고자 하는 사람들은 대개 그 분야에 일대 혁신을 일으키는 삶이 아니라 교수가 되는 길을 택한다. 따라서 이런 분야에서는 확실히 정규 교육을 많이 받은 사람일수록 혁신가로서의 역량이 뒤처진다고 말할 수 있다.

과학과 기술 분야에서는 상황이 다르다. 오늘날 이 분야에서 창의적인 방식으로 문제를 해결하려면 고등교육은 필수적이다. 대학교 2학년 학생이 암 치료법을 개발하는 일은 없다. 이것이 오늘날의 현실이다. 하지만 고등교육과 낮은 수준의 창의적 성과를 연관시킨 연구는 대개 1450년부터 1850년까지가 대상이었다는 점을 기억해야 한다. 이 기간 중 앞의 절반은 우리가 알고 있는 과학이라고 할 만한 것이 거의 존재하지 않았다. 당시는 과학적 방법론의 기본 원리들이 알려지기 전이었기 때문에 수준 높은 교육을 받았다고 해서 반드시 과학적 지식이 많다는 의미는 아니었다. 근대 과학이 시작되기 전에 살던 사람들을 대상으로 한 연구에서 '과학계에서는 정규 교육을 받은 햇수와 창의력 수준의 관계가 무관하다'는 결론이 도출되는 것은 당연하다. 즉 당시에는 광범위한 분야에서 특정 영역에 관한 지식은 정규 교육을 받은 햇수와 거의 관련이 없었다.

보다 중요한 사실은 위대한 혁신가들이 지식에 억눌리지 않았다는 점이다. 오히려 그들은 지식을 통해 성장했다. 그리고 오랜 세월 동안 신중하게 계획된 연습과 우리가 앞에서 보았던 고된 준비 과정을 통해 지식을 얻었다.

## 통찰은 연구와 숙고에서 싹튼다

많은 사람들은 위대한 창조적 성과물에 대해, 제임스 와트James Watt의 증기 기관을 두고 19세기의 어느 유명한 작가가 했던 말처럼 "주피터의 뇌에서 튀어나온 미네르바처럼 갑자기 생겨났다."고 생각한다. 이제 이런 일반의 통념에 대해 다시 생각해 보고자 한다. 비즈니스, 예술, (와트의 증기 기관을 포함한) 과학 분야에서 주목할 만한 획기적인 발견들을 자세히 살펴보면, 그것들은 결코 무에서 생겨난 것이 아니었다. 또한 어떤 전례 없는 사건도 아니었다. 획기적인 발견은 과거를 부인하지 않는다. 오히려 과거의 업적에 기댄 부분이 상당히 크다. 또한 관련 분야의 지식에 통달한 사람들이 대개 그런 발견을 이루어 내는 법이다.

이런 사례는 어디서나 찾을 수 있지만, 예술사 학자들이 20세기 가장 중요한 그림으로 꼽는 피카소의 〈아비뇽의 아가씨들〉만큼 극적인 경우는 없다. 와이스버그와 가드너는 창의성에 관한 각자의 연구에서 피카소의 사례를 자세히 다루었다. 사람의 몸에 사람처럼 보이지 않는 괴기스러운 얼굴, 그리고 저돌적으로 드러낸 알몸까지, 과거의 그 어느 것과도 관련성을 찾기 힘든 이런 창의적인 작품의 진정한 가치를 밝히는 일은 쉽지 않았을 것이다. 1907년, 피카소가 이 그림을 발표한 당시에는 혹평이 쇄도했다. 하지만 이런 충격적인 작품조차 피카소가 접했던 기존의 영향들―고대 이베리아의 두상 조각, 아프리카와 남태평양의 원시 예술, 폴 세잔Paul Cézanne과 앙리 마티스Henry Matisse의 그림에 나타나는 인물상과 구도―로부터 영감을 얻은 것이다. 그렇다 하더라도 피카소 그림의 강력한 힘은 전혀 훼손되지 않는다. 이처럼 우리는 광범위한 연구 결과를 통해 이 기념비적 작품조차 무에서 창조된 것이 아니며, 자기 분야를 통달하는 데 많은 세월을 보낸 예술가가 받아들이고 발전시킨 다양한 요소들을 새로이 멋지게 조합하고 공들여 다듬어서 완성한 것이라는 사실을 확인할 수 있다.

과학과 기술 분야에도 이런 사례가 있다. 제임스 와트는 혼자 증기 기관을 다 '발명'한 것이 아니었다. 그가 거의 발명하기는 했지만, 증기 기관은 주피터의 뇌에서 나온 미네르바처럼 갑자기 생겨난 존재가 아니었다. 1763년에 와트가 토머스 뉴커먼Thomas Newcomen의 고장난 대기압 기관을 수리하다가 그것을 개량하여 자신의 증기 기관을 만들기 전에도 이미 다양한 증기 기관이 존재했다. 토머스 뉴커먼이 발명한 여러 유형의 기관은 영국에서 탄광의 배수 문제를 해결하는 상업적 용도로 이용되고 있었다. 그러나 뉴커먼 역시 증기 기관을 발명한 사람은 아니었다. 그가 고안한 장치는 기존의 기계를 개량한 것에 불과했다. 이런 식으로 발전의 사슬을 거슬러 올라가면 진정한 증기 기관 발명가로 불릴 수 있는 사람은 없다. 뉴커먼이 만든 장치는 그다지 효율적이지 않았다. 그보다는 와트의 설계가 훨씬 효율적이었다. 또한 와트의 증기 기관은 산업혁명을 거치면서 역사의 흐름을 완전히 뒤바꿔 놓은 초대형 혁신이 되었다. 하지만 기적처럼 세상에 나타난, 기존에 전혀 상상할 수 없던 것은 아니었다. 오히려 반대로, 와트의 발명품은 기존에 있던 뉴커먼의 장치를 개량하다가 만든 것이었다. 또한 와트에게 기계장치 개발자로서 오랜 시간의 훈련을 통해 습득한 기술과 지식이 없었다면 불가능한 일이었다.

마찬가지로 엘리 휘트니Eli Whitney는 조면기(목화의 씨를 빼거나 솜을 트는 기계-옮긴이)를 발명하지 않았다. 그 이전에도 목화에서 씨를 제거할 용도로 개발된 기계는 많이 있었다. 하지만 이 기계들은 성능은 괜찮았지만 고급 면을 만드는 긴 섬유 면화 가공에만 쓰여 경제적으로 크게 활용되지 못했다. 휘트니가 기존 조면기 제작에 쓰인 원리를 상당 부분 활용해 개발한 새로운 조면기는 짧은 섬유 면화도 가공할 수 있었다. 그리고 그 차이가 모든 것을 바꾸었다. 여기서도 휘트니 이전에 이미 다른 조면기들이 있었다고 해서 휘트니가 개발한 조면기의 중요성을 퇴색시키지 못한다. 그녀의 조면기는 미국 남부 경제에 급격한 변화를 일으켰으며 역사를 바꿔 놓았다. 하지만 이것도 어디선가 불쑥 생겨난 것이 아니었다. 휘트니가 기존의 조면기를 획기적으로 개량할 수 있었던 것은 그녀가 그 기계들을 제대로 파악하고 있었기 때문에 가능한 일이었다.

증기 기관과 조면기는 산업 분야에서 가장 중요한 혁신으로 손꼽힌다. 또한 오늘날까지도 원래의 모습 그대로 남아 있다. 전신에서 비행기, 그리고 인터넷까지 이 모든 것은 기존에 있던 것을 개조하고 보완하여 완성되었다. 또한 뛰어난 통찰이 있기는 했지만 선배들이 이룩해 놓은 성취와 그에 관한 깊은 이해가 뒷받침되지 않았다면 전적으로 불가능한 업적이었다. 증기 기관이나 조면기보다 역사적 중요성이 덜한 그 밖의 혁신들도 마찬가지다. 어린이용 전자 독서 기기인 립패드(LeapPad)와 플라이(FLY) 전자펜을 개발한 발명가 짐

마그라프Jim Marggraff는 『뉴욕타임스』를 통해 이렇게 말했다. "각각의 창조물은 이전에 만들어진 창조물을 토대로 한다." 다른 창조자들처럼 그의 경험으로도 혁신은 문제와 거리를 두어서는 이루기가 어렵다. 대신 그는 "'아하' 하는 통찰의 순간은 연구와 숙고의 시간으로부터 싹튼다."고 말했다. 컨설팅 회사 나비센트(Naviscent)의 공동 설립자이기도 한 인터넷 기업가 더글러스 듀인Douglas K. Duyne은 『타임스』에 마그라프와 같은 생각을 밝혔다. "직관적 통찰이라는 개념은 모든 것이 실제보다 더 쉽다고 믿고 싶어 하는 몽상가들의 꿈이다."

## 아르키메데스는 욕조에서 뛰쳐나오지 않았다

혁신이라는 관점에서 플라이 전자펜은 베토벤의 교향곡이나 아인슈타인의 상대성 이론에 비해 그 가치가 현저히 낮아 보이지만, 사실 근본적으로는 다르지 않다. 최근까지 학자들은 창의성을 흔히 두 가지 범주로 생각했다. 하나는 집적회로나 『허클베리 핀Huckleberry Finn』처럼 유명하고 영향력 있는 결과물을 산출하는 'Big-C 창의성'이고, 다른 하나는 TV 광고나 플로리스트의 꽃꽂이처럼 일상적인 창의성을 가능하게 하는 'little-c 창의성'이다. 오리건 대학의 로널드 베게토Ronald A. Beghetto와 캘리포니아 주립대학의 제임스 코프먼James C. Kaufman은 혁신의 두 가지 유형이 모두 동일한 발달 과정의 연속선상에 있으며, 이 연속선은 'little-c 창의성'을 지나 'mini-c'라는 창의성에까지 이어진다고 주장했다. 이런 관점에서 "창의적 성과물의 모든 단계는 참신하고 개인적으로 유의미한 해석(mini-c)에서 출발하여 개인들 상호간에 참신하고 의미 있는 것으로 인정하는 단계(little-c)를 지나 훌륭한 창의적 성과(Big-C)로 나아가는 궤도를 따른다."

이것은 상당히 중요한 관점이다. 창의적 성과가 다른 유형의 성과와 같은 방식으로 달성된다는 사실을 입증하기 때문이다. 베게토와 코프먼은 이렇게 말했다. "Big-C 성과는 몇몇 개인들이 특별히 타고난 유전적 재능보다는 특정 분야에서 강도 높게 이루어진 계획된 연습에 더 많은 영향을 받는다." 창의성을 연구하는 학자들로서 두 사람은 에릭슨과 그 동료들의 연구가 "뛰어난 창의적 성과가 만들어지는 과정을 확실하게 경험적으로 증명하고, 신중하게 계획된 연습의 중요성을 잘 보여 준다."고 보았다.

요컨대 혁신가들은 다른 모든 사람들과 다를 바 없는 조건에서 그런 위대한 성과를 이룰 수 있었다.

하지만 사람들이 비슷한 유형의 문제를 처리할 때 기존의 방식을 벗어나지 못한다는 연구 결과에 대해서는 어떻게 설명할 것인가? 이것이 우리가 아는 실제 혁신가들의 경험과 대립하지는 않는가? 이에 대한 답은 앞의 유명한 주전자 실험을 좀 더 자세히 들여다보면 찾을 수 있다. 이 실험에서 참가자들은 주전자와 다섯 개의 예제를 받았다. 그들은 예제를 통해 주전자에 물을 채우고 다른 주전자에 옮겨 담는 똑같은 방식으로 문제 해결법을 연습했다. 연습이 끝난 후 참가자들에게 문제가 주어졌고, 그중 하나는 연습했던 것보다 더 간단한 방법으로만 풀 수 있는 문제였다. 하지만 참가자들은 그 방법을 알아채지 못했다. 이 실험의 결과는 문제에 너무 익숙하면 혁신적인 해결 방법을 찾지 못한다는 견해를 뒷받침하는 듯했다.

하지만 이 실험 상황을 자세히 들여다보면 실제로 사람들이 창의적인 해결책을 찾아낼 때의 상황과 다른 점을 확인할 수 있다. 실험 참가자들은 그 분야를 연구하거나 그런 문제를 파악하는 일로 오랜 시간을 보낸 사람들이 아니었다. 주어진 과제에 대한 참가자들의 지식은 연구자들이 의도적으로 조작한 예제를 통해 습득한 지식뿐이었다. 이런 조건에서 실험 참가자들이 창의적인 문제 해결책을 찾지 못했다는 결론이 나오는 것은 그리 놀라운 일이 아니다. 우리는 이 실험이 창의적인 해결책을 찾도록 돕거나 방해하는 요소에 대해 많은 것을 말해 준다고 단정해서는 안 된다. 이 실험은 우리가 특정 유형의 문제 해결법에 지나치게 의존했을 때 일어나는 현상을 보여 준다고 해석되었지만, 그보다는 오히려 문제 해결 자체에 충실하지 않았을 때 어떤 일이 일어나는지 보여 준다고 해석될 수도 있다. 이 실험에서 우리가 또 한 가지 알 수 있는 사실은 예제를 미리 접하지 않았던 사람들이 미리 연습까지 했던 사람들도 찾지 못한 간단한 해결책을 금방 알아냈다는 점이다. 그러나 참가자들 중에는 우리가 이 책에서 관심을 기울이고 있는 대상, 즉 관련 분야 연구에 오랫동안 몰두해 온 사람들은 포함되지 않았다. 상당히 흥미롭고 널리 알려진 이 실험 결과에는 우리가 위대한 혁신가들의 경험을 통해서 살펴보았던 사실들과 모순되는 내용은 담겨 있지 않았다.

그렇다면 놀라운 창의적 성과가 어느 날 갑자기 완벽한 형태를 갖추고 창작자 앞에 나타난다는 신화는 어떻게 된 것일까? 대답은 간단하다. 그것은 사실이 아니다. 자다가 깨어 보니 완성된 시 한 편이 눈앞에 떠올랐다는 콜리지는 시 못지않게 자기 홍보에도 뛰어났던 모양이다. 그가 자기 시를 잘 팔리게 하려고 그런 꿈 이야기를 지어 냈다는 주장도 신빙성은 있다. 언젠가 콜리지가 쓴 시의 초고가 발견되었는데, 이것을 보면 그가 시집이 출간되기 전에 원고를 대폭 수정했다는 사실을 알 수 있다. 그런데 이 원본 시에서도 콜리지는 자신이 17세기에 나온 『순례기Pilgrimage』라는 책을 읽다가 약 기운에 취해 깜박 잠이 들었는데, 깨어 보니 눈앞에 "무릉도원에서 쿠빌라이 칸이 / 장엄한 환락궁을 지으라고 명하니……"로 시작하는 자신의 유명한 시가 펼쳐졌다고 말했다. 하지만 비평가 존 로이스John Lowes가 『순례기』에서 칸의 도시를 설명하는 다음과 같은 대목을 찾아냈다. "쿠빌라이 칸이 상도(上都)에 위풍당당한 성을 지으라고 명하여……." 모든 위대한 창조자들과 마찬가지로 콜리지 역시 기존 성과물에 영향을 받았던 것이다.

에이브러햄 링컨이 그 유명한 게티즈버그 연설문을 처음 작성한 것은 전쟁터로 향하는 기차 안이 아니었다. 백악관에서 그 연설문 초안들이 무더기로 발견되었다. 아르키메데스가 유레카를 외친 순간에 관해서는 그 자신의 광범위한 저작들은 물론이고 그와 동시대에 살던 학자들의 어느 저작물에도 아르키메데스의 욕조 이야기를 뒷받침할 만한 증거나 단서는 전혀 발견되지 않았다. 그래서 학자들은 그의 이야기를 신화라고 결론 내렸다.

## 혁신의 필수 요소: 명확한 방향과 동기 부여

개인이 특출한 창의성과 혁신을 이루어 내는 원리가 일반적으로 뛰어난 성과를 이루는 원리와 동일한 것처럼, 이러한 교훈은 조직에도 똑같이 적용된다. 마지막 장에서 살펴보겠지만, 조직의 성과를 높이는 데 도움이 되는 모든 과정은 더욱 혁신적인 조직으로 거듭나는 데도 도움이 된다. 더욱이 조직의 경우에는 혁신적으로 거듭날 가능성을 높여 주는 몇 가지 다른 원리가 있다. 혁신 산업의 어마어마한 규모는 조직 차원의 창의성을 다룬 책들이 쏟아져 나오는 계기가 되었다. 그중에서 신중하게 계획된 연습과 위대한 성과의 원리에 비추어 보았을 때 몇 가지 눈에 띄는 아이디어가 있다.

위대한 창조자들을 다룬 책들을 보면서 가장 인상적인 점은 그들이 하나같이 자기 분야에 열정적으로 몰두하고, 그 결과 깊이 있는 지식을 쌓았다는 점이다. 조직은 거기서 일하는 '사람'이 혁신적이지 조직 자체가 혁신적인 것은 아니기 때문에, 조직을 혁신하는 가장 효율적인 방법은 직원들이 관련 지식을 쌓고 심화시킬 수 있도록 돕는 일이다. 우리는 8장에서 이미 그런 몇 가지 방법을 살펴보았다. 그 밖에도 컨설팅 전문 업체 맥킨지가 제시한 또 한 가지 방안은 조직 내부에 혁신 네트워크를 만드는 것이다. 이는 해결하고자 하는 문제와 그에 대한 접근법, 그리고 거기서 얻는 교훈에 대해 직원들이 서로 의견을 교환하기 위해서다. 맥킨지의 조애너 바슈[Joanna Barsh]와 말라 카포치[Marla M. Capozzi], 그리고 조너선 데이비드슨[Jonathan Davidson]에 따르면, 혁신 네트워크의 취지는 다음과 같다. "새로운 아이디어는 더 많은 새로운 아이디어의 자극제가 되므로, 네트워크가 혁신의 순환을 만들어 낸다." 우리는 뛰어난 창조자들이 혼자 힘으로 이런 네트워크를 구축하는 것을 흔히 볼 수 있다. 또한 하워드 가드너가 창조자의 원형이라 할 수 있는 E.C.를 통해 주목했던 것처럼, 그런 인물들이 자신의 역량을 시험해 보기 위해 관련 분야의 중심지로 활동 무대를 옮겨간다는 패턴과도 일치한다.

  조직 구성원들이 혁신적인 성과물을 내지 못하는 주요 원인 중 하나는 혁신적인 분위기를 꺼리는 기업 문화에 있다. 이런 문화에서는 신선한 아이디어가 전혀 환영받지 못한다. 위험을 감수해야 하는 일은 무시당하기 일쑤다. 이런 현실을 뒷받침하는 많은 조사가 이루어졌지만 사실 그런 조사도 필요 없다. 우리는 이미 경험으로 충분히 알고 있기 때문이다. 맥킨지는 이런 문제가 시정되지 않는 이유는 최고 경영자가 그것을 문제라고 생각하지 않기 때문이라고 밝혔다. 기업 임원 600명을 대상으로 조사한 결과, 최고위 관리자들은 자기 회사가 혁신적이지 못한 주요 원인을 인재 부족에서 찾았다. 좀 더 직급이 낮은 관리자들은 최고위 관리자들과 의견이 뚜렷이 달랐다. 그들은 회사에 인재는 충분하지만 기업 문화 때문에 혁신을 꾀하기 어렵다고 생각했다. 조직생활을 해 본 사람이라면 위의 두 집단 중 어느 쪽의 관점이 더 실제에 가까운지 알 것이다. 혁신에 거부감을 느끼지 않는 기업 문화로 변화시키는 문제는 너무 광범위한 주제이기에 여기서 자세히 다루기는 힘들다. 다만 한 가지만 짚고 넘어가자. 바로 '문화의 변화는 위에서부터 시작된다'는 점이다. 따라서 최고위 관리자들이 문제가 없다고 생각하는 한 기업 문화는 절대로 바뀌지 않는다. 맥킨지는 수많은 기업이 그토록 혁신적이지 못한 이유가 바로 여기에 있다고 설명한다.

  기업이 혁신적인 조직으로 거듭나기 위해서는 다음 두 가지 접근법이 필요하다. 하나는 무엇을 혁신해야 하는지 명확히 제시하는 것이고, 다른 하나는 자유롭게 혁신할 수 있는 분위기를 만들어 주는 것이다.

보스턴 필하모닉 오케스트라의 지휘자 벤저민 잰더Benjamin Zander는 이따금 기업인들을 대상으로 강연을 한다. 잰더가 그런 강연 때마다 청중들에게 시키는 간단한 연습이 있다. 우선 청중들 중에서 하루 이틀 사이 생일을 맞는 사람을 앞으로 나오게 한다. 그런 다음 청중을 향해 이렇게 말한다. "오늘은 이분의 생일입니다! 이분에게 축하 노래를 불러 줍시다!" 다른 지시가 없어도 사람들은 곧바로 '생일 축하 노래'를 불러 준다. 노래가 끝나면 잰더는 이렇게 말한다. "정말 멋지게 불렀군요. 하지만 그거 아세요? 여러분은 훨씬 더 잘할 수 있습니다. 자, 이제 다시 한 번 불러 보죠. 이번엔 더 잘하는 겁니다. 시작!" 완벽한 정적이 흐른다. 소리를 내는 사람이 아무도 없다. 어색한 시간이 몇 초 흐른 뒤, 잰더가 상황을 설명한다. 무엇을 해야 할지 이해하자 청중들은 쉽게, 모두 다 같이, 누구의 지시 없이 노래를 훌륭히 해냈다. 하지만 잘 이해하지 못했을 때, 즉 더 잘하라는 말만 들었을 때는 완전히 얼어붙고 말았다.

조직에서의 혁신도 이와 마찬가지다. 리더는 직원들에게 혁신적이 되라고 말하지만 그 의미를 명확히 이해하는 사람은 아무도 없다. 어디로 가야 할지 확실하지 않으면 직원들은 아무 데도 가지 않는다. 혁신적인 조직으로 거듭나고자 한다면 리더가 직원들에게 어떤 혁신이 가장 가치 있는지를 분명히 제시해야 한다. 여기에 섬광 같은 통찰은 통하지 않는다. 따라서 직원들은 혁신을 일으키려고 하는 분야에 대해 완벽히 이해하기 위해 엄청난 시간과 노력을 투자해야 한다. 이들에게 잘못된 방향을 제시하는 것은 그야말로 막대한 낭비다. 리더는 직원들에게 올바른 방향을 명확하게 제시해야 한다. 예를 들어, 새로이 생산 라인을 늘릴 방법이 필요하다든가, 라틴아메리카로 새로이 사업을 확장할 방법, 또는 자본 비용을 낮출 새로운 방법이 필요하다는 식으로 말이다. 중요한 것은 사람들이 조직의 최우선 과제를 이해하고, 가장 절실하게 혁신이 필요한 곳이 어디인지 아는 일이다.

　위에서 언급했듯이 또 한 가지 해야 할 일은 직원들이 자유롭게 혁신할 수 있는 분위기를 만들어 주는 것인데, 이는 곧 동기부여의 문제와 직결된다. 왜 사람들이 뛰어난 성과를 올리기 위해 힘든 과정을 마다하지 않는가 하는 문제는 마지막 장에서 다루려 한다. 다만 창의성과 관련하여 다음과 같은 사실에 주목할 필요가 있다. 연구 결과 사람들은 외부적 보상이 전혀 없는 경우에 더 창의적으로 행동한다는 점이다. 즉 보상은 오히려 창의성을 감소시킨다. 모든 연구 결과가 같은 것은 아니지만, 이 결론은 분명 타당해 보인다. 스스로 마음이 우러나 무언가를 만들어 내려는 사람이 단지 돈을 위해 그 일을 하는 사람보다 더 창의적인 것은 당연하다. 돈은 동기부여 목록에서 맨 위에 놓이지 않는다. 우리가 누군가에게 그 분야에서 최고가 되라고 설득할 때는 그 사람에게 가장 강력한 동기부여가 되는 요인을 자극해야 한다. 3M이나 구글처럼 가장 혁신적인 기업들이 직원들에게 개인적으로 관심이 있는 프로젝트에 일정 시간(통상 근무 시간의 10~20퍼센트)을 할애하도록 허용하는 이유가 바로 이 때문이다. 그런 프로젝트가 항상 기업에 유익한 것은 아니다. 어쩌면 위험 요인이 될 수도 있다. 하지만 이런 기업 정책의 장점은 신뢰의 문화가 자리 잡는다는 점이다. 신뢰를 바탕으로 한 기업 문화는 창의성에 큰 도움이 된다. 하지만 그런 문화를 갖출 수 있는 기업은 극소수에 불과하다. 신뢰의 문화를 구축한 기업들이 경쟁에서 앞서 나가는 이유가 거기에 있다.

혁신이 어디에서 오는지 이해하는 일은 아주 중요한 문제다. 아직도 많은 사람들이 혁신적인 성과는 신비한 재능의 산물이라고 믿기 때문이다. 예를 들어, 사람들은 대부분 뛰어난 테니스 선수가 신중하게 계획된 연습의 원리를 통해 성공했다는 말은 쉽게 믿으면서도, 위대한 발명가가 그렇게 했다고 하면 잘 믿지 못한다. 하지만 테니스 선수나 발명가나 성공을 거둔 핵심 요인은 결국 똑같았던 것으로 드러났다. 터프츠 대학의 레이먼드 니커슨Raymond S. Nickerson 교수는 다음과 같이 언급한 바 있다. "많은 학자들이 창의성의 가장 중요한 요소는 전문 지식이라고 강조하는데도, 사람들은 그 중요성을 낮게 생각한다." 무엇보다 가장 큰 차이를 만드는 것은 오랜 시간 동안 지식을 쌓는 힘든 과정을 기꺼이 감수하려는 태도다. 창의성에서 중요하다고 여겨지는 많은 요소들을 조사한 하버드 대학의 데이비드 퍼킨스David N. Perkins 교수는 "대체로 개인의 헌신과 열정으로 여겨지는 가치들이 창의적 사고에 결정적인 역할을 하는 것은 분명하다. ……창조는 우리가 흔히 생각하는 것보다 훨씬 더 의식적인 노력에 가깝다."라고 말했다. 어떤 분야에서 최고가 되기를 갈망하고, 그러기 위해 열심히 노력하며, 혁신을 지향하는 것. 혁신적인 성과는 바로 그렇게 해서 이루어진다.

창의성은 생각보다 훨씬 더 우리 가까이에 있다. 어떤 분야에서의 탁월한 성과이건, 우리가 그것을 이루지 못하는 가장 큰 이유는 목표에 이르기까지의 힘겨운 과정을 기꺼이 감내하지 못하기 때문이다. 이런 점에서 특히 혁신에 관한 연구는 모든 유형의 뛰어난 성과에 대해 중요한 의문들을 제기해 왔다. 신중하게 계획된 연습은 얼마나 어릴 때부터 시작해야 하는가? 늦은 나이에 시작해도 효과가 있는가? 음악처럼 창의적인 분야에서는 아주 어릴 때 연습을 시작해 아주 나이 들어서까지 계속한다. 이것은 무엇을 뜻하는가? 뛰어난 성과를 달성하는 데 예전보다 더 오랜 시간이 걸리는가? 그렇다면 이를 뒷받침하는 환경은 어떤 역할을 하는가?

신중하게 계획된 연습의 힘이 한 개인의 인생 전반에 영향을 미친다는 것은 이미 입증된 사실이다. 지금부터 우리는 그 이유와 그것이 의미하는 바를 알아보기로 하자.

# 10장
## 나이의 한계를 넘게 하는 연습

Talent is Overrated

**빠른 시작, 꾸준한 노력의 엄청난 이득**
뉴욕 필하모닉의 클라리넷 연주자는 어떻게 여든 살까지
활동할 수 있었을까?

## 노벨상 수상자들은 왜 고령이 많을까?

노벨상 수상자들은 왜 그토록 늦은 나이에 그 상을 받는 것일까? 정말 그렇다. 노벨상 수상자들이 고령인 비율은 꽤 높다.

　노벨상 수상자들의 나이를 살펴보면, 뛰어난 업적이 이루어지기까지의 기본적인 현실과 여러 가지 경향들을 알 수 있다. 즉 늦은 나이에 상을 수상한다는 것은 그만큼 각 분야에서 최고 수준에 이르기가 예전보다 더 힘들어졌다는 뜻이다. 이 문제는 아주 어릴 때부터 죽기 전까지 평생에 걸쳐 이루어지는, 신중하게 계획된 연습의 효율성을 되돌아보게 한다. 또한 위대한 성과를 뒷받침하는 환경에 대해서도 생각해 보게 한다. 이와 관련하여 수많은 연구를 통해 알게 된 가장 확실한 사실 하나는 어느 누구도 그 긴 여행을 혼자 하지 않았다는 점이다.

　노벨상 수상자들과 그 밖의 혁신가들의 노령화는 노스웨스턴 대학 켈로그 경영대학원의 벤저민 존스<sup>Benjamin F. Jones</sup>가 밝혀냈다. 그는 과학과 경제 분야의 노벨상 수상자들을 비롯해 대략 20세기에 해당 분야에서 가장 주목할 만한 진보를 이룩한 사람들을 조사했다. 그런 다음 그들의 나이를 확인하고 놀라운 사실을 발견했다. 그런 인물들의 평균 연령이 100년 만에 6세가량 높아진 것이다. 이 결과는 모든 통계적 유의성 검사를 통해 검증되었다. 무언가 커다란 변화가 일어나고 있었다. 하지만 왜일까?

이에 대해 가장 그럴듯한 설명은 20세기 들어 인간의 수명이 크게 늘어났다는 점이다. 그렇다면 위의 결론은 당연한 결과이기도 하다. 물론 노벨상 수상자들의 연령대가 높아진 것은 사실이다. 누구나 그러니 말이다. 하지만 이 설명에는 문제가 있다. 과학자나 경제학자가 인생의 후반기에 중요한 공헌을 하는 경우는 매우 드물다. 따라서 그들이 65세가 아니라 80세까지 사는 것은 전혀 문제되지 않는다. 게다가 존스는 정밀한 통계적 기술을 활용해 노령화 변수를 고려했고, 그 영향은 전혀 없음을 밝혀냈다.

논리적인 설명은 위와 정반대다. 이런 뛰어난 인물들이 주목할 만한 업적을 이루는 나이가 점점 높아지는 이유는 나이든 사람들이 주목할 만한 진보를 많이 이루기 때문이 아니라 젊은 사람들이 그렇게 하지 못하기 때문이다. 아인슈타인은 스물여섯 살에 완성한 연구로 노벨 물리학상을 탔지만, 그 일을 대단하다고 생각하는 사람은 없었다. 오히려 정반대였다. 아인슈타인과 마찬가지로 스물여섯 살(1928년)에 완성한 연구로 노벨 물리학상을 수상한 폴 디랙Paul Dirac은 정확히 이런 관점에서 유명한 시를 남겼다. "나이는 당연히 모든 물리학자가 두려워해야 하는 / 몸서리처지는 뜨거운 열 / 서른 번째 해가 지나고 나면 / 살아 있는 것보다 죽는 것이 낫다네."

하지만 아마 20세기가 끝날 때까지 서른 전에 죽은 물리학자는 세상에 알려지지도 않았을 것이다. 존스는 그가 연구한 인물들이 1900년에는 평균 23세에 자기 분야에 적극적인 기여를 하기 시작했지만,

1999년에는 31세로 8년이나 차이가 났고, 물론 그들이 가장 큰 성과를 이룬 시기는 그보다 더 늦은 나이였음을 밝혔다. 노벨상 수상자들과 다른 혁신가들의 연령대가 점점 높아지는 이유는 수명이 길어져서가 아니라, 각자의 분야에서 맨 처음 큰 기여를 하기까지 걸리는 시간이 훨씬 더 길어졌기 때문이다.

이런 경향이 단지 가장 뛰어난 인물들에게만 나타나는 현상이 아님을 뒷받침해 주는 연구가 있다. 이에 따르면 다양한 분야에서 사람들이 처음으로 특허를 받는 나이는 한 세기에 6~7년 비율로 상승하고 있다. 존스는 "이러한 사실들을 전부 취합해 볼 때, 위대한 인물들이나 평범한 혁신가들 모두에게서 비슷한 경향을 확인할 수 있다. 우리는 일반적인 현상을 보고 있는 것 같다."고 말했다.

그가 일반적이라고 한 까닭은 지식이 상당한 비중을 차지하는 모든 분야에서 같은 현상이 나타나기 때문이다. 지식은 위대한 성과의 주춧돌이다. 그리고 끊임없이 진보를 거듭하는 분야에서 그동안 누적된 지식을 통달하기까지는 언제나 그 이전보다 더 오랜 시간이 걸린다. 물리학계를 생각해 보면 간단히 확인할 수 있다. 막스 플랑크Max Planck, 닐스 보어Niels H.D. Bohr, 베르너 하이젠베르크Werner Heisenberg, 엔리코 페르미Enrico Fermi, 리처드 파인만Richard Feynman 등 20세기의 위대한 물리학자들을 떠올려 보라. 왜 오늘날의 물리학도들이 아인슈타인보다 더 오랜 사전 준비 기간이 필요한지 분명히 확인할 수 있다.

이와 같은 경향은 물리학을 비롯한 자연과학의 영역을 넘어 엄청난 양의 지식이 축적된 전 분야로 확산되고 있다. 특히 비즈니스가 그렇다. 경제학과 기업 금융은 지난 100년 동안 커다란 전환기를 맞았다. 마케팅, 오퍼레이션 리서치(operation research), 조직 행동론(organization behavior)은 과거 그 어느 때보다 더 많은 연구가 필요한 진보된 학문 분야로 발전했다. 현재 미국 조세법전은 그 양이 어마어마해서—소설『전쟁과 평화』의 네 배 분량—관련 업무를 보는 사람이 그 내용을 숙지하려면 수년 동안 집중적으로 연구를 해야 한다. 즉 이런 모든 영역에서 노벨상 효과가 진행되고 있는 셈이다.

노벨상 효과를 더욱 강화하는 것은 전반적으로 높아지고 있는 성과 기준이다. 성과 기준이 높아지면 그만큼 뛰어난 역량을 발휘하기까지 더 오랜 준비 기간이 필요하다. 1장에서 우리는 사실상 거의 모든 영역에서 성과 기준이 높아지는 현상과 그 원인을 제공하는 몇 가지 요소를 확인했다. 또한 이런 현상은 직업과 관련된 세계에만 한정된 것이 아니다. 대학 지망생들의 부모는 누구나 마치 현재가 아니라 과거에 자신들이 대학에 지원했던 때처럼 몹시 기뻐한다.

## 최고 성과는 특정 환경에서 나타난다

모든 분야에서 뛰어난 성과에 대한 요구가 커짐에 따라, 주변 환경의 중요성도 날로 커지고 있다. 혼자 힘으로 위대한 성과를 이루는 사람은 없다. 위대한 성과를 이룬 이들의 삶에 공통적으로 나타나는 뚜렷한 특징은 결정적인 시기에 그들이 받은 값진 지원이다. 위대한 성과를 이룬 사람들 중에는 분명 가난과 좌절에 맞서 싸워야 했던 경우도 있지만, 그것이 지원이 부족했다는 뜻은 아니다. 사실상 모든 사례에서 아낌없이 지원하는 환경은 이들의 성공에 결정적인 역할을 했다.

딘 키스 사이먼턴은 "최고 수준의 전문적 성과는 대개 특정한 사회문화적 배경에서 나타나는 것 같다."고 말했다. 예를 들어, 영국의 유명한 미술사학자이자 『문명(Civilization)』의 저자인 케네스 클라크Kenneth Clarke는 위대한 예술은 보통 아주 안정적인 환경에서 창조된다고 믿었다. 적에게 포위당한 도시민들로부터 훌륭한 조각상이나 협주곡을 기대하기는 어려울 것이다. 사이먼턴은 연구를 통해 '뛰어난 창조자들이 국가 체제가 정비되지 않았던 시기에는 별다른 진전을 보지 못하지만, 하나의 문명권이 여러 독립 국가로 갈라져 정치적으로 분열된 시기에는 더 쉽게 발전을 이루는 경향이 있음'을 밝혀냈다. 이런 사실은 르네상스 시대의 이탈리아를 잘 설명해 준다. 오늘날 서양 문화에서 암 치료에 관한 의학 연구는 충분한 지원을 받지만, 200년 전만 해도 허위 암 치료가 성행해 까딱하면 돌팔이 의사로 오해받기 십상이었다.

지원 환경의 한쪽 축이 문화라고 한다면 다른 한쪽 축은 가정이라 할 수 있다. 그리고 광범위한 연구 결과 가정이 모든 환경 중에서 가장 중요한 역할을 하는 것으로 나타났다. 자기가 선택한 분야에서 발전하기 시작할 무렵 어떤 환경에 처했는지가 큰 차이를 만든다. 심지어 보통 나이가 좀 들어서야 발전하기 시작하는 비즈니스나 그 밖의 분야에서조차 가정의 효율적인 지원은 긍정적인 효과를 낳는다.

적극적으로 지원하는 가정환경의 가장 큰 가치는 아주 어릴 때부터 원하는 분야에서 발전을 이룰 수 있게 해 준다는 점이다. 야구의 투수와 발레 무용수처럼 전문 분야는 아주 어렸을 때 시작해야 한다. 시기를 놓치면 뼈가 굳어져 적절한 몸 만들기가 불가능하다. 그렇게 되면 투수는 충분히 팔을 뒤로 젖히지 못하고, 발레 무용수는 발을 턴아웃시키지 못한다. 또한 적어도 몇 가지 사례에서는 두뇌 적응(brain adaptation)도 같은 패턴을 따르는 듯 보인다. 바이올린 연주자들의 뇌는 보통 사람들의 뇌보다 악기를 연주하는 왼손의 운동을 담당하는 영역이 더 넓고, 어린 나이에 음악을 시작한 사람일수록 오른손의 운동을 담당하는 영역도 더 넓다. 이렇게 양손의 운동을 담당하는 뇌의 영역이 커지면 뇌에서 중요한 연결고리 역할을 하는 미엘린이 형성되는 효과를 낳는다. 어릴 때 하는 연습은 성인이 되어서 하는 연습보다 미엘린 형성을 더욱 빠르게 촉진한다. 피아노 연주자들을 연구한 결과 16세 이전에 연습을 더 많이 한 사람이 뇌의 중요한 부분에 더 많은 미엘린이 형성된 것으로 나타났다. 따라서 연습을 늦게 시작하는 것보다 일찍 시작했을 때 훨씬 많은 이득을 얻을 수 있다.

하지만 이보다 더 중요한 이득이 있다. 바로 시간과 자원이다. 앞에서 여러 차례 보았듯, 어떤 일을 세계적 수준으로 잘하려면 수천 시간 동안 신중하게 계획된 연습에 몰두해야 한다. 예를 들어, 베를린 음악 아카데미의 최상위 바이올린 연주자들은 20세까지 총 1만여 시간을 연습했고, 20세 정도 시점에서는 공부하고, 레슨 받고, 공연 준비하고, 합주하면서 보내는 시간 이외에 연습에 투자하는 시간은 주당 28시간이었다. 가족과 일에 대한 부담을 동시에 느끼면서 순전히 실력 향상을 위한 활동―돈을 벌기보다 오히려 쓰게 되는―에 시간을 할애하는 성인은 몹시 고된 삶을 살아야 한다. 그러니 연습에 충분한 시간을 쓸 수 있는 시기는 오직 유년기와 청소년기뿐이다.

이런 현실로 인해 일찍 시작하는 사람에게는 경쟁 이득이 따른다. 모든 사람이 어릴 때 뛰어드는 분야에 늦게 뛰어든 사람은 영원히 그들의 등만 봐야 하는 서글픈 여행을 하게 될 것이다. 예를 들어, 베를린 음악 아카데미의 최상위 바이올린 연주자들은 직업 연주자가 된 뒤에도 연습을 그만두지 않았다. 오히려 주당 평균 30시간으로 연습량을 늘렸다. 이것이 1년 동안 누적되면 1,500시간이 넘는다. 늦게 시작하는 모험을 감행하려는 사람은 계산기를 꺼내 현실을 직시할 필요가 있다.

## 조직이 가정에서 배울 점

어떤 분야에서 성공하는 데 있어 그것을 뒷받침하는 환경이 결정적인 역할을 하는 것은 분명하다. 많은 연구자들이 그런 환경의 중요한 특징들을 검증했다. 전설적인 교육학자 벤저민 블룸$^{\text{Benjamin S. Bloom}}$은 이 주제와 관련하여 가장 유명하면서도 가장 규모가 큰 조사를 진행했다. 블룸의 연구팀은 피아노 연주, 조각, 수영, 테니스, 수학, 신경학 등 다양한 분야의 미국 최고 젊은 남녀 인재들 및 그들의 부모를 집중 인터뷰했다. 그 결과 그들의 가정환경에 많은 공통점이 있다는 사실을 알아냈다.

 부모들의 성장 배경, 직업, 수입 등 다양한 차이에도 불구하고 이들의 가정은 모두 자녀를 최우선으로 생각했다. 즉 아이들이 가정의 중심이었으며, 자식을 위한 일이라면 부모는 어떤 일이든 기꺼이 감수할 준비가 되어 있었다. 블룸의 보고서에서 가장 주목할 만한 결론은 다음과 같았다. "뛰어나기, 최선을 다하기, 열심히 하기, 시간을 건설적으로 보내기 등이 거듭 강조되었다." 기업의 경우 이것은 문화, 즉 일상적인 기준과 기대로 볼 수 있을 것이다.

이렇게 뛰어난 인재의 부모들은 자식이 어떤 분야에서 일반적인 선택을 해야 할 경우 훌륭한 길잡이 역할을 했다. 하지만 구체적인 선택에서는 운이 큰 역할을 했다. 예술가는 예술 애호가인 부모를, 운동선수는 운동을 좋아하는 부모를, 수학자와 신경학자는 고학력의 부모를 둔 경향이 있었으며, 이 부모들은 자식이 아주 어릴 때부터 그런 분야로 나아가도록 격려했다. 하지만 아이가 결국 피아노를 치게 된 것은 집에 피아노가 있었기 때문이고, 수영 선수가 된 것은 수영 팀에 선수 한 명이 부족했기 때문이었을지 모른다. 아이가 특정 분야에 속수무책으로 이끌린 것도 아니었고, 부모가 그렇게 강요한 것도 아니었다.

이 부모들은 자기 자녀를 가르칠 적절한 교사를 찾았다. 이것이야 말로 자식들이 발전하고 최고 수준의 인재로 발돋움하는 데 부모가 할 수 있는 가장 중요한 역할이다. 아이들의 첫 번째 교사는 대개 거주 지역 내에 있는 코치나 선생님, 친척 등 자주 볼 수 있는 사람들이었다. 하지만 곧 이 아이들에게는 실력이 더 뛰어난 교사가 필요한 시점이 찾아왔고, 그런 교사들은 대개 먼 곳에 있었다. 부모들은 아이에게 가장 적합한 교사를 물색해서 찾은 다음 아이가 수업을 들을 수 있도록 먼 거리를 오가며 많은 시간을 바쳐야 했다. 그리고 결국 자식과 부모, 양쪽 모두 상당한 돈과 시간, 그리고 에너지를 들여야 하는 마지막 단계로서 관련 분야 최고의 교사에게로 옮겨 갔다.

이러한 과정은 기업에서 이루어지는 직원들의 능력 개발을 위한 다양한 업무 할당과 흡사하다. 직원들이 아이는 아니지만, 그들 대부분은 마치 어린아이처럼 자신의 최대 약점을 드러내야 하는 새로운 경험을 자발적으로 찾아 나서지 않는다. 편하게 원래 하던 일을 계속하고 싶은 유혹이 너무 크기 때문이다. 부모나 코치처럼 고용주는 직원들이 계속 발전할 수 있도록 지원해야 한다. 그리고 그 과정에는 반드시 희생이 따른다. 여기서 희생이란 관리자가 다양한 경험을 쌓기 위해 여러 곳으로 근무처를 옮겨 다니거나 어떤 직원이 새로운 기술을 배우는 동안에는 그들이 원래 하던 일을 했을 때 달성할 수 있었던 성과를 거의 혹은 전혀 얻을 수 없는 것을 말한다. 하지만 이런 희생에는 보상도 따른다.

위의 부모들은 아이의 발전 정도에 따라 그에 맞는 교사를 선택하는 일 이외에 직접 아이를 지켜보면서 충분한 시간 동안 제대로 연습하는지 확인했다. 연습 과정을 가까이서 관찰하는 일이 중요한 이유는 연습이 뛰어난 성과의 핵심이기 때문만이 아니라 아이들이란 워낙에 연습을 싫어하기 때문이다. 시카고 대학의 미하이 칙센트미하이 Mihaly Csikszentmihalyi와 그의 동료들은 왜 일부 청소년들이 계획된 연습과 위대한 성과의 핵심이라 할 수 있는 집중력 유지와 힘겨운 공부를 또래의 다른 아이들에 비해 더 쉽게 생각하는지 그 이유를 조사했다. 연구자들은 학생들의 가정환경에 초점을 맞추어 격려와 지원이라는 두 가지 측면을 평가했다. 격려 환경은 풍부한 학습 기회와 학업 성과에 대한 높은 기대치를 의미했고, 지원 환경은 누가 무엇을 해야 하는지 따지지 않고 서로가 의지할 수 있는, 명확한 규칙과 의무를 의미했다. 학자들은 연구 대상자들의 가정환경을 '격려하는'과 '격려하지 않는', 그리고 '지원하는'과 '지원하지 않는'

이라는 구분에 따라 네 가지 조합이 가능하도록 분류했다. 네 가지 조합 중 세 조합에 속한 학생들은 기본적으로 학습에 대한 관심도 및 열의가 낮은 것으로 나타났다. 하지만 나머지 한 집단, 즉 '격려하는' 및 '지원하는' 환경에 속하는 학생들은 자기 공부에 훨씬 더 집중하고 관심을 기울였으며, 열의도 많았다.

  이 중요한 발견은 블룸의 연구 결과와 정확히 일치한다. 블룸이 조사했던 가정들은 아이들을 격려하는 분위기였고("부모들은 아주 어릴 때부터 아이들의 호기심을 키워 주고 아이들의 질문에 성심껏 대답했다."), 안정된 환경에서 아이들에게 지원을 아끼지 않았다. 또한 부모들은 아이들의 연습을 돕는 데 일정 시간을 할애했다. 이러한 관점에서 우리는 뛰어난 인재를 길러 내는 안정된 시스템을 구축한 기업이 그토록 드문 이유에 대해 또 다른 단서를 찾을 수 있다. 대부분의 기업은 아무리 매력적으로 보이는 분야라 하더라도 직원들을 적절하게 격려할 줄 모른다. 평범한 기업들은 직원들에게 배움의 기회를 제공하고 다양한 관심사를 가진 직원을 격려하기보다 그냥 알아서 하게 내버려둔다. 적극적이고 미래 지향적인 환경에서 역할과 책임이 명확히 규정된 구조를 갖추고 지원하는 대신 서로의 잘못을 덮어 주는 기업 문화를 유지한다. 우리는 이런 기업 문화를 삶의 너절한 단면이라고 생각하며 당연하게 받아들일 수도 있다. 하지만 지원 환경에 관한 연구는 그런 기업 문화가 얼마나 해로운지 다시 한 번 확인시켜 준다. 더불어 직원들에게 격려와 지원, 그리고 책임과 의무가 명확히 규정된 구조를 제공함으로써 이런 해로운 분위기를 극복하는 조직이 왜 그토록 드문지, 그리고 왜 그토록 막강한지도 설명한다.

## 비즈니스 천재를 양성할 수 있을까?

우리는 어릴 때부터 연습을 시작해 매우 젊은 나이에 뛰어난 성과를 거둔 사람들을 흔히 봐 왔다. 그리고 다양한 연구를 통해 어떻게 그런 일이 가능한지도 살펴보았다. 눈이 휘둥그레질 만큼 실력이 뛰어난 열여섯 살짜리 피아노 연주자, 체스 선수, 체조 선수에 관한 이야기는 꽤 흔하다. 하지만 왜 비즈니스 같은 분야에서는 열여섯 살짜리 천재를 볼 수 없을까? 이에 대해 그 나이에는 법적으로 수표나 계약서에 사인을 할 수 없기 때문이라고 재치 있게 답할 수도 있겠다. 사실 이 질문은 특정 분야에서는 언제 훈련을 시작해야 하고, 어떤 방식으로 훈련해야 하며, 비즈니스 관련 분야에서 조기 개발은 무엇을 의미하는가 등 보다 광범위한 의문들을 함축하고 있다.

특정 분야에서 10대 천재가 나오지 않는 근본적인 이유는 그 연령대까지 쌓을 수 있는 연습량이 충분치 않기 때문이다. 그리고 어떤 경우는 그 이유가 단지 체격 조건 때문이기도 하다. 피아노나 바이올린은 다섯 살 난 아이도 어린이용으로 연습할 수 있지만, 트롬본이나 더블베이스는 그럴 수 없다. 악기 자체가 너무 크기 때문이다. 따라서 세계적 수준의 트롬본 연주자와 더블베이스 연주자는 다른 악기 연주자들보다 연령대가 높은 편이다. 또한 십 몇 년 동안 실력을 쌓아도 충분하지 않아서인 경우도 있다. 이것이 노벨상 효과다. 수학이나 과학은 다섯 살 때부터 배울 수 있지만 10대 물리학자는 없다. 요즘 추세로 필요한 물리학 지식을 섭렵하는 데는 적어도 20년은 걸리기 때문이다.

하지만 열여섯 살짜리 비즈니스 천재가 나오지 않는 이유가 순전히 그 때문일까? 다시 말해 열여섯 살에 비즈니스 천재 소리를 듣기에는 그때까지 습득해야 하는 지식의 양이 너무 많아서일까? 이 대답은 약간 미흡해 보인다. 일단 기업에 고용된 과학자나 다름없는 전문 경영인들은 제쳐두고, 우선 일반 관리자들에게 초점을 맞춰 보자. 성공적인 관리자가 되기 위해서는 확실히 지식과 기술이 필요하다. 하지만 솔직한 관리자라면 기업 운영은 로켓 과학이 아니라고 인정할 것이다. 분명 사업 전략을 짜는 것은 방대한 일이지만, 가령 (357년이나 걸린) 페르마의 마지막 정리를 증명하는 일과는 전혀 무관하다.

전통적으로 비즈니스 기술 훈련은 어릴 때 시작하지 않는다고 대답할 수도 있다. 비즈니스 분야에서는 수영 선수나 예술가, 수학자처럼 이른 나이에 강도 높고 집중적인 기술 개발을 하지 않는다. 따라서 그것이 바람직한가의 문제는 잠시 미루어 놓더라도, 어린 나이에 비즈니스에 관한 지식과 기술을 집중적으로 훈련하는 것이 가능하고 효과적인가라는 의문이 생긴다.

대답은 분명 '그렇다'이다. 발전은 언제나 연습의 시작과 함께 진행되기 때문에, 우리는 다섯 살짜리 아이에게 자본자산 가격 결정 모형(capital asset pricing model)이나 식품의약국의 내부 업무에 대해 가르치려고 애쓰지는 않는다. 하지만 전문 영역에 관해서 기본적인 지식은 가르칠 수 있고, 수세기 전부터 최근까지도 일상적으로 행해져 왔다. 열 살이 채 되기 전에 가업이나 몇몇 사업에 관해 배우기 시작하는 아이들이 있지 않은가. 도제 제도는 어릴 때부터 숙련된 스승의 지도 아래 특정 분야를 집중적으로 파고드는 것을 말하는데,

그 기본 원리는 조기 개발과 일치한다.

열 살 전후의 아이들에게는 특정 분야에 대한 기본적인 지식 이외에도 좀 더 구체적인 비즈니스 기술을 훈련시킬 수 있다. 기본적인 금융 개념은 초등학교 수학 교과 과정 수준이라고 보면 된다. 세계 최고의 경영 컨설턴트 램 차란에게 물어보라. 그는 기업 금융에 대한 자신의 날카로운 감각이 인도에서 여덟 살 때부터 가족이 운영하던 신발가게에서 일하면서 생겨났다고 말한다. 허니웰(Honeywell)의 전 CEO이자 최근 수십 년 동안 가장 유명한 CEO로 손꼽히는 래리 보시디Larry Bossidy 역시 매사추세츠 주 피츠필드에서 가족이 운영하던 신발가게에서 일한 어릴 적 경험에 대해 비슷하게 말할 것이다. 한편 이 또래 아이들은 확률과 통계의 비즈니스적 측면에 대해서도 배울 수 있다. 이 두 가지는 행태 재무학에 관한 연구를 통해 밝혀졌듯 사람들이 흔히 저지르는 불합리한 실수를 피하고 경제적으로 합리적인 결정을 내리는 데 매우 중요하다. 기업들이 신입사원들에 대해 성토하는 가장 큰 불만은 쓰기와 말하기 실력이 형편없다는 것이다. 이런 능력은 어렸을 때부터 연습을 시작할 수 있다. 어릴 때부터 기초에서 시작해 하루에 몇 시간씩 꾸준히 몇 년 동안 기술을 익힌다면, 어린 나이에 특정 비즈니스 분야에서 뛰어난 성과를 달성하는 것도 불가능해 보이지만은 않는다.

물론 가능할 것이다. 하지만 그렇게 하는 것이 과연 괜찮을까? 꼬마 잭 웰치와 도널드 트럼프Donald Trump가 성인으로 접어들어 곧바로 기업의 거물이 되게 하려면 위대한 성과의 원리와 조기 개발의 원리를 적용해야 할까? 물론 그렇게 할 수는 있다. 혹은 최소한 비슷하게 할 수 있다는 증거도 있다. 하지만 대부분의 사람들은 직감적으로 이 생각을 거부한다. 왜일까? 이 문제는 좀 더 숙고해 볼 가치가 있다.

선진국들은 더 이상 도제 제도를 활용하지 않는다. 19세기 들어 일의 성격이 근본적으로 바뀌었기 때문이다. 당시 대부분의 미국인들은 보통 8학년 정도의 교육을 받았다. 농장에서 일을 하는 데 그 정도면 충분했기 때문이다. 하지만 산업혁명으로 농장 일의 효율성이 높아지면서 필요한 일꾼의 수가 줄어들었고, 반대로 공장에는 인력 수요가 급격히 늘어났다. 하지만 공장에서 일하려면 8학년 정도의 교육 수준으로는 부족했다. 20세기 초, 미국 전역에 정규 교육 기간을 12년으로 늘리는 고등학교 운동(high school movement) 열풍이 휩쓸고 지나갔다. 처음에 이 운동은 직업 훈련이었다. 신생 고등학교에서는 학생들에게 기본적인 수학, 영어, 과학 기술을 가르쳤고, 때로는 산업 경제에 필요한 훨씬 더 특수한 기술들도 가르쳤다. 하지만 나라가 점점 잘 살게 되자 고등학교 교과 내용이 인문학으로까지 확대되었다. 대학에 진학하는 학생 수가 많아졌고, 상당수가 인문학을 전공으로 택했다. 결국 인문학은 20세기 선진국의 번영을 나타내는 지표로 자리 잡았다. 직장이나 일상생활에서 호머나 셰익스피어, 러시아 역사, 또는 삼각법이나 화학에 관한 지식이 필요한 일은 거의 없다. 하지만 일보다는 삶이 더 중요하다. 이런 지식은 삶을 더욱 풍요롭게 해 주고 스스로 성취감을 갖게 해 준다.

이런 관점에서, 아이가 늦어도 스물한 살 전까지 최고의 기업체 간부가 되도록 아이를 교육시키기 위해 하루에 몇 시간씩 자신을 희생하기로 한 부모의 결심은 야만스러워 보이기까지 한다. 그리고 아마 실제로 그렇다고 볼 수 있다. 하지만 이렇게 생각하기 전에 두 가지 핵심을 기억하기 바란다.

첫째, 비즈니스 이외에는 어릴 때부터 아이에게 특정 연습을 시키는 데 거의 문제가 없다. 얼 우즈가 18개월 난 아들을 데리고 골프를 가르친 나쁜 아버지라고 생각하는 사람은 없다. 오히려 그는 아주 멋진 아버지였고, 그의 아들도 아버지를 무척 사랑하는 듯하다. 또 우리는 비즈니스를 제외한 다른 분야에서 아이가 자신이 선택한 분야에 집중하기 위해 많은 것을 포기해야 할 때도 그것을 나쁘게 생각하지 않는다. 고등학교 졸업 후 곧장 프로 농구팀으로 향한 르브론 제임스LeBron James의 결정을 두고 못마땅해 한 사람들이 있었지만, 엄청난 돈을 벌고 큰 인기를 누리는 지금 과거의 일들은 모두 잊혀졌다. 체스의 폴가르 자매는 필수 과목 시험에 통과하기는 했지만 학교에는 한 번도 간 적이 없었다. 그런데도 헝가리 사람들은 이들 자매를 국민적 영웅으로 떠받든다. 이들을 포함한 다양한 사례에서 뛰어난 성과자들이 이루어 낸 성과는 그들이 포기한 것들을 시야에서 지워 버렸다. 만약 비즈니스 분야에서도 이와 비슷한 조기 훈련이 이루어져 비슷한 결과가 나온다면, 그에 대한 반응도 과연 비슷할까?

둘째, 우리가 다섯 살 난 아이를 미래의 은행가나 방직공장 관리자 또는 소매업 전략가로 키운다는 생각을 하지 않는다 하더라도, 다른 나라들은 이를 전혀 꺼리지 않을 수 있다. 아시아, 아프리카, 라틴아메리카에서 빠르게 성장하고 있는 나라들은 자신들 나름의 관점에서 조기 개발에 관해 연구할 텐데, 그들이 우리와 똑같은 결론을 내리리라고 장담할 수는 없다. 이들 나라의 정부나 개별 가정에서 스물한 살에 전문 경영인이 될 인재 양성에 집중하기로 결정한다면,

우리는 그런 현실을 마주할 수밖에 없다. 그러면 우리의 관점에 대해 재고하게 될지도 모른다.

## 나이와 성과: 여든 살에 은퇴한 연주자

어린 나이에 뛰어난 성과를 달성한 사람들을 관찰할 때, 나이와 성과에 관한 중요한 사실 하나를 간과해서는 안 된다. 즉 어린 나이에 특정 분야에서 이미 뛰어난 실력을 갖추었더라도 보통은 그 실력을 더욱 향상시킬 수 있다는 점이다. 요요마Yo-Yo Ma는 스무 살 때 이미 세계적으로 유명한 첼로 연주자였지만, 마흔 살 때의 실력은 그보다 훨씬 좋았다. 제이미 다이먼Jamie Dimon은 놀랍게도 스물아홉 살 때 금융 서비스 기업의 중역이 되었지만, 쉰 살에는 JP모건체이스(J.P. Morgan Chase)의 CEO로서 그보다 훨씬 더 높은 자리에 있었다. 이처럼 오랜 세월에 걸쳐 끊임없이 높은 성취를 쌓아 가는 현실을 보면서 학자들은 위대한 성과자들이 평생 동안 발전해 나가는 과정에 대해 연구하기 시작했다. 그 결과 성과가 나이에 어떻게 영향을 미치는지(또는 어떻게 영향을 미치지 않는지)가 밝혀졌다.

심리학에서 가장 확고하고 당연시되는 연구 결과 중 하나는 나이가 들수록 능력이 감퇴한다는 사실이다. 60대가 되면 무언가를 기억하고 생소한 문제를 해결하는 데 걸리는 시간이 20대 때에 비해 두 배나 더 걸린다. 나이가 들수록 사람은 더 느려진다. 팔다리를 자유자재로 움직이기도 더 힘들어진다. 우리는 이런 현상을 수없이 봐왔고, 30대만 넘어도 직접 경험하게 된다. 따라서 우리는 이런 필연적인 노화로 인해 뛰어난 성과를 내기가 더 이상 불가능해진다고 믿는다. 세월이 흐르면서 정신과 육체가 시들어 간다면 일정 기간 이상 최고 수준의 성과를 유지하기 위해 우리가 할 수 있는 일은 아무것도 없다.

하지만 놀랍게도 이것은 전혀 사실이 아니며, 몇몇 특별한 사례만 예외적으로 그런 것도 아니다. 어쨌거나 뛰어난 성과자들은 더 이상 불가능할 것 같은 나이에도 꾸준히 높은 수준의 성과를 올린다.

**사례:** 2008년 1월 10일, 뉴욕 필하모닉은 충격적인 발표를 했다. 필하모닉의 수석 클라리넷 연주자 스탠리 드러커Stanley Drucker가 2008~2009 시즌을 마지막으로 은퇴한다는 내용이었다. 드러커는 뉴욕 필하모닉의 터줏대감이었기 때문에 음악 애호가들은 그가 없는 뉴욕 필하모닉을 상상할 수 없었다. 하지만 이 소식은 오히려 음악 애호가가 아닌 사람들에게 더 놀랍게 여겨졌다. 불가사의한 일로 보였기 때문이다. 그도 그럴 것이 드러커가 은퇴하기로 한 해는 그가 뉴욕 필하모닉과 운명을 같이한 지 61년째가 되는 해였다. 드러커는 겨우 열아홉 살에 오케스트라에 입단해 여든 살에 은퇴를 결심했다.

오랜 기간 한 직장에서 일하는 것은 드문 일도 아니지만, 드러커의 경우는 다르다. 과연 드러커만큼 나이 많은 사람이 세계 최고 오케스트라에서 수석 클라리넷 연주자에 걸맞은 수준으로 연주하는 것이 가능할까? 어떻게 그는 나이 들어서도 손가락을 충분히 빠르게 움직이는 것일까? 어떻게 그는 클라리넷 협주곡에서 그 긴 솔로 부분을 기억하는 것일까?

이 문제에 대한 답은 다른 모든 분야에도 적용된다. 경영, 비행기 조종, 음악 등 다양한 분야에 걸친 연구를 통해 뛰어난 성과자들은 보통 사람들과 마찬가지로 나이가 들수록 속도와 일반적인 인지 능력이 떨어지는 것으로 드러났다. 다만 자기 전문 분야만큼만은 예외였다. 예를 들어, 노령의 피아노 연주자들을 조사한 결과 일을 처리하는 일반적인 속도가 그들 나이 대의 평균 수준으로 느려져 있었다. 보통 사람들의 경우 이런 증상은 다양한 방식으로 나타난다. 심리학자들은 화면에 나타난 질문을 보고 얼마나 빨리 버튼을 누르는지, 손가락으로 톡톡 두드리는 동작을 얼마나 빨리 하는지, 또는 손가락의 움직임을 잘 조정할 수 있는지 측정했다. 이 모든 실험에서 반응 속도는 나이가 많을수록 느려졌다. 뛰어난 피아노 연주자들 역시 화면에 나오는 문제를 보고 버튼을 누르는 동작처럼 피아노 연주 기술과 거의 상관없는 실험에서는 다른 사람들과 마찬가지로 나이가 많을수록 속도가 느렸다. 하지만 손가락으로 두드리거나 손가락의 움직임을 조정하는 것처럼 피아노 연주와 연관이 있는 기술에서는 속도가 전혀 느려지지 않았다. 오히려 그런 기술에서는 전혀 나이가 느껴지지 않았다. 전문 분야와 관련된 일이 주어졌을 때 뛰어난 성과자들은 다른 방면의 능력이 떨어진 이후에도 상당히 높은 수준의 실력을 발휘했다.

우리가 지금까지 위대한 성과의 본질에 관해 살펴본 내용에 비추어 본다면, 이런 결과는 그리 놀랍지 않다. 결국 탁월한 성과가 뛰어난 일반 능력으로부터 나오는 것이 아니라는 사실을 거듭 확인할 뿐이다. 탁월한 성과는 오랜 시간에 걸쳐 각별한 노력으로 발전시킨 고유한 기술로 얻어진다. 따라서 노화로 인해 일반 능력의 기능이 떨어진다 해도 자기 분야에서의 전문적 기술 능력까지 떨어질 이유는 없다. 하지만 실제로 노화 때문에 전문적 기술 능력이 떨어진 사례도 많기 때문에 이야기는 여기서 끝이 아니다. 스탠리 드러커 같은 사람이 있는가 하면, 많은 분야에서 짧은 성공을 거두고 이내 사라진 사람들도 많다. 왜 누구는 계속 그 자리를 유지하고, 누구는 그러지 못하는 것일까?

이 질문에 대한 답은 애초에 그들이 뛰어난 성과를 이룰 수 있도록 해 준 계획된 연습에 있다. 수십 년의 경험이 있어도 그것만으로는 뛰어난 성과를 낼 수 없는 것처럼, 자신의 전문 분야라 해도 나이의 영향에 겨우 맞서는 정도로는 예전과 같은 수준을 유지하기 힘들다. 수많은 연구가 이런 사실을 뒷받침한다. 예를 들어, 건축가는 뛰어난 공간 능력(spatial ability)을 키워 왔을 것이다. 하지만 직장에서 일하는 것 외에는 별다른 특징이 없는 건축가들을 조사한 결과 나이가 들면서 공간 능력이 저하되었다. 나이가 들어가더라도 여전히 뛰어난 성과를 얻기 위해서는 무언가 다른 것이 필요하다. 그것이 바로 의도적으로 특정 기술에 초점을 맞추어 설계한 연습이다. 고령의 나이인데도 뛰어난 실력을 유지하는 피아노 연주자와 일반 아마추어 피아노 연주자들을 비교해 본 결과, 아마추어 연주자들 중 일부는 경력이 40년이나 되었지만 계획된 연습이라고 부를 만한 것을 포기한 지 오래였다. 전문가들과 달리 그런 아마추어들은 분야와 관계없이 누구나 노화로 인한 실력 저하로 고통스러워했다.

우리는 이미 신중하게 계획된 연습의 효과를 익히 보았기 때문에 이런 현상이 전혀 이상하지 않다. 일반적으로 훌륭하게 설계된 연습을 충분히 오랫동안 열심히 해 온 사람이라면 나이의 한계를 비껴가

거나 넘어설 수 있다. 체스 고수들에 관한 연구에서, 나이 많은 선수들은 어린 선수들만큼 뛰어난 행마법을 선택했지만 그 방법이 달랐다. 나이 많은 선수들은 많은 수를 고려하지 않았다. 그럴 수 없었기 때문이다. 하지만 체스 포지션에 관한 더 풍부한 지식으로 그 한계를 보완했다.

일반적으로 신중하게 계획된 연습은 노화로 인한 기술 저하를 막아 주며, 불가피한 실력의 저하는 다른 기술과 전략 개발로 보완할 수 있다. 또한 그런 연습의 효과는 오래 지속된다. 피아노의 거장 빌헬름 바크하우스Wilhelm Backhaus는 50대가 되어서 오히려 연습량을 늘렸다. 실력을 유지하려면 그럴 필요가 있다고 느꼈기 때문이다. 또 다른 피아노의 거장 아르투르 루빈스타인Arthur Rubinstein은 바크하우스보다 많은 나이에 더 이상 예전만큼 빨리 연주할 수 없음을 느꼈지만, 그것을 보완할 묘안을 생각해 냈다. 연주할 곡에 빠른 악절들이 있으면, 그 바로 앞의 악절들을 일부러 느리게 연주하여 이어지는 빠른 악절을 예전보다 느리게 치는데도 오히려 빨리 치는 것처럼 느껴지게 했던 것이다. 루빈스타인은 여든아홉 살까지 무대에서 훌륭한 연주를 선보여 뜨거운 박수갈채를 받았다.

개선된 연습 방식은 사실상 모든 분야, 모든 시대에 걸쳐 성과 기준을 높이고 나이 들어서까지 높은 수준의 성과를 유지할 수 있게 해 준다. 우리는 이와 관련한 아주 극적인 사례를 최근 몇 년 동안 선수들의 평균 연령이 상승한 몇몇 스포츠 분야에서 확인할 수 있다. 미국 프로야구 2007년 시즌 당시 마흔아홉의 나이로 애틀랜타 브레이브스에서 활약했던 훌리오 프랑코Julio Franco는 수십 년 전과 달리 치밀하게 짜인 식단과 집중 훈련 요법에 감사했다. 그의 트레이너는 『뉴욕타임스』와의 인터뷰에서 이렇게 말했다. "프랑코와 지내면서 그를 비슷한 나이 대의 다른 사람들하고 똑같이 생각해서는 안 된다는 것을 알았지요. 그의 훈련 방식은 제가 지금까지 봐 온 어떤 훈련과도 달랐습니다." 당시 프랑코는 메이저리그에서 가장 나이 많은 선수였다. 공식적으로 알려진 그의 출생 연도는 1958년이지만, 초기 약력에는 1954년이라고 되어 있었다. 1954년이 맞다면 그는 쉰세 살의 현역 메이저리그 선수였던 셈이다.

다른 스포츠 종목에도 이런 므두셀라Methuselah(성경에 나오는 최고령 인물로 969세까지 살았다고 한다-옮긴이)들이 있다. 미식축구에서 애틀랜타 팀의 모르텐 안데르센Morten Andersen은 마흔일곱 살이고, 프로 농구에서 휴스턴의 디켐베 무톰보Dikembe Mutombo는 마흔두 살이다. 두 사람 모두 여전히 선수로 활동 중이다. 육상, 수영 등 아마추어 스포츠에서도 같은 현상이 일어나고 있다. 가령 육상에서 더 힘들고 잘 설계된 훈련을 통해 과거와 비교할 수 없을 만큼 좋은 기록을 꾸준히 내고, 심지어 50대 때보다 60대 때 더 빨리 달리는 선수들이 많이 있다. 일흔넷의 한 남성은 2004년 마라톤 대회에서 2시간 54분 44초를 기록했는데, 이 기록은 1896년 올림픽 마라톤 금메달리스트의 기록보다 4분 빠른 것이었다.

또한 우리는 예전에 생각했던 것보다 훨씬 더 나이가 들어서도 정신력 훈련을 할 수 있다. 수십 년 동안 의학계에서는 인간이 일단 성인이 된 이후에는 뉴런의 수가 줄어들기만 할 뿐 늘어나지는 않으며, 뇌가 새로운 환경에서 스스로 적응하는 자기 조절 능력, 즉 뇌의 유연성(brain plasticity)이 멈춘다고 보았다. 하지만 최근의 연구 결과 이것은 사실이 아닌 것으로 밝혀졌다. 인간의 뇌는 필요한 조건만

갖춰지면 나이가 들어서도 얼마든지 새로운 뉴런을 생성할 수 있고, 뇌의 유연성은 나이가 든다고 해서 멈추는 것이 아니었다. 적절한 뇌 훈련—가령 동시에 두 가지 일을 처리하는 훈련—을 하면 노년에 가장 퇴화가 심하게 일어나는 영역에서 유연성이 증가했다.

직업 운동 선수들의 노화 현상은 순전히 인지적인 영역에서도 일어날 수 있다. 경영인들 중에는 분명 고령의 나이인데도 대단한 성과를 올리는 사람들이 많다. 워런 버핏은 70대 후반의 나이로 버크셔 해서웨이를 여전히 훌륭하게 이끌고 있다. 버핏과 나이가 엇비슷한 루퍼트 머독Rupert Murdoch은 거대 미디어 복합기업 뉴스코퍼레이션(News Corporation)을 계속 적극적으로 확장해 나가고 있다. 80대 중반인 헨리 키신저Henry Kissinger는 여전히 컨설턴트로 활발히 활동하고 있으며, 섬너 레드스톤Sumner Redstone 역시 같은 나이에 비아콤(Viacom)과 CBS를 운영하고 있다. 이것은 단지 일반적으로 높아지고 있는 기대 수명의 사례가 아니다. 중요한 것은 이런 최고 경영자들이 남들은 보통 은퇴할 시기라고 생각하는 나이보다 10년 혹은 20년이 지난 뒤에도 여전히 비즈니스계의 최고 위치에서 유능하게 일한다는 사실이다.

심지어 유능한 과학자들에 관한 벤저민 존스의 연구는 새롭게 고쳐 쓸 필요가 있다. 존스는 뛰어난 과학자들이 40세 이후에는 성취도가 급격히 낮아졌다고 밝혔다. 그들이 자기 분야에서 혁신적인 성과를 낸 때의 평균 나이는 39세였다. 존스의 연구는 1999년에 끝났지만, 만일 누군가 그때 이후 노벨 물리학상 수상자들을 조사해 본다면 뚜렷한 노령화 현상을 확인하게 될 것이다. 이 물리학자들이 뛰어난 업적을 달성한 평균 나이는 41세였다. 1928년에 노벨 물리학상을 받은 폴 디랙이 '서른 살이 넘으면 사는 것보다 죽는 것이 낫다'고 생각한 분야에서, 2000년부터 2007년 사이에 노벨상을 수상한 22명 가운데는 58세, 61세, 65세에 자기 이름을 세계에 떨친 사람들이 있었다.

인생 후반기에도 최고의 성과를 낼 수 있음을 보여 주는 이러한 사례는 나이 들면서 예전만큼 성과를 내지 못하는 사람들을 이해하는 데 도움이 된다. 사람들은 대부분 인생의 어느 시점부터는 높은 성과를 내기 위해 꼭 필요한 계획된 연습을 그만둔다. 그렇다고 그들을 비난할 일만도 아니다. 예를 들어, 이미 수백만 달러를 벌어들인 프로 운동선수는 계속 연습을 해서 얻는 것보다 잃을 것이 많고, 심각한 부상의 위험까지 있으니 신중하게 계획된 연습을 그만두는 것이 아주 합리적이다. 일찍감치 부자가 된 사업가들도 끊임없이 자신을 채찍질하며 새로운 도전에 나설 이유가 없다.

뛰어난 성과를 이룬 사람들은 신중하게 계획된 연습을 할 때 끊임없이 비용편익 분석을 한다. 해를 거듭할수록 연습의 이익은 감소하는 반면 비용은 증가한다. 성과를 더 이상 향상시키기 힘들어지면 그들은 이미 달성한 수준을 유지하는 데 초점을 맞춘다. 유지마저 힘든 시점이 되면 약점을 보완할 방법을 찾는다. 사실 이 모든 과정은 형벌에 가깝다. 이런 노력을 더 이상 들일 필요가 없다고 느끼는 것도 무리는 아니다. 그러나 여기서 핵심은 자기가 선택한 분야에서 나이로 인한 성과 저하는 우리가 생각하는 것보다 훨씬 오랫동안 막아 낼 수 있다는 것이다. 이것은 자기 성과에 얼마나 많은 노력을 투자하기로 선택하는가의 문제다. 미국 프로농구에서 뛰는 칼 말론Karl Malone은 노장 선수들에 대해『로스앤젤레스타임스Los Angeles Times』에 다음과 같이 말했다. "그 선수들의 몸이 멈춘 것이 아닙니다. 선수들 스스로 연습을 멈추기로 결정했을 뿐이지요."

　물론 결국에는 성과가 줄어든다. 모든 사람이 마찬가지다. 아무리 성실하게 연습을 해 온 사람이라도 세월의 힘을 영원히 막을 수는 없다. 89세에 공식적으로 연주를 그만두겠다고 결정했을 때, 아르투르 루빈스타인은 시력과 청력을 잃어 가고 있었다. 그는 여태까지 자신이 해 오던 대로 연습할 수가 없었다. 그것은 최고의 성과자들조차 피할 수 없는 최후의 쇠락이었다. 워런 버핏은 2008년 주주들에게 보내는 편지에 다음과 같이 썼다. "저는 죽은 이후까지 포트폴리오를 관리하겠다는 생각을 마지못해 버렸습니다. '틀에 박힌 사고에서 벗어나라'는 말에 새로운 의미를 부여하고자 했던 저의 희망을 죽음이 꺾은 것이죠."

　젊음과 나이 듦의 문제는 위대한 성과와 관련하여 의미심장한 질문 하나를 떠올리게 한다. 결국 모든 문제가 하루 몇 시간씩 수십 년을 쉬지 않고 자신을 채찍질해야 하는 신중하게 계획된 연습으로 모아진다고 할 때, 과연 이렇게까지 하는 까닭은 무엇일까? 부모가 자식에게 연습을 시킬 수는 있지만, 이 연습의 핵심인 선택과 집중을 하게 만들 수는 없다. 아이를 그렇게 하도록 만드는 것은 틀림없이 다른 무언가다. 말년에 스탠리 드러커는 일을 할 필요가 없었고 세계 최고 오케스트라에서 클라리넷 연주자로 남기 위해 시간을 들여 애쓸 필요도 없었다. 워런 버핏 역시 일할 필요가 없었다. 그런데 왜 이들은 거기서 멈추지 않은 것일까? 왜 체스 선수들은 그랜드마스터가 된다고 해서 많은 돈을 버는 것도 아닌데도 하루 네다섯 시간씩 체스 연구에 매진하는 것일까? 왜 어떤 사업가들은 앞으로의 전망이 불확실하고 어쩌면 몇 년이 지나서야 수익이 생길지도 모르는 상황에서 자기 사업 분야에 관한 더 많은 지식과 기술을 얻기 위해 자신을 몰아붙이는 것일까?

우리는 위대한 성과가 신중하게 계획된 연습의 산물이라는 사실을 알고 있다. 하지만 그 과정은 고되다. 너무 힘들어서 특별한 열정이 없이는 누구도 해낼 수 없다. 따라서 이제 우리에게 남은 과제는 그런 열정이 과연 어디에서 생기는지 확인하는 일이다.

### 11장
# 열정은 어디서 생기는 것일까?

Talent **is** Overrated

**위대한 업적에 관한 가장 심오한 질문**
어떤 내적 동기가 위대한 성과를 위한
힘든 과정을 견디게 만들까?

## 피겨 금메달리스트의 엉덩방아 2만 번

일본의 여자 피겨스케이팅 선수 아라카와 시즈카Arakawa Shizuka가 2006년 이탈리아 토리노 동계 올림픽에서 금메달을 획득하기까지의 과정을 생각해 보자. 당시 그녀는 스물네 살이었고 다섯 살부터 쭉 스케이트를 탔다. 금메달을 따려면 보통 사람들이 자기 눈을 의심할 정도의 완벽한 연기를 선보여야 한다. 아라카와의 장기는 레이백 이나바우어(layback Ina Bauer)라는 기술이다. 이 기술은 등을 뒤로 한껏 젖힌 상태에서 두 발끝이 서로 반대쪽을 향하게 하고, 앞으로 내민 다리는 무릎을 구부리고 반대쪽 다리는 뒤로 곧게 뻗어 활주하는 동작으로, 보통 3회 연속 점프로 이어진다. 이런 동작을 완벽하게 해내려면 엄청난 양의 연습이 필요하고, 그만큼 빙판 위에 넘어지는 일도 다반사다. 아라카와는 그렇게 완벽한 연기를 선보이는 데 19년이 걸렸다.

피겨스케이팅 선수들을 조사한 연구 결과를 보면, 보통 수준의 선수들은 이미 자기가 할 수 있는 점프 연습을 하는 데 많은 시간을 보내는 것으로 나타났다. 반면 최정상급 선수들은 자기가 잘 못하는, 결국 성공하면 올림픽 메달을 안겨 주겠지만 보나마나 수없이 엉덩방아를 찧어야 하는 점프 연습에 더 많은 시간을 보냈다.

　피겨스케이팅에서 넘어진다는 것은 얇은 옷만 입은 채 차고 단단한 얼음 바닥에 뒤로 넘어진다는 뜻이다. 금메달을 따기 위해서 아라카와가 빙판 위에 엉덩방아를 찧은 횟수는 아무리 적게 잡아도 2만 번은 될 것이다. 하지만 그 대가는 확실했다. 올림픽에서의 영광과 국민들의 사랑. 일본 전역에서 '이나바우어'라는 말이 갑자기 유행할 정도였으니 그 인기를 충분히 짐작할 만하다.

　아라와카의 이야기는 그 자체로 감동적일 뿐 아니라 하나의 은유로도 볼 수 있다. 2만 번의 엉덩방아야말로 위대한 성과가 생겨나는 곳이다. 하지만 '언제 돌아올지 모르는 보상을 위해 왜 저렇게 힘든 과정을 견디는가?'라는 의문이 떠오르기도 한다. 위대한 성과에 관한 가장 어려운 질문이다. 이 질문은 자기 인생의 길을 무엇으로 정했고, 그 길로 이끈 열정의 실체가 무엇인지에 관한 물음이기도 하다. 이 질문에 답하려면 누구도 완전히 이해할 수 없는 인간 정신의 깊은 영역으로 들어가야 한다. 심리학을 넘어 정신의학의 세계로까지 들어갈 수도 있다. 그렇다고 해서 영원히 답을 찾을 수 없는 질문이라는 뜻은 아니다. 오히려 그동안 이루어진 많은 연구 결과를 통해 우리는 위대한 성과자들이 왜 그만한 대가를 기꺼이 치르며 그 길을 걸어왔는지에 대한 흥미로운 단서들을 확인할 수 있다. 이런 단서들을 우리 자신에게 대입해 봄으로써 우리는 위 의문에 대한 답을 찾을 수 있다.

## "이 문제를 어떻게 해결할 수 있을까?"

위대한 성과를 달성하는 동기에 관하여 가장 핵심적인 질문은 그 동기가 내부에 있는지 외부에 있는지 하는 점이다. 분명 무언가가 이끌었기 때문에 그들은 그 길을 갔을 것이다. 그렇지 않다면 어떻게 그런 힘든 과정을 견딜 수 있었겠는가? 대부분의 사람들은 그 동기가 틀림없이 내부에 있다고 생각한다. 내적 동기에서 출발한 것이 아니라면 수십 년 동안 신중하게 계획된 연습에 따르는 희생과 고통을 감수할 수 없다고 믿기 때문이다. 많은 연구들이 이런 견해를 뒷받침한다. 특히 창의성을 발휘하는 동기에 관한 연구는 그 동기가 과연 내재적이냐 외재적이냐에 초점을 맞추었는데, 이는 두 가지 점에서 우리의 논의에 유용하다. 하나는 분야를 막론하고 창의성은 이미 달성된 기존의 성과를 뛰어넘어 새로운 성과를 만들어 냄으로써 가장 높은 수준의 성과를 나타낸다는 점이다. 또 하나는 효율적인 연습과 마찬가지로, 창의성을 발휘하려면 강도 높은 선택과 집중이 필요하다는 점이다.

다양한 분야를 조사한 학자들의 의견을 종합해 보면, 뛰어난 창의적 성과에는 항상 내재적 동기가 함께했다. 창의적인 사람들은 자기 자신(이 문제를 해결하는 것이 나에게 이익이 될까?)이 아니라 과업(이 문제를 어떻게 하면 해결할 수 있을까?)에 초점을 맞추었다. 과학과 수학에 뛰어난 젊은이들은 실력이 그보다 떨어지는 또래들보다 더 강한 내적 동기를 갖고 있었다. 또 역사적으로 중요한 발견을 한 과학자들은 자기 분야에 관한 한 누구보다 열정적이었다. 창의적인 성과자들은 대부분 과학과 상업, 예술 등 자기 분야에서 가장 중요한 문제들을 해결하고자 수십 년의 세월을 바쳤다.

어떤 관점으로 보든 결과는 마찬가지다. 다양한 심리 실험에서 내재적 동기가 강하게 작용하는 사람들은 하나같이 더 창의적인 결과물을 내놓았다. 마찬가지로 예술가나 과학자처럼 창의성이 요구되는 직업에 종사하는 사람들은 내재적 동기를 측정한 검사에서 확실히 더 높은 점수를 받았다.

시카고 대학의 미하이 칙센트미하이 교수는 내재적 동기를 신중하게 계획된 연습과 연결할 수 있는 (여러 가능성 가운데) 한 가지 구체적인 메커니즘을 제시한다. 그는 자신의 유명한 연구에서, '몰입'이란 시간이 천천히 가고 즐거움이 커지며, 전혀 힘들지 않게 느껴질 만큼 어떤 일에 빠져든 상태라고 설명한다. 이런 '황홀감'은 자신이 도전하는 과업과 자기가 가진 기술이 잘 맞아떨어질 때 느껴지는 기분이다. 만약 과업이 너무 쉬우면 그 경험은 지루해지고, 너무 어려우면 절망감을 느끼게 된다. 몰입을 경험해 본 사람은 한 가지 일을 달성하면 반드시 더 큰 도전 과제를 찾고, 몰입의 경험을 유지하기 위해 더 높은 기술 수준을 갖추려 한다. 칙센트미하이는 창의성을 추구하는 많은 사람들이 바로 그렇게 하고 있으며, 그 과정은 자신의 현재 능력을 더 높은 수준으로 끌어올리도록 끊임없이 스스로 채찍질하는 계획된 연습 과정과 일치한다고 주장했다.

몰입의 개념은 신중하게 계획된 연습을 하도록 만드는 동기에 관한 수수께끼를 설명하는 데 도움이 된다. 이 연구는 아직 끝난 것이 아니기 때문에 상당히 중요한 '가능성'을 내포한다. 하지만 실제 현실에 비춰볼 때 신중하게 계획된 연습 이론에는 작은 모순들이 존재한다. 이 이론에 따르면, 연습은 '즐길 만한 일이 아니다.' 자기가 잘하지 못하는 부분을 끊임없이 시도하고, 따라서 반복적으로 실패를 경험해야 하기 때문이다. 하지만 적어도 스포츠 분야에서는 최고 수준의 선수들이 종종 이와 정반대 경험을 한다고 보고했다. 레슬링 선수, 스케이트 선수, 축구 선수, 필드하키 선수, 격투기 선수를 조사한 결과 연습은 유희성 측정에서 꽤 높은 점수를 받았다. 여자 테니스 세계 1위였던 모니카 셀레스$^{Monica Seles}$는 1999년 『뉴욕타임스』에 다음과 같이 말했다. "저는 계속해서 반복적으로 연습하는 걸 정말 좋아해요."

이런 반응은 에릭슨의 연구에 참여한 바이올린 연주자들과 사뭇 대조를 이룬다. 연주자들은 연습을 꽤 끔찍한 일로 여겼다. 생각해 보면 운동선수들이 연습을 즐기는 이유는 다른 사람들과 어울려 하는 사회 활동이기 때문일 수 있다. 반면 바이올린 연주자들의 연습은 사회 활동이 아니다. 하지만 좀 더 깊은 수준에서 우리는, 어쨌든 연습이 몇 년 동안 강도 높게 이어질 수 있었던 것은 연습을 통해 그 사람의 내적 욕구가 채워진 부분이 있기 때문이라고 봐야 한다. 여기서 우리는 연습이 황홀감을 경험하는 몰입의 상태를 이끌어 냈다고 생각해 볼 수 있다.

확실히 연습하는 사람의 내면에서는 무언가 심오한 일이 진행될 법도 하다. 과학이나 수학 같은 분야에서 풀어야 할 문제에 대한 매혹은 뛰어난 학자들이 탐구에 매진하는 원동력이다. 벤저민 블룸은 다양한 분야에서 최고 수준의 젊은 인재들 중 일부는 어린 시절부터 이런 모습을 보였다고 밝혔다. "대부분의 수학자들은 새로운 문제 해결법을 찾는 기쁨을 좋은 성적을 내거나 선생님의 칭찬을 받는 일보다 더 중요하게 생각했다." 과학자들을 대상으로 한 많은 연구 결과도 마찬가지였다. 과학자들은 새로운 문제와 마주치고 그 해결책을 찾아낸 순간의 기쁨만이 아니라, 문제를 해결하는 과정 자체를 즐겼다.

비즈니스 분야에서도 동기는 오래전부터 줄곧 관심을 받는 주제였다. 『하버드 비즈니스 리뷰』 시리즈 가운데 베스트셀러 2위가 바로 1968년에 나온 동기를 주제로 한 호다.(1위는 '시간 관리'를 주제로 다룬 호.) 하지만 동기에 대한 연구는 상당 부분이 최고 성과자들의 동기가 아니라 직원들에게 동기를 부여하는 방법에 초점을 맞추었다. 그리고 여기서 드러난 동기들은 성취에 대한 욕구, 타인에게 권력을 행사하고 싶은 욕구, 심지어 세상에 도움이 되고자 하는 욕구 등 대개 내적인 것으로 드러났다. 외적 동기는 찾아보기 어려웠다. 이러한 사실은 가장 뛰어난 경영인이나 기업가들을 관찰해 보면 알 수 있다. 그들은 평생 풍족하게 쓰고도 남을 만큼의 돈을 모으고, 누구나 바라는 것 이상의 명성을 얻었으면서도 계속 열심히 일하고 더 나아지려고 노력한다. 이것이 그들의 내적 동기가 강력하다는 증거가 아니면 무엇이겠는가.

하지만 이것이 다는 아니다. 비록 내적 동기가 가장 중요한 특징이기는 하지만 뛰어난 성과자들을 비롯해 모든 이들이 결정적인 순간에는 외적 동기에 반응을 보였다. 왓슨과 크릭은 DNA 구조를 찾는 작업에 몰두해 있을 때 거의 쉬지도 않고 일했다. 자칫하면 다른 연구팀에게 선수를 빼앗길 수 있다는 사실을 알고 있었기 때문이다. 전화기를 개발하던 알렉산더 그레이엄 벨Alexander Graham Bell도 자신이 엘리샤 그레이Elisha Gray와 경쟁하고 있다는 사실을 알고 있었다. 벨은 겨우 두 시간 차이로 그레이보다 앞서 전화기 특허 신청을 했다.

이런 사람들은 단지 매력이나 즐거움보다 훨씬 더 많은 동기에 의해 움직인다.

하버드 경영대학원의 테레사 애머빌Teresa Amabile은 처음에 창의적인 성과를 이끌어내는 동기에 관해 단순한 가설을 제시했다. "내적 동기는 창의성에 긍정적인 영향을 미치지만, 외적 동기는 오히려 해가 된다." 애머빌이 외적 동기를 부정적으로 생각한 이유는 쉽게 알 수 있다. 수많은 연구 결과가 정확히 그런 사실을 뒷받침하기 때문이다. 예를 들어, 애머빌은 한 연구에서 여대생들에게 종이로 콜라주를 제작해 달라고 요청했다. 그런 다음 참가자 절반에게는 그 작품을 예술대학원 학생들이 평가할 것이라고 말하고, 나머지 절반에게는 그들의 감정 상태를 연구하려는 것이지 작품 자체에는 전혀 관심이 없다고 말했다. 결과적으로 자기 작품이 예술대학원 학생들에게 평가받을 것으로 기대했던 학생들의 작품이 덜 창의적이었다. 다른 연구들을 통해서도 사실상 작업을 통제하거나 제약하려는 외적 시도가 있으면, 창의성이 떨어지는 결과물이 나온다는 사실이 입증되었다. 단지 누군가 보고 있다는 사실만으로도 창의성에 악영향을 미쳤다. 심지어 보상이 주어지는 경우가 보상이 전혀 없는 경우보다 덜 창의적인 결과물이 나왔다.

이런 식의 결과가 계속 되풀이되었다. 하지만 다른 방향에서 접근한 연구들은 다른 결과를 찾아내기도 했다. 즉 외적 동기에는 여러 유형이 있으며, 일부는 창의성을 제약하지만 일부는 창의성을 향상시킨다는 것이다. 특히 내적 동기를 강화하는 외적 동기는 꽤 효율적으로 활용이 가능하다. 예를 들어, 자신의 능력을 인정받는 일은 창의성 향상에 효과적이었다. 단순히 누군가에게 평가받는다는 기대는 창의성을 감소시키는 반면, 개인적인 피드백이 적절히 이루어지기만 하면, 애머빌의 표현을 빌자면 "건설적이고 비위협적이며 사람 중심이 아닌 과업 중심의 피드백"일 때, 창의성은 강화된다. 즉 자신이 반드시 해야만 한다고 느끼는 어떤 일을 잘할 수 있게 밀어주는 피드백은 효과적이다. 보통은 창의성을 억제하기 마련인 직접적인 보상에 대한 기대도 그것이 바람직한 유형의 보상 ― 더 많은 시간, 자유, 또는 흥미진진한 아이디어를 찾아서 발전시키는 데 필요한 자원 ― 일 때는 창의성에 긍정적인 영향을 미친다. 애머빌은 이런 발견들에 힘입어 자신의 가설을 다음과 같이 수정했다. "여전히 가장 강력한 것은 내적 동기이고 사람을 통제하는 외적 동기가 창의성에 악영향을 미치는 것은 마찬가지지만, 내적 동기를 강화하는 외적 동기는 매우 효과적이다."

창의성과 관련한 동기를 이렇게 자세히 살펴보는 이유는 그것이 '위대한 성과 달성에 요구되는 힘겨운 과정을 견디게 하는 원동력이 무엇인가'라는 보다 폭넓은 주제에 대해 우리에게 많은 것을 알려 주기 때문이다. 더 넓은 시각에서 보면, 외적 동기가 특정 환경에 유용한 역할을 한다는 증거는 많다. 예를 들어, 우리가 창의적이라고 말하는 것들의 상당 부분은 그렇게 창의적인 일이 아니다. 일단 문제를 파악해서 해결하면(여기까지가 창의적인 부분), 그다음에 할 일은 이미 실행한 일에 대해 보고서를 작성하고 다른 사람들과 의견을 나누면서 그 해결책을 평가하는 것이다. 이런 일들은 상당히 힘든 일이기 때문에 위에서 설명한 유형의 외적 동기가 적절한 도움이 될 수 있다.

좀 더 근본적으로 보자면, 신중하게 계획된 연습의 주요 목적 중

하나인 특정 분야의 기술 습득에서 특히 초기 단계에는 외적 동기가 도움이 된다. 블룸의 연구 대상이었던 다양한 분야의 젊은 인재들도 자기 분야에 처음 발을 내디뎠을 때는 외적 동기에 크게 의지했다. 그들의 부모들은 적절한 방법으로 유도해서 아이들이 연습을 하게 만들었다. 이때 부모들의 직접적인 압력이 아이들의 내적 동기로 작용하는 일이 많다는 점은 흥미로운 사실이다. 부모들은 아이에게 연습을 시킬 때 "피아노 연습을 하지 않으면 외출 약속 취소야."가 아니라 "피아노를 팔아 버릴 거야."라고 말했다. "수영 연습에 안 가면 토요일 밤에 못 나갈 줄 알아."라고 하기보다는 "팀에서 탈퇴시킬 거다."라고 말했다. 물론 아이들이 피아노나 수영을 정말 좋아하지 않았다면 이런 위협이 통했을 리는 없다.

다른 외적 원동력들 역시 중요했는데, 그런 것들이 아이로 하여금 계획된 연습을 견디는 데 도움이 되는 경우 애머빌이 제시한 효과적인 외적 동기와 완전히 일치했다. 코치나 교사의 피드백은 과제와 실력 향상에 중점을 두었다. 여러 교사들이 아이에게 조금씩 실력이 늘고 있으며 앞으로 더 잘할 수 있다는 증거를 제시해 주고 성과를 주시했다. 발표회나 대회가 동기를 부여했는데, 좋은 성적을 얻거나 상을 받으면 칭찬을 들었기 때문이다. 뛰어난 성과에 따른 관심과 환호는 중요한 외적 동기로 작용했다.

하지만 블룸은 시간이 지남에 따라 "학생들이 점점 자기 자신의 동기에 책임감을 갖게 되었다."고 말했다. 그들은 스스로 목표를 정했다. 외적 동기도 여전히 영향을 미쳤다. 학생들은 공식적인 대회나 연주회에서 좋은 결과를 얻고 싶어 했다. 하지만 부분적으로는 그렇게 하는 것이 그들이 목표 달성을 위해 확실하게 한 걸음 나아가는 길이었으며, 그것이야말로 그들의 주된 관심사였다. 또한 이런 일들이 이 학생들을 다른 뛰어난 사람들과 하나로 이어 주었고, 거기서 이들은 최고 성과를 얻기 위해 앞으로 해야 할 일을 찾았을 것이다. 즉 이들의 동기는 단지 뛰어난 성과에 따르는 타인들의 환호가 아니라, 점점 최고가 되고자 하는 내적 원동력으로 바뀌었다.

## 내적 동기는 어떻게 생겨날까

우리는 여기서 대부분의 조직 구조가 직원들이나 구성원들이 성과를 높이는 데 얼마나 비효율적인지 주목할 필요가 있다. 앞에서 보았듯 가장 강력한 힘을 발휘하는 것은 내적 동기이기 때문에, 사람들은 자기가 선택한 프로젝트에 참여할 때 가장 열정적이고 효율적으로 일한다. 그런데 그렇게 하도록 허용하는 기업이 얼마나 될까? 9장에 소개한 몇몇 기업들은 그렇게 하고 있으며, 이를 통해 괄목할 만한 성과를 올렸다. 하지만 대부분의 기업들은 이런 모범 사례로부터 전혀 교훈을 얻지 못하고 있다. 이런 기업의 관리자들은 돌봐야 할 사업이 있고, 무슨 일이 생길지 모르는 분야에 아무것도 모르는 직원을 앉힐 수는 없다고 반박할 수도 있다. 좋다. 하지만 그런 관리자들은 자기 기업의 아이디어가 경쟁 기업의 아이디어보다 참신하지 않다고 불평해서는 안 된다. 직원들이 왜 열정이 부족하고 회사 일에 적극적으로 참여하지 않는지 이해할 수 없다고 불평을 해서도 안 된다.

대부분의 기업에서 건설적이고, 위협적이지 않으면서, 사람 중심이 아니라 과업 중심인 피드백이 많아 봐야 얼마나 많은가? 대부분의 기업에서 이루어지는 직원 평가는 정확히 그 반대다. 하루 일진이 엉망인 직원에게 어떻게 하면 더 잘할 수 있는지가 아니라 무엇을 잘못했는지 지적하고 태도나 성격 등을 바꿔야 한다고 개인적 특성을 꼬집는 식이다. 게다가 그 이면에는 여차하면 해고할 수도 있다는 끔찍한 무언의 협박이 깔려 있다. 이것은 유능한 코치나 교사가 실력 향상을 위해 학생을 돕는 방법과 정확히 반대다. 한편 대부분의 기업에서는 거의 항상 더 많은 보상에 더 많은 책임과 구속이 따른다. 조직에서 높은 지위에 있다는 것은 언제나 더 많은 책임을 져야 한다는 뜻이다. 하지만 승진만 하고 자기가 주도적으로 처리할 수 있는 권한이 뒤따르지 않는다면, 그것은 보상이라기보다 짐으로 느껴질 뿐이다. 사실상 기업에서 직원들에게 제공할 수 있는 유일한 동기가 외적 동기일 수도 있지만, 대부분의 기업은 그마저도 제대로 활용하지 못하고 있다.

특히 성인들의 경우 성과 향상을 위해 어려운 일을 견딜 수 있게 해 주는 동기는 주로 내부에서 나온다. 그렇다면 내적 동기는 어떻게 생겨날까? 즉 열정은 어디에서 오는 것일까? 내적 동기가 있는 사람과 없는 사람은 무엇으로 결정되는 것일까? 일부 학자들은 적어도 몇몇 경우에는 내적 동기가 진정으로 타고나는 재능이라고 주장한다. 몇 해 전 보스턴 대학 심리학과 엘런 위너Ellen Winner 교수는 아주 낮은 연령대 아이들로 하여금 특정 분야에 몰두하게 만드는 동기를 설명하면서 '통달하고자 하는 열망(the rage to master)'이라는 멋진 말을 만들어 냈다. 위너는 피터라는 아이를 예로 들어 설명했다. 피터는 10개월 때부터 그림을 그리기 시작했고(보통 아이들은 두 살 때 시작한다), 머지않아 "잠에서 깨어 침대에서 나오기도 전에 종이와 색연필을 달라고 소리 질렀다." 피터는 몇 년 동안 거의 하루 종일 그림만 그렸다. 그 시기가 지나자 피터의 그림 실력은 또래 아이들의 수준을 훌쩍 넘어섰다.

음악, 미술뿐 아니라 체스, 수학 등 다양한 분야에 피터처럼 조숙한 아이들이 있으며, 이 아이들에 관한 이야기는 꽤 놀랍다. 다른 대부분의 아이들은 억지로 연습을 시켜야 하지만 이런 아이들은 연습을 못 하게 하기가 더 어렵다. 이런 아이들이 내놓은 결과물은 또래 아이들보다 월등히 뛰어나다. 이런 놀라운 사례들은 과연 우리에게 무엇을 말하는 것일까?

이에 대한 그럴 듯한 설명 하나는 이런 아이들이 특정 분야의 일을 하고자 하는 충동을 어느 정도 타고났다는 것이다. 이 아이들은 엄청난 시간을 연습으로 보낸 결과 놀라운 성과를 달성했으며, 이것은 위대한 성과의 원리와도 일치한다. 이 설명은 어떤 기적에 기대지 않으며, 10년 법칙에도 위배되지 않는다. 이런 아이들의 수준은 또래 아이들보다는 훨씬 앞서지만 아직은 세계적 수준에 턱없이 못 미친다. 세계적 수준에 오르려면 아주 오랜 시간을 기다려야 한다. 여기서 아이들이 왜 그런 구체적인 충동을 타고났는지의 문제는 수수께끼로 남는다. 지금까지 이루어진 인간 유전자 해독 과정에서 그림을 그리고 싶은 충동이나 기타를 연주하고 싶은 충동, 또는 체스를 두고 싶은 충동을 느끼게 하는 유전자를 발견한 사람은 아무도 없다.

위너를 비롯해 다른 학자들이 선호하는 설명은 이와 정반대다. 즉 강박적인 연습이 뛰어난 능력으로 이어지는 것이 아니라 뛰어난 능력이 강박적인 연습을 이끈다는 것이다. 이 설명에서는 피터와 같은 아이들이 특정 연습에 대한 충동을 가지고 태어난 것이 아니라 보통의 아이들보다 특정 분야의 지식이나 기술을 훨씬 빨리 배우는 능력을 타고났다고 본다. 이 아이들은 혼자 새로운 목표를 정하고 기술을 향상시키면서 계속 연습을 한다. 타고난 학습 능력 덕분에 연습의 효과를 충분히 볼 수 있기 때문이다. 이 설명이 모든 사례를 다 설명하지는 못한다. 예를 들어, 피터가 스스로 향상시킨 뛰어난 능력으로 인해 생후 10개월 때 그토록 그림 그리기에 집착했다는 것은 전혀 말이 안 된다.

이 설명이 신중하게 계획된 연습 메커니즘의 작동방식과 무관하지 않다는 점에 주목하자. 위너는 이런 조숙한 아이들이 더 성실하기만 한 것이 아니라 다른 아이들과 질적으로 다르다고 주장한다. 해당 분야에 관련한 뛰어난 학습 능력 이외에도 예술가들의 경우 왼손잡이나 양손잡이가 많고 언어 표현 능력이 평범한 아이들보다 떨어지는 경향이 있다. 앞서와 마찬가지로 이 설명에서도 특정 분야에 국한하여 어떻게 그토록 뛰어난 학습 능력을 타고났는지가 수수께끼로 남는다.

이 두 가지 설명 중 어느 것도 만족스럽지 않다면, 한 걸음 물러서서 다른 가능성을 열어 놓을 필요가 있다. 양쪽 모두 애초에 초점이 어긋났을 수 있기 때문이다. 우리가 찾는 동기는 대체로 내적 동기인 것 같다. 그래서 우리는 위대한 성과자들이 어떤 특성을 타고났는지 궁금해 한다. 그런데 어떤 특성을 타고났는가 하는 점은 생각만큼 중요하지 않을 수 있다. 내적 동기라고 해서 반드시 타고났다고 볼 수는 없다. 인간의 수많은 특성과 행동양식은 시간이 흐르면서 우리가 겪는 경험에 따라 달라진다. 우리 모두의 삶이 바로 그 증거다. 우리가 찾는 내적 동기 역시 시간이 흐르면서 점차 발전하는 것인지 모른다. 영재들에게 초점을 맞추고 싶어지는 것도 당연하다. 영재로 불리는 아이들에게는 분명히 타고난 것처럼 보이는 어떤 종류의 동기가 아주 어릴 때부터 엿보이기 때문이다. 실제로 일부는 그런 동기를 가지고 있을 테고, 일부는 그렇지 않을 수 있다. 위너는 다섯 살 때 중국 전통 그림을 매우 능숙하게 그렸던 중국 소녀 야니의 사례를 소개했다. 야니의 아버지는 예술가였고, 위너에 따르면 그 어린 소녀는 "아버지의 화실에서 많은 시간을 보냈다." 야니가 확실히 또래 아이들에 비해 조숙했던 것은 맞지만, 관련 증거로 볼 때 예술가인 아버지와 보낸 오랜 시간 이외에 연습에 대한 강박이나 학습 능력 중 그녀가 타고난 무엇인가에 이끌렸다고 보기는 어렵다.

　심지어 특정 성향을 타고난 듯 보이는 영재 아이들에 관한 연구도 위대한 성과의 근원인 열정을 이해하는 데 그리 큰 도움이 되지는 않는다. 그런 영재들의 상당수는 나중에 커서 위대한 성과를 이루지 못하기 때문이다. 그렇게 되는 아이들도 있지만, 대부분은 최고가 되기 위해 반드시 거쳐야 하는 길고 지루하며 힘든 일상적인 과정을 견디지 못한다. 그들이 어떤 특성을 타고났든, 그 특성은 잠시 밝게 빛났다가 이내 사라지는 듯하다. 실화를 소재로 한 영화 〈위대한 승부(Searching For Bobby Fischer)〉의 실제 주인공인 체스 영재 조시 웨이츠킨은 심리학 전문지 『사이컬러지 투데이Psychology Today』에 다음과 같이 말했다. "대부분의 체스 영재들은 결국 실패하고 맙니다. 그 아이들은 늘 승리자라는 이야기를 듣고 자랍니다. 그러다 피할 수 없는 벽에 부딪히면 거기 갇혀서 옴짝달싹 못하게 되어 스스로 패배자라고 생각하지요."

반대로, 최고 수준에 도달한 사람들이 어릴 때 영재였던 경우는 매우 드물다. 특히 비즈니스 분야에서는 더욱 확실하다. 잭 웰치, 데이비드 오길비, 록펠러의 어린 시절에서 그들의 성공적인 미래를 예측할 만한 단서는 전혀 찾을 수 없다. 좀 더 과학적인 증거를 원한다면 벤저민 블룸의 연구를 들 수 있다. 그는 40세 이전에 대내외적으로 인정받은 사람들을 대상으로 조사를 실시했다. 예를 들어, 반 클라이번Van Cliburn이나 르빈트리트Levintritt 같이 주요 국제대회에서 적어도 한 번 이상 최종 후보에 오른 적 있는 24명의 피아노 연주자를 조사한 결과, 그들은 어렸을 때부터 피아노를 치고 싶은 강렬한 충동에 사로잡힌 부류의 아이들이 아니라, 정반대로 억지로 연습을 해야 했던 아이들이었다. 마찬가지로, 수영에서 세계를 제패한 선수들의 부모 가운데 자식이 어릴 때 수영으로 성공하리라고 예상했던 경우는 없었다. 몇 번이고 결과는 똑같다. 열한 살이나 열두 살 때에도 장래에 누가 뛰어난 성과를 이룰지 예측하기는 어렵다.

하지만 우리가 이 책에서 더 중요하게 생각할 주제는 열한 살이나 열두 살이 갓 지난 시점에서 이 아이들이 해당 분야에 대한 입장에 뚜렷한 변화를 겪는다는 것이다. 즉 그들의 동기가 '내면화' 되었다. 한 피아노 연주자는 열다섯 살 때 불과 1미터 남짓 떨어진 자리에서 위대한 피아노 연주자의 연주를 들으면서 인생의 전환점을 맞은 경험을 다음과 같이 회상했다. "그 역동적인 음역과 소리의 풍부한 표현에 압도당했어요. 음악에 흠뻑 젖은 느낌이었지요. ……그때까지 그렇게 진지했던 적이 없었습니다. 저는 더 이상 피아노로 장난치지 않았지요. 단지 재미로 하루에 두 시간씩 그 자리에서 악보를 보고 연주하던 것도 그만뒀어요. 저는 연습에만 빠져들게 됐습니다." 조사 대상에 포함된 다른 피아노 연주자들과 마찬가지로 그도 어려서부터 억지로 레슨을 받아야 했다. 그는 확실히 어떤 종류의 특정 동기나 빠르게 배우는 학습 능력을 타고나지 않았다. 하지만 그 시점에서 그는 스스로 끊임없이 노력하게 하는 내적 동기를 발전시켰다.

## 승수 효과: 작은 이득이 큰 이득을 낳는다

동기의 근원에 관한 연구에서 모든 증거가 가리키는 방향은 분명하다. 열정은 타고나는 것이 아니라 개발된다는 것이다. 이런 사실은 현실에서 우리가 보고 경험하는 바와 일치한다. 어느 분야이건 세계적 수준의 대가들에게는 더 나아지려는 열정이 있지만, 그들 대다수도 처음부터 그랬던 것은 아니다. 앞에서 우리는 어릴 때부터 연습을 시작하는 음악이나 스포츠 등의 분야에서 아이들에게는 얼마간의 강요가 불가피하다는 사실을 확인했다. 관련 지식을 습득하는 데만 몇 년이 걸리는 특정 분야에서 장차 최고의 자리에 서게 될 사람들도 젊은 시절엔 자기 길을 분명하게 정하지 못한 경우가 흔했다. 프록터앤드갬블에 입사해 책상머리만 지키던 스티븐 발머와 제프리 이멜트가 확실히 그런 경우다. 경영대학원에 진학한 두 청년(발머는 스탠포드 대학, 이멜트는 하버드 대학)은 시간이 지남에 따라 일반적인 능력이 아닌 내적 동기를 개발했다. 덕분에 이들은 최고 경영자 반열에 오르기 위해 필요한 특별한 기술을 연마하는 엄청난 노력을 기꺼이 감수했다. 결국 두 사람 모두 눈에 띄는 핵심 인재가 되었다. 하지만 분명 그들은 그런 동기를 가지고 태어나지 않았다.

그 동기가 이미 완성된 형태로 나타나지 않고 점점 발전하는 것이라면, 그것을 개발하는 방법은 무엇일까? 여러 학자들이 이에 대해 나름의 답을 제시했다. 그 가운데 몇몇 소수만이 수준 높은 기술을 습득하고 뛰어난 업적을 이루는 데 필요한 동기를 개발하는 이유에 대해 실마리를 제공하는 설명이 하나 있다. 코넬 대학의 스티븐 세시Stephen J. Ceci, 수전 바넷Susan M. Barnett, 도모에 가나야Tomoe Kanaya가 말한 승수 효과(multiplier effect)가 바로 그것이다.

승수 효과의 개념은 간단하다. 특정 분야에서의 아주 작은 이득이 훨씬 큰 이득을 발생시키는 일련의 사건을 일으킬 수 있다는 것이다. 예를 들어, 세 학자는 눈으로 본 것을 손으로 따라하는 '눈-손 협응 능력(eye-hand coordination)', 팔뚝의 힘, 반사 신경 등이 보통 사람보다 약간 뛰어난 사람을 상상해 보라면서 다음과 같이 설명한다.

> 처음에 이 사람은 같이 운동하는 친구들보다 야구를 조금 더 잘하는 것에 만족할지 모른다. ……이런 만족감은 한 개인으로 하여금 점점 더 많이 연습하게 하고 좀 더 적극적으로 다른 것들을 추구하게 한다. 즉 남들이 여가를 즐길 시간에도 자발적으로 연습하고, 그러다 적당한 팀(학교 야구부뿐만 아니라 여름 리그 팀까지)을 찾아보고, 전문 코치의 지도를 받고, 텔레비전에서 방송하는 경기를 보고 거기에 대해 토론하게 되는 것이다. 이 사람은 갈수록 좀 더 많은 야구 기술을 배울 수 있는 환경에 잘 적응한다. ……시간이 흐르면서 여러 요소들이 폭포처럼 한꺼번에 밀려온다. 처음에는 미약해 보이던 요소들이 점점 연쇄 효과를 내기 때문이다.

다른 분야에서도 똑같은 과정이 진행되리라는 것을 상상하기는 어렵지 않다. 세 학자는 일반적으로 나타나는 이런 효과를 다음과 같이 설명한다. "각자의 능력 향상이 더 나은 환경을 만들고, 그렇게 더 나아진 환경이 다시 능력을 더욱 향상시킨다."

어린 야구 선수의 만족감이 연습량의 증가로 이어지듯, 승수 효과가 단지 시간의 흐름에 따른 실력 향상만 설명하는 것이 아니라 실력 향상을 부추기는 동기까지 설명한다는 점을 명심하자. 이는 블룸의 연구에 참여했던 젊은 인재들의 실제 경험과 놀라울 정도로 유사하다. 블룸은 자신의 관찰 결과를 다음과 같이 적었다. "모든 분야에서 이들 대다수는 자신들이 만난 첫 번째 교사로부터 무엇이든 빨리 배우는 아이라고 인정받았다. 그들이 정말 그런지는 알 수 없다. 하지만 최초의 교사로부터 들은 '무엇이든 빨리 배우는 아이'라는 속성은 주요한 동기부여의 원천이 되었다. 교사는 곧 그 학생을 '특별한 학생'으로 대했고, 그런 대접을 받는 학생은 이를 매우 소중한 경험으로 여겼다."

얼마 지나지 않아 이것이 승수 효과를 일으켜 아이들에게 강한 동기를 부여했다. "학습 초기에 다른 사람들이 자기 재능을 인정한다고 깨닫는 순간, 아이가 그 재능에 들이는 노력은 훨씬 커졌다. 부모님이나 선생님을 기쁘게 하는 것은 더 이상 아이를 움직이는 주요한 동기가 아니었다. 그 재능은 이제 자기 자신의 특별한 관심 영역이 되었다."

승수 효과의 개념은 신중하게 계획된 연습의 기본 이론으로 자리 잡았다. 앤더스 에릭슨과 그의 동료들이 처음 설명했듯, 승수 효과가 작용하는 방식은 일면 이렇다. 초보자의 기술은 너무 평범해서 신중하게 계획된 연습이 매우 부담스럽다. 하지만 처음 약간의 연습을 통해 기술이 향상되고, 그것이 다시 연습을 더 많이 하도록 이끌고, 그럼으로써 기술이 더욱 향상되는 결과를 낳는다. 따라서 "이 이론의 틀에서 우리는 습득한 기술과 성과의 수준 향상이 신중하게 계획된 연습을 견뎌낼 수 있는 최대치를 높여줄 것이라고 기대한다." 이 이론은 다른 학자들이 찾아낸 증거와 일치한다. 사실상 모든 분야에서 초보자들은 하루 한 시간 이상 연습하기 힘들고, 그보다 연습량이 훨씬 적은 경우도 많다. 하지만 그들이 최고의 성과를 내는 사람이 되었을 때에는 하루 네다섯 시간의 연습도 너끈히 소화할 수 있는 상태가 되어 있다. 오직 연습만이 그런 성과의 원인이라거나 그런 성과가 연습을 해내도록 도왔다고 말하는 것은 부적절하다. 시간이 지남에 따라, 연습과 성과가 서로 영향을 주고받으면서 그렇게 된 것이다.

승수 효과를 뒷받침하는 증거는 합리적이고 많은 것들을 설명할 뿐 아니라 아주 강력하다. 그런데 여기서 커다란 의문이 떠오른다. 과연 승수 효과를 촉발하는 것은 무엇일까? 만일 승수 효과가 어떤 작은 이득, 즉 어느 정도 결정적인 역할을 하고 동기와 성과를 향상시키는 자기 충족적 순환을 시작하는 작은 차이에서 시작된다면, 그 차이는 과연 어디서 생기는 것인가?

처음 이 효과를 설명할 때 세시와 그의 동료들은 그 차이가 유전적인 것이라고 가정했다. 그 이유는 어떤 아이가 야구에서 조금 도움이 되는 눈-손 협응 능력과 다른 특성들이 더 뛰어나다면 그것을 타고났다고 보는 것이 타당했기 때문이다. 분명 이 가능성을 배제할 수는 없다. 신체적 조건은 아무래도 유전자에 상당한 영향을 받기에 더욱 그렇다. 게다가 유전적 요인과 관련된 지능이나 그 밖의 특성들이 승수 효과를 촉발하는 것을 상상하기는 어렵지 않다. 유전적 요인의 중요성이 논란의 여지가 있더라도 마찬가지다. 결국 작은 이득이 모든 것을 결정한다. 우리는 3장에서 지능과 그 밖의 일반 능력들이 최고 수준의 성과에 생각보다 훨씬 작은 역할을 한다는 사실을 확인했다. 하지만 지능이 많은 분야에서 결정적인 성과 요인은 아니라 해도, 어린 나이에 지능으로 얻은 아주 작은 이득은 오랜 세월이 흐른 후에 뛰어난 업적으로 이어질 승수 효과의 도화선이 될 수 있다. 이러한 특성들이 모든 경우 승수 효과를 일으킨다는 보장은 없다. 만약 신체적으로 야구를 잘할 수 있는 조건을 갖춘 아이가 야구에 대해 들어본 적도 없는 장소나 시대에 살고 있다면 그 아이는 운이 나쁘다고밖에 말할 수 없다. 특정한 환경에서는 승수 효과를 일으킬 수 있는 어떤 특성이 다른 환경에서는 전혀 효과를 발휘하지 못하는 상황을 우리는 얼마든지 쉽게 상상할 수 있다.

훨씬 더 흥미로운 가능성은 타고난 특성과 전혀 관련이 없는 사건이나 상황 역시 승수 효과를 일으킬지 모른다는 점이다. 꽤 흔히 볼 수 있는 한 가지 예는 누군가 특정 분야에서 또래보다 어릴 때 연습을 시작한 상황이다. 어떤 분야에서든 관련 기술을 처음 배우기 시작한 시점에서는 그 분야의 세계 최고 실력자가 아니라, 또래 아이들과의 비교가 이루어진다. 열 살 난 타이거 우즈가 세계 최고 골퍼들에게 위협인지 어떤지 신경 쓰는 사람은 아무도 없었다. 중요한 것은 그가 동갑내기 다른 아이들보다 실력이 훨씬 뛰어났다는 사실이다. 같은 나이의 다른 아이들보다 더 뛰어난 성과를 내는 좋은 방법 중 하나는 (타이거 우즈처럼) 남들보다 어릴 때 연습을 시작하고, 따라서 신중하게 계획된 연습 시간을 늘리는 것이다. 특정 나이에 두각을 나타내는 것은 관심을 받고 칭찬을 듣고 승수 효과를 높이는 좋은 방법이며, 이것은 타고난 능력에 의존하지 않고도 가능하다. 수영 선수, 체조 선수, 체스 선수, 바이올린이나 피아노 연주자를 연구한 결과, 더 뛰어난 성과를 달성한 사람들이 더 어린 나이에 훈련을 시작한 것으로 나타났다는 사실도 주목할 가치가 있다.

승수 효과를 일으키는 비슷한 방법 중 하나는 경쟁이 거의 없는 장소에서 기술을 배우기 시작하는 것이다. 또래 아이들이 100명밖에 안 되는 마을에서 사는 것이 1,000명이 있는 마을에서 사는 것보다 수학 신동으로 두각을 나타내기가 훨씬 쉽다. 블룸의 연구에서 어린 성취가들의 대다수가 이와 비슷한 경험을 보고했다. 지역에서 이름을 날리는 사람들은 더 높은 수준의 경쟁지대로 넘어가야만 자기만큼 잘하는 사람들이 수없이 많다는 사실을 깨닫는다. 피아노 연주자 중 한 명은 음악 영재 학교에 입학했을 당시를 다음과 같이 회상했다. "정말 충격이었어요. 내가 정말 중요한 사람이라고 생각하게 만드는 곳에 고립되어 있으면 정말 멋진 연주를 하는 사람들이 이렇게 많다는 사실을 깨닫기가 쉽지 않지요." 하지만 이런 경험은 별로 중요하지 않다. 이런 경험을 한 사람들이 오히려 더욱더 실력을 갈고 닦아 나갈 동기를 키웠기 때문이다. 만약 그들이 자신들을 전혀 특별하게 여기지 않는 환경에 살았다면 그런 동기를 키웠을까? 하워드 가드너는 아인슈타인과 스트라빈스키 등 창의력이 뛰어난 사람들에 관한 연구를 통해 그런 사람들이 대체로 대도시 출신이 아니라는 사실을 지적했다. 그들은 더 작은 환경에서 자신의 기술을 개발한 다음에 큰 무대로 나아갔다.

정반대로도 승수 효과를 촉발할 수 있을까? 어떻게 달성했는지에 상관없이 어린 나이에, 또는 작은 지역에서 얻은 약간 괜찮은 정도의 성과가 남들로부터 칭찬을 유도해 더 강도 높은 연습을 하고자 하는 동기를 유발한다는 설명은 꽤 그럴 듯해 보인다. 그런데 이 과정은 순환적이다. 그렇다면 뛰어난 성과가 아니라 칭찬으로 그 순환 고리의 첫 단추를 끼울 수 있을까? 다시 말해, 실제 실력에 상관없이 단지 잘한다는 칭찬만으로 더욱 열심히 연습하고자 하는 동기를 부여해 성과 향상으로 연결시킬 수 있을까? 이 가정도 실현 가능해 보인다. 블룸의 연구 대상자들이 무엇이든 빨리 배우는 능력이 있다는 증거는 전혀 없었지만 교사들은 그렇게 생각했다는 것을 기억하자. 블룸은 "교사는 곧 그 학생을 '특별한 학생'으로 대했고, 그런 대접을 받는 학생은 이를 매우 소중한 경험으로 여겼다."고 말했다. 더욱이 이런 학생들에게는 대부분 실제 증거와 상관없이 그들을 특별하다고 말해 주는 부모가 있었다. 즉 여기서도 타고난 재능과 상관없는 독립적인 요소가 승수 효과의 선순환을 촉발할 수 있다는 사실이 입증된 셈이다. 그리고 어쨌든 해볼 만한 시도 아닌가.

승수 효과는 꽤 그럴 듯하고 그것을 뒷받침하는 증거도 충분해 보이지만 사실 아직 증명된 이론은 아니다. 이 가능성을 철저히 파헤친 연구는 아직 이루어지지 않았다. 하지만 불가능한 일이 아니며 언젠가는 이루어질 것이다. 스티븐 세시와 그의 동료들은 "이른 나이에 시작하는 계획된 연습, 칭찬 등의 환경적 요인이 승수 효과를 촉발할 수 있는지는 시험해 볼 수 있는 경험적인 문제"라고 믿었다. 하지만 아직까지는 신빙성 있는 방식으로 확인된 바 없다고 결론 내렸다. 따라서 우리도 아직까지는 확신할 수 없다.

## 당신은 무엇을 믿는가?

 이 결론은 우리에게 무척 중요하다. 거의 막바지에 다다랐다는 의미이기 때문이다. 이 대단원은 단지 동기에 관한 의문의 끝일뿐 아니라 훨씬 더 커다란 의미에서의 끝이다.

 위대한 성과의 근원을 찾아 나선 우리의 여정은 여러 번 잘못된 길로 들어서기도 했고 수많은 유용한 지식을 찾아내기도 했다. 그리고 마침내 그 모든 것의 근원인 동기의 문제에 다다랐다. 우리는 동기에 대해서도 많은 것을 배웠다. 무엇보다 중요한 사실은 열정이 어느 날 갑자기 완성된 형태로 나타나는 것이 아니라, 어디에선가부터 서서히 커진다는 것이다. 또한 동기 부여의 문제에 있어서 어린 시절의 경험이 특히 중요하다는 단서도 얻었다. 앤더스 에릭슨은 이런 말까지 했다. "연구의 개척점은 '육아'다. 아이들을 너무 몰아세우면 화를 내기 마련이다. 당신은 이 활동에 참여하기로 결정한 개인을 발전시켜야 한다. 그들이 마음먹은 대로 일정 수준에 도달하도록 돕고 아직도 더 나아갈 지점이 있다는 것을 깨닫게 하는 것이 부모로서 당신의 역할이다." 어쩌면 그의 말이 옳을 것이다. 하지만 그의 말처럼 그것이 연구의 개척점이다. 연구는 아직 끝나지 않았다.

 궁극적으로 우리는 이 문제의 핵심에 다다를 순 없다. 즉 우리는 왜 몇몇 소수만이 형벌처럼 어렵고 힘든 훈련으로 수 년 혹은 수십 년의 세월을 참고 견디며 세계적 수준에 이르렀는지, 그 이유를 보편적이고 완벽하게 설명할 수 없다. 우리는 더 이상 과학자들의 도움을 받을 수 없는 지점까지 왔으며, 여기서부터는 우리 자신 안에 있는, 지금 우리가 당도해 있는 이 자리를 자세히 들여다봄으로써 계속 앞으로 나아가야 한다.

  기업의 CEO, 월 스트리트의 투자자, 재즈 피아노 연주자, 변호사 등 저마다의 분야에서 최고가 되기 위해 신중하게 계획된 연습 과정을 견딜 수 있게 해 주는 것은 과연 무엇일까? 이 질문의 답은 당신이 아주 기본적인 두 가지 질문에 어떤 대답을 하느냐에 달려 있다. 당신은 진정 무엇을 원하는가? 당신은 진정 무엇을 믿는가?

  당신이 하려는 것을 진정 마음 깊은 곳에서부터 원해야 한다. 신중하게 계획된 연습은 엄청난 투자이기 때문이다. 위대한 성과를 이루려면 일생을 건 가장 큰 투자를 감행해야 한다. 즉 당신 삶의 상당 부분을 그 목적 달성을 위해 전적으로 헌신해야 한다는 말이다. 또한 엄청난 추진력으로 그 목표에 도달하고자 하는 사람만이 그 꿈을 실현할 수 있다. 우리는 종종 사람들이 어떤 분야에서 최고의 자리에 올라서기 위해 치르는 대가를 본다. 결혼생활이나 다른 인간관계는 유지된다 하더라도, 자기 분야 이외의 관심사는 대체로 유지되기 힘들다. 일곱 명의 위대한 성과자들을 연구한 하워드 가드너는 그들 대부분이 일을 계속하기 위해 개인적인 영역에 속한 평범한 관계들을 희생했다는 사실에 주목했다. "그들은 자기 일에 지나치게 헌신적이었다. 사회생활이나 취미 활동은 전혀 중요하지 않았다." 놀라운 자기희생과 목적의식처럼 들릴지 모르지만, 이보다 정도가 훨씬 심한 경우도 많다. 심지어는 추하게 보이는 경우도 있다. 가드너가 주목했던 것처럼, "자신감은 이기주의, 자기중심주의, 나르시시즘과 결합한다. 창조적인 일을 하는 각 개인은 자기 생각에만 빠져 있어서, 본인의 계획에 완전히 몰두할 뿐 아니라 다른 사람들까지 희생하여 자기 목적을 추구한다." 남은 것이라고는 분노와 배신감밖에 없는 위대한 성취가들의 이야기는 흔하다.

그런데 과연 목표를 위해 그 모든 것을 감내하게 만드는 것이 무엇일까? 대인관계와 다른 관심사들을 포기해 가면서 힘들고 한없이 계속되는 훈련에 스스로를 던져 그토록 원하는 것이 무엇인가? 그래서 결국 그것을 얻게 될까? 그들이 원하는 것이 무엇이든, 그들이 그것을 얼마나 원하는지는 충분히 알 만하다.

두 번째 질문은 좀 더 어렵다. 당신은 진정 무엇을 믿는가? 이 문제에 관하여 당신에게 선택권이 있다고 믿는가? 만일 당신이 하루 몇 시간씩 몇 년 동안 지속적으로 강도 높은 집중력을 발휘해 적절하게 설계된 연습을 한다면, 성과가 점점 향상되다가 결국 최고 수준에 이르게 될까? 그렇다고 믿는다면 적어도 당신에게는 연습을 통해 뛰어난 성과를 달성할 기회가 있다.

하지만 어떤 재능이 부족해서, 또는 당신의 일반적 재능이 반드시 필요하다고 생각하는 수준보다 낮아서 성과를 향상시키는 데 영원히 넘을 수 없는 한계가 있다고 믿는다면, 당신이 뛰어난 성과를 이룰 가능성은 전혀 없다.

그런 믿음이 비극적으로 당신을 옭아매는 이유가 바로 여기에 있다. 뛰어난 성과를 달성한 사람들은 모두 그 과정에서 호된 어려움을 여러 번 겪었다. 예외는 없었다. 적절한 유형의 연습으로 그런 문제를 극복할 수 있다고 믿는다면, 적어도 당신에게는 지금까지보다 더 큰 성과를 달성할 기회가 있다. 하지만 실패를 재능 부족의 증거라고 생각하는 사람은 자기 믿음에 비추어 그 일을 포기하고 말 것이다. 그것도 꽤 논리적이기는 하다. 이런 사람들은 자신이 달성할 수 있을 법한 성과도 결코 이루지 못할 것이다.

따라서 당신이 위대한 성과의 원천에 대해 진정으로 무엇을 믿는 가에 따라 당신이 무엇을 달성할지가 결정된다. 앞에서 보았듯, 그런 믿음은 아주 깊이 뿌리를 내릴 수 있다. 그런 믿음이 어디서 생겨났는지에 상관없이 우리 모두에게는 그 믿음을 검증할 증거를 현실에서 찾아볼 기회가 있다.

증거는 무엇 하나 쉽게 보장해 주지 않는다. 가장 뛰어난 성과일수록 그것을 위해 치르는 대가도 가혹하다는 사실을 보여 줄 뿐이다. 분명 그만한 대가를 지불하기로 선택할 사람은 많지 않다. 하지만 그 소수의 사람들이 어떻게 뛰어난 성과를 달성하는지 이해함으로써 우리도 더 나아질 수 있다는 것도 증거는 보여준다. 결국 이 증거가 강력히 암시하는 내용은 아주 놀랍고 홀가분한 소식이다. 즉 위대한 성과는 운명을 타고난 몇몇 사람들만의 전유물이 아니다. 당신도, 그 누구라도 위대한 성과를 이룰 수 있다.